幻夢？

大同世界的正義美夢

梁文韜 著

致出版《正義論》五十週年的羅爾斯

自序

　　踏入 2021 年初最重要的事件莫過於美國總統川普在選舉舞弊疑雲中失去了連任機會，他被視為是近年對抗全球化的重要指標人物，其選情卻無奈地被全球化下的武漢肺炎大擴散所波及。大家會因疫情全球化的禍害而反省全球化的問題，還是會因為支持全球化的拜登上場而繼續樂見全球化的發展？二十一世紀至今才剛過二十年，大家就見證了三次全球化過程中出現的大危機：恐怖主義全球化、金融海嘯全球化及武漢肺炎全球化。面對一波又一波不同種類的危機，全球主義者總是抱持樂觀的態度，認為全球化總是好的，其帶來的好處長遠來說一定比壞處多。

　　本書的寫作目的是延續 2016 年《二十一世紀共慘世界》一書對全球化質疑的看法，該書是從全球治理的角度去替全球主義思考一套可以處理全球化危機的善治理論，並作出批判。其中一章討論到全球不平等的問題，其中簡單地談到支持全球化的自由大同主義者期待在不需要世界政府的前提下能處理全球不平等及貧窮問題。本書針對他們在全球化最蓬勃發展的三十多年間有關資源再分配的理論作出深入分析，並比較不同理論的優劣，最後提出如果不放棄自正義概念出發去建構大理論的意圖，他們始終是難以看到充滿正義的大同世界出現的一天。2021 年正值當代最有名的政治哲學家羅爾斯出版其《正義論》五十週年，正好透過分析自由大同

主義的論述檢視這本巨著出版後對有關所謂「全球正義」的理論之影響。

　　本書得以出版全賴主流出版社顧問鄭超睿先生及編輯鄭毓淇的支持，以及葉浩、謝世民及李國維三位老師所提供的意見及協助，特此一併致謝。另外書中第二章的部分內容取自《二十一世紀共慘世界》，故沒有在書中特別加上附註，書中第五章部分內容曾發表於中研院人社中心出版的《現代性的政治反思》一書，謹此聲明。

2021 年 1 月 20 日
台南市

目錄

第一章

前言——大同世界的正義美夢

We are the world

We are the children

We are the ones who make a brighter day,

so let's start giving

There's a choice we're making

We're saving our own lives

It's true we'll make a better day,

just you and me

We are the World, 1985

By USA for Africa

一、大同世界與政治哲學反思

　　人之所以爲人，是因爲人有同理心，對弱勢的關心根植於人性之內。在過去資訊不發達的狀況下，人們只能關心身邊或所屬社群內的弱勢，但通訊科技的發展讓大家更瞭解自己國家以外所發生的事情，這也是爲什麼從 1970 年代初起，西方富裕國家的人開始關心所謂「落後國家」的貧窮及飢荒問題，面對突如其來的重大天災，大量的捐款及援助都會蜂擁而至。

　　《四海一家》（*We Are the World*）是一眾包括已故麥可‧傑克森在內的天王天后歌手用以呼籲全世界支持 1985 年在非洲受災的過百萬難民所創作的名曲，動人的合唱引起前所未有的全球迴響。歌詞所要傳達的正是一種大同想像，我們都是一體，同屬一個世界，團結一致會令世界擁有更光明的日子。10 年前《四海一家》曾經被重新翻唱過，目的是爲了援助海地的地震災民。在 2020 年 3 月武漢肺炎大爆發初期，在原版推出 35 年後，當年有分參與的萊諾‧李奇呼籲再灌錄這首歌曲來救災。西方國家趨之若鶩的全球化帶來了疫情的全球化，後來受疫情影響最深的反而是西方國家，由於歐美民眾也自顧不暇，再灌錄的建議最後不了了之。不過，對人道主義者來說，偶發的大型天災或瘟疫是難以避免的，但根本的問題是長期貧窮及貧窮帶來的其他難題，更正

確的說，問題是「結構式貧窮（structural poverty）」或「貧窮陷阱（poverty trap）」。

踏入 1980 年代以降全球化蓬勃發展的幾十年間，人類互動的模式與型態逐漸改變，國家及區域權力分配出現變化，經濟貿易大幅成長。伴隨著這些發展新氣象的是，世界各地人民同時見證兩種關乎人類前景的難題變得愈發嚴重，其一是跟地球生態命運有關，這包括氣候變遷、環境汙染、生物絕種、生態破壞、水資源汙染與消失，其二是跟人類本身命運有關，除了前述的貧窮、飢餓、還包括種族及宗教衝突、戰爭、恐怖主義及傳染病等等。以上問題不少是人為的，全球化愈是發展，問題就愈嚴重：武漢肺炎在世界範圍一波又一波持續大肆擴散超過一年，毒害近百分之一的人類，更是由於全球化達至歷史高峰所至。很多人擔心這些難題目前已到了無法補救的地步，聯合國似乎早已意識到各種問題的嚴重性，可是，做為一個連結近乎所有國家的國際組織，竟然仍沒有辦法有效應付。全球化是否須要改善？如何改善？1980 年代初到 2010 年前後，人文與社會科學界出現了當代全球化轉向，大家意識到政治、社會、經濟、文化甚至宗教都不是單一國家或西方國家的議題，並努力發掘全球化帶來的契機及探討如何應對其中的挑戰，政治哲學家也開始認真思考相關的問題。

政治哲學是政治學的一門分支，也屬於哲學的一部分，是有關政治的系統性哲學反思。一直以來政治哲學經常被認為脫離現實，高談闊論一些如自由、平等及民主等等看似空泛的普世價值。不過，由於牽涉政治，政治哲學其實必然也必須跟現實世界有一定的關連，即使是羅爾斯（Rawls）非

常抽象的《正義論》實際上都緊扣其所在的系絡（context）。值得政治哲學反思的全球化議題相當多，全球正義、全球民主及全球發展等等。不過，在英美分析哲學界，受到羅爾斯《正義論》的影響，政治哲學界大多以正義為主軸。《正義論》出版滿五十年，上個世紀 70 年代的讀者跟二十一世紀的讀者看到的重點會是不同的，而分析的方式也可以是很不一樣的。簡單來說，二十一世紀讀者可以將《正義論》等當代政治哲學論著放在政治思想史的角度看待。

本書目的是以政治思想史的角度將 1980 年代初前後至 2010 年前後關注全球再分配的自由大同主義重要論著作為主要分析對象，並輔以作者其他的論著，來研究不同的再分配理論。這是一本「當代政治思想史」，是關於當代全球政治哲學的歷史省思。先談「政治思想史」，政治思想史是政治哲學的歷史考察，西方政治思想史一般都在討論自古希臘以來至二次大戰前之政治哲學名著。方法論上而言，過去是將名著抽離現實，以純哲學方式分析其內容，過去二、三十年西方學者開始發現大家必須考察歷史上的政治哲學名著之書寫背景及作者的寫作意圖。舉例來說，有關洛克（Locke）《政府二論》的分析，在上個世紀 60、70 年代以前關於洛克思想的討論大多集中在對其契約論所支持的憲政主義之哲學反思，及後到了 1980、90 年代，學者開始認真關注其書寫背景及洛克的寫作意圖，令大家對洛克政治哲學的歷史性之了解大為增進。

嚴格來說，大家目前熟悉的所謂政治思想史其實是政治論著史，政治論著史的作者先找出歷史上著名的政治哲學家，然後以上面的分析方法去書寫。將本書歸屬於政治思想

史有雙重意義，一是剛剛談到的政治論著史，二是我所定性的所謂政治理論史。政治理論史在詮釋作者思維時提出一些原作者有談論或應該要談論但又可能沒有明確表達或沒有系統地表達其想法的問題。這樣處理那三十年的主要自由大同主義再分配論述的方式會有一項理論貢獻，也就是協助大家釐清問題意識。如果參與討論的人對問題意識不清楚或原來根本沒有共通的認知，那麼再多的討論其實最終都只流於各說各話。

　　根據以上的剖析，我們所說的「當代」政治論著史是一個嶄新的嘗試，屬於一種有關政治哲學的新書寫方式。如果拿羅爾斯的《正義論》來作出這樣的分析，大家不難發現此書的寫作背景是 1960 年代的大規模黑人民權運動及反越戰示威，以及在冷戰下跟前蘇聯共產主義計劃經濟的抗衡。換句話說，那是一個大時代，羅爾斯在書中提出的兩大正義原則其實是以自由左派的立場回應美國當時的動盪局面。第一正義原則是「平等自由原則（principle of equal liberty）」，運用在自由和權利的分配。此原則要求所有人都有平等權利，享有自由民主體系所保障的各種基本自由。第二正義原則涉及社會和經濟利益的分配必須滿足的兩項次原則。第一是「公平的平等機會原則（principle of fair equality of opportunity）」，各種社會地位和職位必須在公平的平等機會下，對所有人開放。第二是「差異原則（difference principle）」，用來規範所得與財富分配的制度必須對社會成員中「最低受益者（the least advantaged）」最為有利（1999a: 53）。第一項大原則牽涉政治與公民權利，這反映了平權運動對他帶來的影響，此原則實際上可以被解讀為用來合理化

整場運動。第二項大原則是要在意識形態上提供 1950 年代以降西方一直奉行福利主義之哲學基礎，以抗衡冷戰之下來自共產陣營的宣傳壓力。

對 1980 年代之後的美國人來說，閱讀《正義論》的重點可能改為是去問，支持中間偏左路線的「差異原則（difference principle）」所合理化的社會分配正義政策因何招致保守右派的攻擊。不管是雷根或柴契爾夫人都不約而同地帶領英美在經濟上往右走，羅爾斯理論之影響力在現實政治中大幅下降。嚴格來說，不是福利主義自由左派而是新自由主義保守右派戰勝了前蘇聯。

羅爾斯的《正義論》影響深遠，左派學者尼爾森（Nielsen, 1985）甚至仿效羅爾斯的「假設性契約（hypothetical contract）」方法去建構比較的基進平等論；從學理上來說，這樣的做法即使在理論上沒有太大問題，仍然忽略了羅爾斯理論的時空背景。羅爾斯作為自由左派，其《正義論》在 1960 年代的動盪環境下似乎是無可避免的產物。作為基進左派，尼爾森能運用羅爾斯的方法來建立其基進平等論顯示契約論之可塑性相當高。或許是由於這樣的可塑性，大同主義者拜斯及博格都使用羅爾斯的理論來發展出全球分配正義契約論。契約論立場備受拜斯及博格重視的原因在於，羅爾斯本人預示契約主義全球正義論的可能性。

不過，在全球再分配的問題上，羅爾斯認為在否定世界政府的同時，卻要求以特定的分配正義考量來作為分配資源的規範是不可能的。他本人後來發展出來的基本立場只同意「良序社會（well-ordered society）」有本分協助「負著重擔的社會（burdened society）」，但這並不意味大家必須透過

一項規管各社會之間經濟及社會不平等的正義原則來履行責任（Rawls, 1999b: 106），只有負著重擔的社會才需要協助，履行「協助他國的本分」之目的是袪除全球貧窮，而非消滅或減少不平等，或實踐分配正義。在羅爾斯的理論裡，履行協助本分的是國家而非個人，而且也是國家去代表個人接受協助，這是爲何他的理論乃一種國際主義而非自由大同主義理論，當然他的理論也就不是我們研究的對象。

二、當代全球化及國族主義的反撲

　　爲了回應全球化，西方政治學界在三、四十年前逐漸出現當代全球化轉向，各種跟全球化相關的論述後來如雨後春筍一樣湧現。政治哲學範疇則受到羅爾斯設下的正義論典範所限制，學者們關心的主要是全球貧窮及不平等引發的分配正義議題。本書探討的主要是上一世紀 80 年代到二十世紀頭十年內支持全球分配正義的主要大同主義論述，這是一段全球化發展飛快的時期。接下來先展現我們重點探討的著作之書寫背景及近年全球化逆轉情勢的初步觀察。

　　在全球化過程中出現的不平等及貧窮問題早在 1970 年代開始受到關注，這樣的現象有其客觀條件。1960 年代世界各地的去殖民化過程大致完成，西方國家即使在政治上退出統治，但實際上在 1970 及 1980 年代是對原殖民地以全球化名義繼續剝削，結果原非洲殖民地出現多種管治危機，內戰加上飢荒，造成了多國民眾處於赤貧狀況，這樣悲劇激發了不少人的道德感召，因此，全球再分配起初被視爲是要處理赤貧或飢荒的人道問題。

保守右派在英美主導 1980 年代經濟上往右走，加上通訊及後來的網路科技飛速發展，企業走向全球，造就了全球範圍的經濟起飛。前蘇聯共產陣營在 1990 年代的最終崩潰造就了催生全球化的新景象，著名作家福山（Fukuyama）直截了當的宣示歷史已經結束，意思是資本主義戰勝了共產主義。毋庸置疑，東歐共產聯盟分崩離析直接促進資本主義全球化的迅速發展，也促成世界貿易組織（WTO）在 1995 年正式成立，全球資本主義化的趨勢似乎更是不會被逆轉。

　　在美國克林頓總統的主導下，中國在 2001 年最終被接納進入了世貿組織，多了十幾億中國人作後盾的全球化大步向前邁進，磁吸效應導致大量企業及資金湧入，中國亦從奉行社會主義逐漸轉為國家資本主義，並參與世界的競爭。西方國家當時樂見中國加入全球資本主義遊戲，企業界都期待可以在中國市場大肆擴張，然而，中共並沒有按照承諾大幅開放市場，部分領域中的西方企業只有跟中方企業合資才能設廠，在過程裡中方覬覦的是相關先進技術。

　　中國當初加入世界經貿體系的時候，正值網路世界的蓬勃發展，為了提高競爭力，北京政府在各主要科技領域刻意扶植獨占企業，以中國十幾億人的市場迅速養大了騰訊、華為及阿里巴巴等超級大寡頭企業後讓它們加入全球競爭並迅速取得優勢，這些企業逐漸成為似乎大到不能倒的巨無霸。以美國為首的西方國家則向新自由主義傾斜，在美國，本來左傾的民主黨大力推動全球化，更主導西方國家接受中國等發展中大國進入全球市場，小布希總統上任後亦沒有逆轉這個趨勢。歐盟則在前蘇聯崩解後擴展並容納不少原東歐國家，令區域經濟體更為龐大，英國工黨及其它歐洲左翼政黨

從左傾往中間靠攏。

　　在全球化大肆擴張下，國家的重要性大幅降低，多邊主義逐漸取代單邊主義。全球化是多層次的，一方面是多邊主義在區域國際組織中實現，歐盟及東盟內部國家之間的合作更加緊密。另一方面，超越傳統的區域組織之經濟整合被形容是要創造更大範圍經濟互惠互利。全球經濟整合是在資本主義下進行，因此，全球化在某個意義上是資本主義的擴張，在新自由主義下，西方跨國企業按照自由資本主義市場規則透過併購不斷壯大。中國的國家資本主義透過亞洲基礎設施投資銀行（或稱「亞投行」）的成立、關於「一帶一路」的倡議及中非合作論壇等不同方式得到蓬勃發展。在資本主義元素驅動下，西方國家企業主尋找廉價勞工，產業資本移往中國、印度及印尼等國家，這導致英美等先進國家裡的中產階級貧窮化，實質購買力持續下降，全球不平等更是持續擴大。

　　中國進入世貿之際正值金融市場由於網路泡沫爆破而崩塌，或許也是這個原因誘發全球主要貿易體接受中國入世，設想可以提振全球疲弱的經濟。不過，大家見證的卻是一波由次級房貸風暴帶來的金融海嘯，美國的金融危機擴至歐洲，希臘的金融體系崩潰及冰島破產震驚全球，股市跌了又跌，當時更出現一陣馬克思熱潮，彷彿全球金融體系要像不少暢銷書所預測的快要崩潰，資本主義也要終結了。本書選擇 2010 年代前後的主要再分配論著作為分析重點是因為踏入 2010 年代，大家發現全球化本身因金融海嘯而遭到很大的挫折，原來以為能透過再分配來令全球化對人類發展有利的政治哲學家，被迫接受全球資本主義發展的使不平等擴大

的現實。金融資本的膨脹帶來一次又一次的泡沫爆破,這種爆破循環看似無法逆轉,每次爆破後富裕者的損失很快就被填補,而中產或以下階層受到的影響則非常之大,我們在書中會有多一點的討論。

全球化的大肆擴張與挫敗就如同物理學中的作用力與反作用力,各大西方先進國家根本無法找到對應金融資本泡沫化問題的有效處理方法,運用量化寬鬆政策使得金融大海嘯沒有導致全球金融體系崩毀,但資金泛濫卻造就了另一個泡沫。最令人擔憂的是,各國在疫情擴散期間不斷祭出的經濟刺激方案似乎造就了更大的泡沫,全球實體經濟持續低迷的狀況下,各大主要股市指數竟然可以屢創歷史新高或接近新高,未來的泡沫爆破看來必然會帶來更大的傷害。

自 1980 年代開始走到 2010 年代之後的全球主義,除了引發嚴重衝擊全球經濟的金融海嘯外,還遇到了中英美三大強國的政治轉折。中國方面,習近平在 2012 年當上最高領導人,政治上往極權統治的方向走,言論、結社及宗教自由被全面收緊。共產黨對在國家資本主義下發揮重要作用的大型企業逐漸實施徹底的掌控,各大首富輪番落馬,幸運一點的就喪失經營及控制權,倒楣一點的就遇上牢獄之災甚至丟掉性命。

英國在保守黨領導底下於 2016 年啟動脫離歐盟的進程,政府最終在跟歐盟簽訂貿易協議後於 2020 年 12 月 24 日平安夜宣布正式完成脫歐。懷抱國族主義的脫歐派認定歐盟乃英國發展的障礙,歐盟的繁瑣法規與政策束縛英國的經濟成長,日漸攀升之會員費更浪費英國納稅人的公帑。歐盟的人口自由移動措施嚴重威脅英國的邊境安全,敘利亞難民

危機的爆發更加劇此種擔憂。英國若離開歐盟，在對世界各地的貿易、市場的拓展、就業率的增加等方面，都會有更好的發展；脫離歐盟後，英國每周可以拿到數億英鎊的額外資金，可以用於國民衛生服務（NHS）及其它福利，因此，英國人應該掌控自己的主權和命運。有趣的是，在英國國家主義勇往直前的同時，鼓吹蘇格蘭獨立的聲音從未停歇過，不少蘇格蘭人因英國脫歐而更支持獨立，並希望獨立後能加入歐盟。

美國方面，川普的「令美國再次強大」及「美國優先」等口號早已充分說明他的國族主義傾向，他 2016 年上任後的經貿政策被視為是要逆轉全球化。川普對全球化表面上的確是反對的，他對國際組織及全球協議保持懷疑及批判的態度，由於中國武漢肺炎的關係，大肆抨擊世界衛生組織疏失並決定退出；川普也決定退出巴黎氣候協定，這些反國際化的決定源自於他不希望美國人繼續當冤大頭，長期以來由於美國被認為是世界大國，在財務上負擔比其它國家為重，但在當中卻一直吃虧，得益者都是如中國的所謂發展中國家。

英美的「往右走」是具政治性的國族主義所驅使的，是對全球化的逆向操作，1980 年代的「往右走」主要是自由化的經濟考量所帶動的，企業往外移並造就了全球化快速發展，但全球化已經走到了被認為對英美國家利益造成損害，因此必須在某種意義上逆向操作。川普大力鼓吹跨國企業回美國設廠，試圖重建製造業，如果能將部分金融資本轉為產業資本或至少將產業資本往金融資本轉移的速度減緩，那麼這可以減慢金融泡沫膨脹的速度，繼而拖延下一次爆破的時程。

一般的分析認爲奉行國族主義必然是反對多邊主義的，但弔詭的是，中共在不斷強化國族主義以增強極權統治力度的同時，卻大同鼓吹多邊主義；誠然，愈開放愈自由的世界性場境對中共的擴張愈有利。川普其實也並非反對所有多邊主義，他上任不久就著手重新談判跟加拿大及墨西哥的北美自由貿易協定，當中的原因是要改爲對美國有利的協議。支持脫歐的英國人也不一定反對多邊主義，他們反對的是對國民不利的歐盟式多邊主義。值得注意的是，多邊主義如果只局限在鞏固如歐盟及東盟等區域國際組織，那麼這只會帶來多個強大區域組織間的競爭，或許會出現區域組織間互徵重稅的情形，這就反而對全球化不利。區域性的多邊主義會促進世界性場境的多極化，對全球化的抗逆會以區域主義形式出現。有論者甚至提出多極化會取代全球化，在後全球化時代，美國、歐盟、中國以及印度會成爲主宰世界未來的四極，這四極會主導四個區域的經濟發展（O'Sullivan, 2019）。

　　以上是本書作爲當代政治論著史所須要了解的書寫背景及近十年全球化被抗逆的趨勢。不過，此書在更大程度上是屬於當代政治理論史，用理論史的角度分析的話，意味我們研究論著中關於全球分配正義的論述及其內在邏輯。自由左派出身的自由大同主義者將意識形態戰場帶到世界性場境，試圖以正義論來糾正他們認爲是資本主義全球化帶來的問題。大同主義者對理想世界的正義遐思驅使他們將原來被視爲處理不平等及赤貧或飢荒狀況的再分配問題轉化爲正義問題。對他們來說，貧窮是全球不平等帶來的道德問題，這牽涉到個人作爲道德單位得不到作爲人的基本尊重，再加上不平等的加劇是制度問題，是可以改變的，能透過制度改革來

處理的貧窮及不平等道德問題乃正義問題。本書對這點提出不同看法，接下來先勾畫全球化所帶來關於再分配的理論問題。

三、全球化傳奇、反全球化與資源再分配

　　關於全球化的思考十分多元，大家對全球化有沒有出現又或是什麼時候出現亦有不同看法。對全球化是否新的現象有三種理解：懷疑論、肯認論及折衷論（Held and Koenig-Archibugi, 2003; Held and McGrew, 2007）。懷疑論者否認有跟往常很不一樣的所謂全球化跡象的出現（Hirst and Thompson, 1999）；肯認論者則認為我們已經生活在一個徹底全球化的世界當中無法逆轉，而全球化是當代的現象，在過去不曾出現（Ohmae, 2005; Naisbitt, 1994），大家不妨將肯認全球化存在的思維稱為全球主義；折衷論者同意全球化其實是整個世界歷史變遷過程中的一個新階段，當中彼比聯繫之緊密程度是前所未見的，全球化是無法避免的事實（Giddens, 2002）。

　　懷疑論否認有跟往常很不一樣的所謂全球化跡象的出現，他們大多著重全球化的經濟面向，甚至假設全球化就是經濟全球化，而所謂的經濟全球化只是「神話」，實際上是十九世紀或更早就出現的經濟國際化而已，跨國公司依然是以某特定國家為根據地，只是其生意跨足世界各國，當今的美日歐強權對世界市場的控制程度跟過去的英法對殖民地的操控十分類似（Hirst and Thompson, 1999; Hopkins, 2002）。過去伴隨或催生帝國主義的是國家資本主義，當時的所謂跨

國公司如東印度公司都是國家授權的寡頭經營，我們現在看到的是非常多脫離任何單一國家掌控的巨無霸企業。另外，當時的市場經濟的擴張主要是以商品貿易為主，現在的全球化卻是以金融資本主義主導。假如全球化被理解為一種現象，如果只要有人的或商品的跨國流動就是全球化的話，那麼全球化的確自古以來就有了；若按照這樣的說法，既然全球化一定存在，那就沒有也沒必要提倡所謂的反全球化。可是，如果要世界每一個角落的人都有能力在遠距離跟任何人即時互相接觸才算全球化，那麼全球化應該是遙不可及。

　　不管是否肯承認全球化乃當代特有現象，大家對於全球化的發展為人類未來帶來的影響之判斷是樂觀還是悲觀，仍有相當大的分歧；聯合國及相關組織如「全球治理委員會」對全球化採取肯認的態度，並認為只要有適當措施，未來是樂觀的。可是，聯合國《我們的全球鄰里》報告發表後的二十多年過去了，地球生態及人類本身的問題沒有改善，反而不斷惡化。資本主義論者依然深信，目前全球範圍的經濟自由化長期而言有利於全球發展，並能讓所謂的落後國家擺脫貧窮，左派論者則認為全球資本主義反而令發展中國家的人民長期受到剝削，貧富差距愈來愈嚴重是不爭的事實，而且只會更惡劣，資本主義正是罪魁禍首。

　　1989 年，針對陷於債務危機的拉美國家須要進行什麼樣的經濟改革，美國國際經濟研究所邀請國際貨幣基金會（IMF）、世界銀行、美洲開發銀行以及拉美國家代表在華盛頓召開會議進行深入討論，最終的報告《華盛頓共識》系統地為拉美國家經濟改革提供方案和對策，當中包括實行緊縮政策防止通膨、削減公共開支、取消政府對企業的管制、貿

易和金融體系自由化、國有企業私有化以及取消對外資自由流動的各種障礙等。對資本主義全球化的推手而言，資本主義帶來的問題要用使資本主義全球化來應付，拉美國家的問題就是不夠資本主義化。部分平等大同主義者則希望以他們的理想模式盡可能糾正資本主義主導的「華盛頓共識」所帶來的困境，並以某種形式的社會民主來改善全球問題，而對全球化的未來仍然偏向審慎樂觀。

繼「華盛頓共識」後，全球化的最重要里程碑是世界貿易組織（WTO）於 1995 年的成立，之後越來越多國家陸續加入，但貿易自由化被認為導致發展中國家得不到公平對待，當中的弱勢如農民受到很大影響。世界各國的反全球化活躍分子於是陸續策劃多起針對世貿組織及資本主義大肆擴張的大型反全球化抗爭運動，1999 年西雅圖的大規模示威展示巨大的能量，也吸引來自世界各地人士及組織加入之後的反抗。及後於 2001 年由反全球化活躍分子及非政府組織共同成就的世界社會論壇（World Social Forum）開始運作，試圖跟支持全球化的世界經濟論壇抗衡。吊詭的是，出現反全球化運動的前提是全球反對者能夠在全球範圍內組織起來並作出聯合行動，反全球化運動本身也是全球化的產物。不少論者對反全球化運動的發展抱持積極的態度，認為這是全球公民社會逐漸成形的現象，亦認定這是從國家內的民主擴至全球民主的先導實驗，而由下而上的全球政治改革不是沒有可能的。

不過，對於相對基進的左翼人士而言，與其說是在反全球化，不如說他們是在反對資本主義全球化，他們比較關心資本主義世界秩序如何被推倒。左翼論者傾向認為全球化實

際上是一種「新帝國主義」，而直至目前為止抗爭運動之所以未有取得實質進展甚至逐漸式微的重要原因就是沒有認清全球化乃帝國主義的這個真面目；如果抗爭參與者是想建構全球公民社會或推動全球民主，那就是將重點錯置，而且碰不到問題核心。或許另外有人會認為，全球資本主義一直按照資本主義的內在邏輯擴張，長遠而言，人為因素根本阻擋不了，最終只有全球資本主義的自我終結才能使得資本主義消失（梁文韜，2016）。

關於全球化之於人類未來的前景不管是悲觀還是樂觀，如何回應全球化帶來的問題可以是消極或積極。在【樂觀／消極】【樂觀／積極】【悲觀／消極】【悲觀／積極】的四個可能中，悲觀但積極可能是比較務實的看法，悲觀的原因是在全球資本主義繼續肆虐下，會按照以金融資本為主的累積邏輯繼續發展下去，資產泡沫化的循環會加快。但同時須要積極面對的理由是，從理論上積極思考如何改善全球治理的方式，也許能構思出一些補救措施，可望減緩每次經濟泡沫爆破後惡劣情況的影響。自由大同主義者的態度一向都是積極的，不過，面對一波又一波泡沫爆破所帶來的越來越嚴重的全球貧窮及不平等，或許他們也不能太樂觀。

不論大家對全球化的態度如何，全球化讓世界性場境（worldwide circumstances）逐漸脫離十七世紀以降一直主導西方乃至當今全世界發展的威斯伐利亞（Westphalia）型態，此型態是以國家為基礎來顯示世界性場境的方式。[1]一般而

---

[1] 「世界性」（或「全世界的」）是表達世界範圍內的意思，不具有特定理論意涵，用意是要跟其他帶有理論背景的形容詞做出區分。

言，不管是成熟的還是脆弱的，只要稱得上是國家的都有三項特性：一是國家各自擁有其領土，國家之間以相互認可的疆界來做區分；二是國家由人民組成，不論多寡，沒有人民的就不是國家；三是國家由擁有最高權力的政府管治，不管政府的模式如何，沒有政府則難以稱得上是國家。

由於人類沒有一個共同的政府，更沒有組成地球國，個別國家目前仍然是主要行動者，國族主義跟全球主義的拉扯不會停止。面對近年來冒起的國族主義政策思維，當代全球化轉向似乎受到相當大被逆轉的壓力，政治哲學界會不會出現一窩蜂探討國族主義的哲學反思，目前或許言之尚早。不過，回顧當代全球化轉向最受矚目的三十年間最重要的再分配論著，我們可以從側面了解自由大同主義者根本無法或甚至無意處理全球化帶來的不平等問題。

自由大同主義再分配論分為四種：契約論、權利論、本分論及效益論。在當代全球化轉向情境下的再分配理論家會問或應該要問的問題有兩個層次，第一個層次是「在什麼處境下，誰為了什麼理由運用什麼原則及透過什麼安排將什麼益品（goods）分配給誰？」第二個層次是，應付世界性場境中不平等及貧窮的全球再分配考量是基於人道還是正義？值得一提的是，透過幫助論者們回答這兩個層次的問題，我們實際上在協助他們重構其理論甚至是為各種理論找出更合理的形式。若重構是可行，那麼這是我們能對全球再分配的理論繼續發展做出的其中一項理論貢獻。

由於牽涉全球再分配的議題其實相當複雜，我們不一定有把握能最終把問題徹底釐清，要盡力做到這一點之前，接下來先釐清要處理上述第一層次問題本身的問題意識，也

就是先要去釐清「爲什麼要再配」。支持再分配的理由可以分爲兩種：其一是因爲全球範圍內長期出現分配不平等的狀況；其二是因爲全球範圍內長期出現處於貧窮狀態的人。

由於不平等的持續惡化，支持再分配的論者在某種意義上是反對不平等的，一方面，有人可能是反對不平等本身，例如傳統左派認爲，無論如何，愈平等就愈好，傳統左派不屬於廣義上的自由大同主義者，故不在我們的討論範圍內。另外一方面，有人可能認爲不平等帶來不公平，所以必須改善，羅爾斯式大同主義論者正是有類似的想法。我們將會指出即使大家同意羅爾斯的分配原則可以應用在全球，它們實際上是在解決貧窮問題而不是不平等問題，而若硬要將解決貧窮問題當成是正義問題會令正義概念可有可無。

由於長期貧窮的現象持續，支持再分配的論者可能是（1）因爲窮人的痛苦狀況值得同情，所以出於減少痛苦的慈善心意而想作出貢獻，這是消極效益論的立場；也有可能是（2）認爲窮人的自然（或天賦）人權沒有被尊重的支持再分配，這是大同權利論的立場；又或有可能是（3）出自希望減少貧窮帶來的傷害之本分，這是大同本分論的立場。以上三種立場都被解讀爲正義立場，但由於這些立場最終都要靠賴對基本需要的滿足才得以運作，有一種看法認爲滿足基本需要其實應該被視爲出於人道考量，另一種看法是自由大同主義提倡的全球正義論若不是令正義概念變得無關緊要，就只是用正義概念來包裝善行。本書的看法是：以全球正義之名去談論全球再分配是一種巧思，或許可以引發更多討論，但無助於釐清問題意識，更枉論解決問題。

作爲一部某個意義上的政治理論史，本書有另外一項理

論貢獻：凸顯契約論、權利論、義務論及效益論在當代全球化轉向期間如何展示各理論裡面「規範性的來源（source of normativity)」。由於「規範性的來源」屬於後設理論的探討範圍，甚少政治理論史或政治論著史會直接討論，我們會將初步的考察結果在書章中呈現。

另一個未來值得深入討論的重要課題是：規範性理論是否只能訴諸單一種規範性的來源作為最高指引，這個問題此書無法處理，只能跟大家分享一個關於博格思想的有趣觀察。正如書中會展現，論者如博格嘗試了契約論也採用過權利及本分途徑，結果是大家根本沒辦法可以為他重構其大同主義全球分配正義論。簡單來說，他沒有揭示在其思想體系裡，到底什麼是他認為的最高規範性的來源。如果博格認為不一定只有一個規範性的來源，我們也無法確定他思想中的至高的規範性的來源。這牽涉到更深層次的問題：我們對規範性理論的期待是什麼？是否期待要建構一套完整的理論？羅爾斯的正義論正是屬於這種建構主義思維下的產物，故此他須要確立至高的規範性的來源；博格似乎採取一種實用主義的態度，反正能支持再分配的規範性來源都可以使用，所以也沒有至高的規範性來源。

本書將當代全球化轉向的那三十年期間比較重要的自由大同主義全球分配正義論著做出分析及批判，期待這樣會使大家更了解嘗試用來糾正全球化的一些重要規範性理論之基礎及其限制。沒有人能百分百斷言全球化傳奇什麼時候會結束或會不會結束，但自由大同主義者糾正全球化的目的其實是想延續全球化這個傳奇，並繼續追逐大同世界的正義美夢。

第二章

自由大同主義與全球分配正義

Every human society must justify its inequalities unless reasons
for them are found, the whole political
and social edifice stands in danger of collapse.

Capital and Ideology, 2020, p.1
Thomas Piketty

一、前言

　　著名經濟學家皮凱提（Thomas Piketty）在新書《資本與意識形態》中的第一句話總結了他對近兩百年歷史資料及現實政治演變分析後的觀察，每個社會都需要一種強而有力的意識形態去爲不平等提供有據的說法，否則該社會的政治與社會結構就有崩解的可能。皮凱提的想法對當下的社會發展也是適用的，五十年前於 1971 年出版的《正義論》一向被認爲是旨在找出用來糾正社會不平等的正義原則，但其實是代表自由左派去合理化某種及某些程度不平等的理論。

　　近幾十年來，正義是西方政治哲學的討論重點議題之一，大部分的論述都視分配不平等在某種意義上是不正義的，但不同正義論對什麼樣的不平等是不正義有很大的分歧。羅爾斯的《正義論》正是以機會平等的觀念發展自由平等主義正義論，啓動了西方學界對社會正義及相關課題的議論。及至保守右派諾齊克（Nozick）於 1974 年出版《無政府、國家與烏托邦（*Anarchy, State, and Utopia*）》標誌著放任自由主義的正義觀抬頭，進一步引發各界對平等及分配正義的關注。隨後英美政治哲學論者相繼提出有關正義的論說。然而，這些在 1970 以及 1980 年代的論述所關心的主要是西方社會內的正義議題而非全球性的分配正義問題。

　　正義論在 1980 年代出現全球化轉向，不少哲學家、政

治理論家以至國際關係學家不約而同地就如何回應全球不平等作出熱烈的討論，若要理解有關全球正義的討論就要檢視各理論面對全球不平等及全球貧窮的不同立場。當中的哲學家除了羅爾斯外，還包括梳爾（Shue）、奧妮爾（O'Neill）、博格（Pogge）、辛格（Singer）等；政治理論家主要有拜斯（Beitz）、巴利（Barry）、米勒（Miller）及瓦瑟（Walzer）；國際關係學家則有布朗（Brown）、霍斯（Frost）等人。然而，並非所有與全球再分配相關的論說都有建立完整的理論之意圖。直至目前為止，只有羅爾斯、博格、拜斯、梳爾、奧妮爾、辛格及米勒提出比較完整的理論。另外，論者如巴利等近年亦積極參與全球分配正義的討論，在多項議題上的觀點對全球正義論有十分重要的意涵。當然還有為數不少的學者就上述論者的觀點及各種全球正義的議題提出不同的見解，大大豐富了相關討論的深度與寬度，而我們要探討的主要是梳爾、奧妮爾、博格、拜斯及辛格的自由大同主義理論。

全球化雖不一定會導致貧窮及不平等，但在當全球化迅速發展這幾十年來，貧窮及不平等仍然非常嚴重，國際非政府組織如樂施會（Oxfam）甚至定期發表報告不斷重申貧窮及不平等問題愈來愈嚴重。不過，由於本土社會與世界性場境有相當大的差異，即使嚴重的貧窮及不平等會危害本土社會的穩定，全球貧窮及國家之間的不平等再嚴重也不會對整體國際社會帶來同樣的效應。既然如此，到底是什麼原因驅使原則上支持全球化的自由大同主義者去關心及試圖改變現況呢？他們有什麼理由及具體建議？

二、全球不平等與分配正義論

　　全球化對「發達國家」民眾而言已耳熟能詳，相關的經濟分析都在針對世界經濟、市場一體化，企業的跨國經營、金融的國際化等等，政治論辯針對國際組織的改革、國際軍事干預不斷擴大及地區戰爭變得愈發頻繁的現象，催迫大家去反思世界新秩序如何及應該怎麼建立，文化及社會評論多指涉資本主義下的消費主義文化、文化商品化、環境汙染及氣候變遷等現象。冷戰的結束啟發一波對全球化的樂觀主義思潮，有關大同主義的論述大量湧現，大同主義的立場本來就支持全球化，設想一個未來的大同世界。可是，由資本主義主導下的全球化導致各種全球性的問題，大同主義在一定程度上其實是要回應這些問題，特別是對全球民主、生態環境及貧富差距等議題。

　　大同主義對全球化的反省廣義來說就是要從概念、規範性意涵及實踐的構想著手去思考大同主義應該如何影響及改善全球化下的人類生活。對大同主義論者來說，不同國家、種族及社群中的民眾之社會生活已經透過各種方式互相影響，此乃無可否認的事實。大同主義思潮以文化、經濟、政治三種關於不同社會生活範疇連結之型態出現，所以會出現政治大同主義、經濟大同主義、文化大同主義等等的用語。具系統性的大同主義分析可以將範圍分為社會生活的政治、經濟、文化三個方面，這跟全球化的三個面向互相呼應，我們關心的是由貧窮及不平等引起的全球化經濟面向裡的再分配議題。

　　「人人生而平等」是西方啟蒙哲學家的信念，天生平等

是指每個人都具有同樣的尊嚴；可是，這並不意味每位真實存在的人都是一樣的，恰恰相反的是人跟人實際上是不一樣的，在不同的天然、社會及個人努力等因素影響下，不平等一直存在於人類歷史。在全球化的過程中，不管是在個別社會中還是在國與國之間的不平等有愈來愈嚴重的趨勢。對不少人來說，全球不平等儘管是無法避免的事實，但目前卻已到了不能視若無睹的水平。踏入這個世紀之前，全球不平等在西方學術界早已引起愈來愈廣泛的重視（Hurrell and Woods, 1995; Rengger, 1999; Mandle, 2000），數十年來，不少西方哲學家、政治理論家、國際關係學家甚至經濟學家不約而同地就如何回應全球不平等作出熱烈的討論，他們從不同的視角提出各種有關全球分配不均的看法。

2008 年次貸危機帶來的金融大海嘯暴露了全球化的結構性問題，全球不平等似乎有惡化的趨勢。諾貝爾經濟獎得主史迪格里茲（Joseph Stiglitz）在 2014 年 6 月 27 日一篇題為《不平等不是無可避免（Inequality is not inevitable）》的紐約時報投書中最後一段話（上引文）提出法律是可以改變不平等往更廣及更深發展的趨勢，他聲稱此投書乃針對當時皮凱提 2013 年出版的《二十一世紀資本論》引起的一種誤讀：財富與收入的極端兩極化是內建於資本主義。皮凱提反對那些認為資本主義有其內在邏輯的看法，並堅信不平等並非無可避免的。不過，我們發現放任金融資本的不合理流動產生的財富若遠遠大於產業資本帶來的財富，不平等會走向極端，而且會愈來愈極端。沒有規管或去規管化後的資本主義會產生貧富兩極化。當今資本主義的發展正是由放任金融資本主宰，極端兩極化是內建於這種資本主義發展，在某種

意義上，那並非完全是誤讀。

　　弔詭的是，史迪格里茲投書的標題「不平等不是無可避免」反而產生對讀者的誤導，以為他是反對不平等，史迪格里茲及皮凱提反對的是極端的不平等而不是不平等本身。史迪格里茲是反對極端不平等及其帶來的惡果，當中包括對經濟成長、政治平等及社會穩定的負面影響（Stiglitz, 2015: 287），這些分別是經濟學、政治學及社會學所必須長期追蹤及研究的議題。對全球主義者而言，到底不平等有多嚴重？不平等是否愈來愈嚴重？其原因為何？

　　瑞士信貸（Credit Suisse）在 2017 年的報告中指出少於 10% 全球人口擁有 86% 的總財富，自從 2000 年以來，百萬富翁增加 170%，超過 3 千萬美元財富的人多了五倍，共 4 萬 5 千人（Credit Suisse, 2017）。根據樂施會（Oxfam）2019 年的一份報告，單單就 2200 位億萬富豪財富於 2018 年就增加了 12%，而全球最窮的一半人口之財富則減少了 11%（Oxfam, 2019）。全球分配不平等似乎非常嚴重，不過，我們單憑個別一年的資料或百萬富豪數目的增加無法判斷全球不平等是否惡化中。在同一份樂施會報告中，2018 年全球最有錢 26 個人之財富等於世界比較窮的一半人口（38 億）的總和，而在 2015 年這個數字 62 個人。

　　根據世界不平等研究室（World Inequality Lab）的 2018 報告，從 1980 到 2016 年最高收入的 1% 賺取了總增長中的 27%，而最窮的一半人口只取得共 12% 的增長。這樣看來，全球分配不平等的確好像在加劇中（World Inequality Lab, 2018）。不過，若果只拿全球最頂端的 1% 超級富豪的總財富占的比例來算，那麼按照瑞士信貸 2020 年報告中的

數據，全球主要貿易體包括英、美、德、法、意、日以及金磚四國，最有錢的 1% 人所控制的財富 2016 年到 2020年下降的，以全球範圍來說，2020 年最富的 1% 人只控制了 43.3% 的全球財富，比 2016 年整體下降 2.6%（Credit Suisse, 2020）。報告亦指出自 2000 年以來，全球 10% 最有錢的人占全球財富的比例從 89% 下降至 81%。

假如我們將人口分為三個階層，最窮的一半人叫做窮人，最有錢的 10% 人叫做富人，其他都算中產。全球不平等可以有兩種理解：（一）富人相對於中產加上窮人如果總財富比例越來越多，那表示不平等加劇了；（二）富人相對於窮人如果總財富比例越來越多，那就表示不平等加劇了。瑞士信貸採納前者，以上數據顯示全球不平等的趨勢下降的，而樂施會則是後者，數據顯示全球不平等加劇中。瑞士信貸的做法值得商榷，一方面，這並非大家對分配不公的了解；一般來說，大家所對比的是富人與窮人的差異而不是富人與其他所有人的差別。另一方面，這樣的做法，大家容易忽略中產階級的狀況，而事實上，中產階級很有可能是全球化下得益最少的。根據世界不平等研究室（World Inequality Lab）一份 2018 年的報告，從 1980 年到 2016 年，我們定義下的全球窮人收入平均漲了 100 到 125%，全球的中產者之收入只漲了 40 到 50%，那些中產階級大多落在所謂的已發展國家中（World Inequality Lab, 2018）；大家可以推論，在扣除通貨膨脹後，很多國家裡中產階級的實質購買力根本就在下降中，貧窮化的中產由於消費力下滑，當然對經濟成長產生負面效果。

關於最頂端 1% 富人財富總和占全球比例的演變，在瑞

士信貸的 2020 年的報告中發現一個有趣的現象，從 2000 年到 2007 年比例是下降的，我們或許可以推斷這有可能是因為中國及印度逐漸融入全球經濟體系，人民財富迅速增加，全球財富增加的同時，世界最富者能掌控的比例下降。從 2007 年到 2016 年，此比例則上升，我們或許這可能跟金融海嘯有關，最富者受到的影響相對低而即使受到影響，也很快復原了，但非富者受到的影響比較大。我們回看 OECD 在 2011 年報告中對金融大海嘯的影響評估，發現在 2007 年至 2010 年期間，收入不平等在 18 個 OCED 國家中平均增加了 1.4%。最富有的 10% 家戶收入 2010 年跟 2007 年差不多，但最低收入的 10% 每年下降 2%（OECD, 2011）。

前面提到從 2016 年到 2020 年世界最富者能掌控的比例下降，這跟經濟回復正常及金融資產整體升值有關。也就是說，最富者以外的 99% 人口在經濟正常運作下總財富增加比最富者多。

根據以上的分析，我們大概可以歸納上以下幾點

（一）最富者的總財富跟其他所有人比較，所占比例有長期下降趨勢，但遇到週期性金融泡沫爆破後，比例會稍為上升。

（二）富者占全球總財富的比例整體下降

（三）富者與窮者的整體收入差異愈來愈大

（四）中產階級財富增加速度比富者與窮者都要來得慢，整個階級在全球化下面對貧窮化的困局，而在個人層次，一般的個人中產者與一般的個人富者相比，收入差距會越來越大。

全球主義者要面對的問題是資本主義全球化似乎展示了

一個導致全球不平等的內在邏輯。更嚴重的是，金融資產泡沫膨脹及爆破的循環嵌入進這個內在邏輯裡面。根據瑞士信貸在 2020 年的報告，單單在 2019 年全球的財富增加 36.3 兆美元到達 399.2 兆美元。由於這遠遠超過所有全球經濟成長率，大家不難推斷這是由於金融大海嘯後長期以寬鬆貨幣政策及低利環境造就的新一波金融泡沫所帶來的。

全球主義者亦要面對另一個問題，全球分配不平等是無可否認的事實，但不平等是否就代表有道德瑕疵而須要修正？全球不平等是否有道德涵意？是否須要改善？根據什麼理據作出改善？誰應該主導如何改善？透過什麼機制作出改善？這些都是關心全球不平等的論者所必須思考的問題。全球不平等並非必然具有道德涵意，原因是不平等本身並非必然值得詬病。我們可以設想一個大同世界，每個人都富足安逸，即使人與人之間或許仍然存在不平等，但是這些不平等不會受到非議。目前的全球不平等帶來了死亡、貧窮、飢餓、各種的病痛以及缺乏指望的人生，也許亦是由於這些觀察，除了極端的放任自由主義者外，沒有太多人會完全反對要作出改善；當然，除了激進平等主義者外，也沒有人會要求齊頭式平等。然而，對就「根據什麼理據作出改善」有不同的意見，故而亦對「誰應該主導改善？」以及「透過什麼機制作出改善？」有不同的立場。

另一個問題是全球範圍的再分配到底是依從人道還是正義考量？而這些考量又跟不平等有什麼理論關係？先談談所謂的不平等是指什麼。我們必須區分什麼是結果（outcome）與機會（opportunity）平等，結果平等所表達的是不論開始的狀態或其後的演變過程如何，所得的結果必須相同。中共

的人民公社所信奉便是收入上的結果平等，當然，按照各取所需的分配，每人的日常所需並不一致，因此，人與人之間整體上的差異性是由不同程度的「按需分配」來肯認，因此，在人民公社的實踐中亦不存在結果上的絕對的齊頭式平等。嚴格上來說，連中央集權的社會主義者都不會支持人與人之間整體上的結果平等是正義的，因為不顧人的實質差異而用齊頭式分配不單是不正義的，更會導致資源的浪費。

　　機會平等意即大家站在相同的起跑線上，不論結果如何，機會平等便能滿足正義的要求。要仔細思考不平等與正義的關係就必須考慮機會不平等的源頭。人與人之間所面對到的機會不平等是由天然因素如身體機能及才華的重大差異，又或是由社會因素如家庭背景及教育，也可以是個人努力的關係。不同的正義論對這三種因素帶來的不平等有不同看法，新古典自由主義背後的政治意識形態是所謂的保守右派思潮，保守右派如諾錫克認為天然因素及社會因素帶來的不平等跟正義沒有關係，只要在個人自由底下進行的經濟活動是受到法律規範，其最終帶來的經濟後果都是符合正義的要求。自由平等主義者如羅爾斯、德沃金及森（Sen）則認為即使可以接受天然因素帶來的不平等，也不宜無視社會因素帶來的不平等，這種形式的不平等攸關正義與否。分析馬克思主義論者如柯恩（Cohen）則認為天然及社會因素帶來的不平等都跟正義有關，並需要予以改變。不過，個人努力的不平等是可以接受的，同樣背景及才能的兩個人，一個選擇努力工作的人和一個選擇閒適生活的人在收入上會有一定的差距，但這樣的不平等沒有被詬病的地方。另外，兩種立場對於個人努力帶來不平等也是樂於接受的。

大部分西方學界所發展出來的自由平等主義正義論都是以機會平等為立論基礎，可是，對於一個大多數人都活在貧窮線以下的國家而言，在溫飽都沒有滿足前大談機會平等是意義不大的，這意味以機會平等發展出來的理論主要只能應用在西方及其他相對「已發展國家」。自由平等主義者對全球分配正義的討論興趣缺缺是可以理解的，柯恩及德沃金根本沒有多談全球分配正義，拿高（Nagel）則認為沒有類似世界政府的機構，談論全球正義會流於空洞，也沒有意義（Nagel, 1999），接下來主要針對人道及正義兩項支持再分配的觀點。

　　保守右派認為，遵從認定愈少政府干預愈好的新古典自由主義經濟政策正是最好的方式，令願意努力的人在其天生才能或既有社會背景下得到最好的回報，政府不要為了確保機會平等或所謂的社會正義而干預經濟狀況。但批評者則認為，只看個人的自願努力而忽略天然或社會因素是讓部分人無法跳脫命運的宰制，所以追求機會平等是能否實現正義的關鍵；政府做為全體人民授權的機構，就要擔起分配的工作。當然這假設了政府有能力扮演分配者角色，特別是在西方福利國家有著政府直接提供各式各樣的福利。保守右派的看法是按照規則去自由競爭，透過自助及互助去維護社會的基本穩定，但不須要透過政府主導，當然這並不表示資本主義下的人是冷酷無情的，人民會在政府不強制下透過自願性質互相協助。可是，這樣的設想若要成功則必須有外在的道德力量之宰制或假設了人的性善論。一百多年前韋伯（Weber）嘗試以新教倫理解釋當初資本主義興起便是要了解資本累積的發源是為了榮神益人，在基督新教的大愛世界

裡，人因宗教外力而從善助人。可惜在世俗化的過程中，從過去的古典自由主義到目前的新古典自由主義都假設人為自利而活，必須參與競爭以圖存。在講求勝者為王的狀況下，「人為自利而活」的「假設」逐漸成為了隱性規範，結果人人都逐漸以自利出發行事，可是，處處以自利出發，又如何互助？

　　某些國家或地區以「扶貧」為由而進行極低度的再分配，原因是這可以說服納稅人，令大家以為是基本的人道關懷而不是社會正義，但政府實施再分配到底是人道主義的扶貧，還是社會正義的實踐？貧窮的出現是否印證貧富差距的存在意味不平等的存在？然而，富足和貧窮是相對的，同樣收入的人在不同國家屬於不同階層，瑞士的最低工資是月薪十三、四萬多新台幣，在台灣甚至很多其他國家已經是中上階層收入。瑞士依然存在收入不平等，但可能不存在貧窮。另外，在窮困國家的高收入會比台灣的最低工資少，甚至有些國家長期存在赤貧人口。

　　人道與正義是兩種支持再配置的理據，我們必須探討基於人道立場與基於正義視角在什麼意義上以及在什麼程序上進行益品再分配。巴利（Barry）曾就兩者的異同作出闡釋（Barry, 1991a），他認為無論是基於人道還是正義立場，我們都必須要求從富國轉移到窮國的經濟資源有大幅度的實質提昇。不過，其背後的理念是不同的，而其在實踐上意涵亦然。巴利認為兩種立場最大的差別在於從人道立場推論出來的原則是目標為本（goal-based），而從正義立場推論出來的原則卻是權利為本的（rights-based）；這是一個十分富爭議性的想法，原因是巴利排除了效益主義或其他全球分配正義

結果論也可以是全球分配正義論，他亦排除了以義務爲本的全球分配正義論。巴利本人似乎贊成以權利爲本的全球分配正義論，但他沒有理由一開始就否定其他全球分配正義論，認定其爲跟正義無關。

從正義的視角面對全球不平等有三種不同立場，大同主義論者如博格及拜斯認爲全球不平等意味不正義，並以正義爲由鼓吹實質的及廣泛的全球益品再配置，這並非人道問題，而改善全球不平等有其必要性。國際主義原則上不必然反對以正義爲由進行益品再分配，但要視乎實際狀況來作具體安排，堅持國家與個人並重。社群主義論者原則上不反對談論全球分配正義，但全球不平等並非必然意味不正義，全球益品再分配要視乎是否眞正存在不正義，每個人的首要義務是貢獻國家內部的益品再分配，即使全球資源需要再分配，亦只是國家的責任，但全球益品再分配應該是人道問題。面對全球化帶來的貧窮狀況，保守右派一直備受批評；然而，他們想像中的大同世界是以自由的經濟人組成的，每個人只須要遵守保護私有財產的法律；在最小政府下，大家活得自在和幸福；與此同時，人們在人道精神下之互助是有可能解決貧窮問題。

假如接受不平等乃正義課題，那麼我們就必須分析全球分配正義的理論所牽涉的三個層面。第一層面是有關正義的議題，當談論分配正義時，我們必須考慮的元素包括：（1）「誰分配？」、（2）「分配給誰？」、（3）「分配什麼？」、（4）「爲了什麼理由分配」、（5）「運用什麼原則分配？」、（6）「透過什麼安排分配？」、（7）「在什麼處境下分配？」。換一種方式表達，我們要談論的問題是：「在什麼處境下，

誰爲了什麼理由運用什麼原則及透過什麼安排將什麼益品（goods）分配給誰？」。要注意的是在這一個層面的分歧與第二個層面乃息息相關。

第二個層面牽涉全球分配正義論中的相關概念，其中可以分爲兩個種類。第一類是一般政治概念如主權（sovereignty）、公民身份（citizenship）、國家（state）、民族（nation）及公民社會（civil society）；這些概念跟全球分配正義有關，但並非屬於規範性概念。第二類是用以建構全球分配正義論的規範性概念，當中包括權利（right）、責任（responsibility）、本分（duty）及義務（obligation）等。

第三個層面是隱含在全球分配正義論中的正義觀念（conceptions of justice）。不同的正義論之建構假設了不同的正義觀念，能用於建構國家範圍的正義論之相關觀點，不一定被認爲適用於全球範圍，大家熟悉的羅爾斯理論運用了「正義即公平（justice as fairness）」這個觀念來建構，雖然博格及拜斯嘗試將其應用到全球，但他本人則有所保留。

第四個層面是正義與人道之間的關係，所有全球分配正義論都會牽涉全球資源再分配，但全球資源再分配並不必然出自正義考量，人道援助亦牽涉資源轉移。全球正義論者必須清楚說明其鼓吹資源再分配的理由是出自正義考量。對不少論者來說，如何處理全球不平等乃正義問題，處理全球貧窮乃人道問題但我們書中最後會指出，大家大可不必拘泥於再分配是出自人道還是正義考量。接下來會先釐清在什麼意義上我們談的是全球分配正義。

具有系統的全球分配正義論必須完善地整合上述四個層面，從某正義觀念出發，透過規範性概念及其他政治概念，

進而建構完整的理論。然而，並非所有與全球分配正義相關的論說都有建立完整的理論之意圖，那麼我們必須介入協助重構。所謂的全球分配正義指涉在某種全球範圍內的益品配置及其產生之影響的正義考量，由於部分反對分配正義的論述（如保守右派）不反對資源透過自願形式有不同的配置，但反對任何集權式強制再分配措施。值得注意，部分論者運用「國際正義」、「國際分配正義」、「國際社會正義」或「國際經濟正義」以及「全球社會正義」或「全球經濟正義」等詞，這些用法並非不可，但容易引起混淆。「全球分配正義」有兩個部分：「全球」及「分配正義」。先談「分配正義」的部分。正義可以分為政治、社會、法律及經濟四種主要範疇，每個範疇會牽涉不同面向，如分配正義、規管正義、補償正義及糾正正義。

　　一般而言，當代分配正義論所關注的是經濟益品的再分配，分配正義是經濟正義的一環。從平等主義的角度出發，學者如德沃金、柯恩及森的理論分歧在於所要分配的是什麼，是資源（resources）、福祉或福利（welfare）還是機能（capabilities）？他們不單談論經濟益品的分配，亦關注其對個人生活前景產生之影響，而生活前景跟幸福及機能有密切的關係。此外，我們所談的亦非「社會正義」；一方面，對部分論者（如羅爾斯）而言，「社會正義」包括政治及憲法方面之正義性的考量；另一方面，論者們談論「社會正義」時一般所指涉的是社會內部的正義議題。基本這兩方面的考量，為了避免討論範圍被誤解，故盡量少用「社會正義」。

　　再來是「全球」的部分，我們使用「全球」而非「國際」的一個原因是我們將要探討的其中一種觀點是國際主義，若

用「全球」而非「國際」的話，那麼從此觀點出發所產生的理論可以稱為國際主義全球正義論而非累贅的「國際主義國際正義論」。

在全球分配正義的討論中，論者們大多是以大同主義與社群主義的對立來呈現全球分配正義中的爭論。鍾斯（Jones, 1999）與哥蘭（Cochran, 1999）以大同主義與社群主義的對立來進行分析，縱使兩人沒有相互引述對方的看法，但其分類十分相似。貫穿兩人各自的分析的最重要議題是社群或個人孰先孰後的問題，以至個人或社群（即國家或民族）的道德地位如何確立。大同主義與社群主義的對立的背後理念是社群與個人的對立。

大部分大同主義者都是自由主義者，他們在 1980 年代在英美國內遭到挫敗，試圖將跟保守右派的意識形態之戰帶到世界性場境。大同主義全球分配正義論主要分為契約論（Beitz, 1979a; Pogge, 1989）、權利論（Shue, 1980; Jones, 1999）、義務論（O'Neill, 1996, 2000, 2004, 2016）及效益論（Singer, 1972, 2002）四種。上述四種大同主義全球分配正義論都在 1970 年代開此孕育，這跟政治哲學的復興有非常密切的關係。在 1970 年代最具影響力的分配正義論如羅爾斯及諾錫克的理論都以普遍主義及個人主義的形式出現，大同主義全球分配正義論亦在一定程度上亦假設普遍主義及個人主義。及後社群主義在 1980 年代崛起，反對普遍主義及個人主義，強調社會正義不能忽略個人身處的社群。由此立場延伸，在全球範圍的正義亦必須認真對待國家或民族的差異性，這產生對全球再分配的保留態度。

除了大同主義及社群主義外，很多論者都忽略第三種立

場，亦即是國際主義，羅爾斯的理論實質上就是屬於國際主義。國際主義倡議調和大同主義與社群主義，不單以康德論者自居的羅爾斯嘗試超越大同主義與國家主義的對立，屬於黑格爾學派的國際關係論者霍斯（Mervyn Frost）實際上亦試圖調解對立（Frost, 1996, 2002），在著重個人的同時並不會忽略國家的獨特性及不可或缺性。他們原則上不反對全球再分配，然全球再分配主要是國與國之間的瓜葛，這是為何我們以「國際主義」來表達此立場。有關全球分配正義之研究應該採取大同主義、國際主義與社群主義的區別，而非大同主義與社群主義的對立作為基本架構。

在闡釋相關研究議題前，有必要就詞彙運用上作出釐清。第一，運用「社群主義」有可能會產生混淆。大同主義與社群主義的對立讓人以為是自由主義與社群主義之爭論的翻版，容易誤導大家認為自由主義者都是大同主義者，可是，如稍後指出，羅爾斯的理論很顯然並非屬於大同主義。另外，社會主義者亦可以是大同主義者。當然，左派論者亦可以是所謂的「社群主義」者。事實上，真正牽涉在全球正義討論中的所謂的「社群主義」者只包括左傾的米勒及瓦瑟，更重要的是，他們的立場根本不能代表右派社群主義者如桑德爾（Sandel）的看法。不過，即使會產生誤導，社群主義是最一般的用法（Brown, 1997; Jones, 1999; Cochran, 1999），只要在運用時清楚說明即可。

三、大同主義的想像與大同狀態

1. 當代全球化轉向與大同主義典範

當代全球化轉向是指論述上大家不能不處理全球化議題，跟這個相關的是大同主義轉向。大同主義是反省全球化最具影響力的思潮，從事哲學、政治學、法學、社會學、文化研究的論者從各自的學科進行相關的研究。著名的全球主義理論家赫爾德及麥可魯提出從理論角度看，關於全球化的爭論有兩條軸線，一是關於全球化在知識界的霸權，這牽涉到全球主義及懷疑論者關於全球化作爲描述、分析及論述現象的分歧，二是關於大同主義者及社群主義者在全球化的倫理基礎上的爭議（Held and McGrew, 2007）。

貝克（Ulrich Beck）甚至提出社會科學應該採納方法論上的大同主義，排除方法論上的國族主義，並得到相當大的迴響。他認爲國族觀點及其相關用語逐漸錯誤，原因是它無法掌握一個事實，現在的政治、經濟、文化行動及其有意無意的後果是無視疆界的（Beck, 2006: 18）。貝克明確指出，社會科學大同主義有別於哲學大同主義，這樣的區分值得深思。前者是分析－經驗性（analytical-empirical）大同主義，著力於描述、解釋眞的發生中的大同化（cosmopolitanization）；後者則是源自於 Kant 的規範性（normative）大同主義，著眼於將特定秩序加諸在現實世界之上（Beck, 2006: 19, 20）。

貝克及其追隨者著手研究如何透過大同觀點去探討「世界風險社會」中人類所面對的三大類型風險：生態、經濟及恐怖主義；這些風險反映了「眞正存在的大同化（really existing cosmopolitanization）」所呈現的問題。可是，「到底應該如何處理全球化問題」是相當重要的，也就是說，規範性考量才能協助大家思考人類未來往那裡走。所以對於找出當下的狀況到底如何處理，甚至是對現實中大同主義的發展之徹底改變，哲學或規範性大同主義是不可或缺的探討方式。

廣義來說，大同主義是一種認知上的傾向，是對他者的一種「開放性」，不論是其他文化、種族、地方及經驗，都會嘗試去接納（Tomlinson: 1999）。由此衍生出來的當然是個人在政治、經濟、文化生活上的認同不再全然植根於所屬的社會，個人的福祉也不全然寄託在必須要屬於特定族群之上，擁有大同主義思維態度的人被認為能跳脫偏見及提供傳統宰制底下的不同倫理判斷，以上的描述正是不少當代論者認為世界公民所應該包含的特質。大同主義者視她自己本身為一位基於共同人類值價值組成的世界社群之公民（Anderson-Gold, 2001: 1）。

大同主義在 1990 年代得到愈來愈廣泛之重視來自於兩種截然不同的因素，一是國際組織對人權保障愈來愈重視，人權成為了絕大部分國家都宣稱尊重的價值，很多專制國家如中國都表示尊重人權；然而，這些國家都強調必須以符合國情為大前提，以其自身獨特方式來對人權作出所謂的保障。另外一個因素是冷戰的結束，世界性秩序不再是兩極世界，部分論者如福山甚至在冷戰結束後提出自由民主跟資本主義結合下的政經模式將會主宰全世界，就資本主義經濟模式來說，他的部分說法似乎您愈來愈接近事實，即資本主義乃最可行模式，俄羅斯及中國等所謂前社會主義國家已經大

幅度「走資」，目前連古巴都放棄了傳統的社會主義。福山的想像屬於結合自由主義及資本主義的大同主義，但這只是其中一種大同主義。接下來闡述關於大同主義的三項不同範疇中的區別。

第一項是以不同意識型態作區分，所以有政治上的自由主義式大同主義與共和主義式大同主義之對比，也有經濟上的資本主義式跟社會主義式大同主義的對立，當然亦有多元文化及帝國中心主義式大同主義的區分。自由主義式大同主義是將自由主義原則及相關制度應用在全球範圍。赫爾德等人的大同民主論者及博格等人的大同分配正義論者是以自由主義及資本主義為基礎的，但他們是要修正保守右派思維及實踐，可以稱之為自由大同主義，亦是我們所要討論的大同主義。另外，他們亦是要避免發展成大美國主義，大美國主義是帝國中心主義下的大同主義。帝國中心主義式大同思想認定大同主義文化是從一個中心往外發散，但有鼓吹多元文化的論者則認為那些中心是無所不在的（Pollock et al., 2002: 12）。

第二項是「古典」與「現代」大同主義的區別。古典是指斯多亞主義式大同主義，現代則指涉西方啟蒙時期的世界大同思想，以康德的論述為主。我們著眼的是近年興起的大同主義論述在多大程度上受到康德的影響。世界公民的概念是斯多亞學派及現代的康德的共同理想。「現代性」根植於啟蒙時期的教育及政治計劃，從來沒有放棄對世界公民的普世訴求（*ibid.*: 5）。不過，這也牽涉到所謂「現代大同主義」及「現代性中的大同主義」之區隔，現代大同主義被認為是跟古典大同主義完全不同的類別，但「現代性中的大同主

義」不排除吸收古典大同主義的想法跟做法。

　　有論者認定現代性中的大同主義面對的雙重挑戰是：一方面，人類的大同主義式互動確實是在現代時期才出現，如何將大同主義理想落實是不能迴避的，另方面，現代時期提供了實現大同主義理想的物質條件，但同時也帶來了實現上的阻礙（Commissiong, 2002）。由於關於現代性的論述都源自西方，此論證策略的假設似乎變成了「大同主義都是西方的」，這當然會遭到質疑，難道其他文化就沒有大同思想？故此就出現第三項的區分。

　　第三項是「舊」與「新」之分，部分論者將西方思想主導的大同主義視為舊的大同主義，新的大同主義則是指眾多的大同主義（cosmopolitanisms）。不少論者都提出「眾多大同主義（cosmopolitanisms）」的說法，其主要的內涵有二：（1）根植性（rootedness）不必然構成對人類整體做為想像共同體的認同及愛戴之阻礙，（2）東方或南方沒有義務只從西方或北方學習大同主義（Holton, 2002: 153-4）。有趣的地方在於大同主義者應該避免對大同主義作出積極及具體的描述，因為這樣做法其實是非常的「非大同主義」（uncosmopolitan）：只有這樣，對於歷史上及學理上關於大同主義的新描述才有可能催生新的實踐。不同國族文化中潛藏著大同主義思想，弔詭的是，大同主義者本身必須有足夠包容性去接納其他的大同思想。當然，是不是可以透過這個過程發展成更具一致性的大同主義，暫時並沒有定論，但沒有真正的普世主義能夠漠視不同普世值（universals）的多樣性（Pollock et al., 2002: 7）。

　　福山及赫爾德分別代表的兩種自由主義式大同主義都不

否定資本主義的存在。福山的自由資本主義認定如果各國能繼續去管制化，讓跨國私人企業有效利用全球資源，人類的福祉便有可能繼續得以增進。赫爾德的自由平等主義則認為自由資本主義的已經證明貧富差距愈來愈大，經濟不平等愈來愈嚴重，地球生態繼續崩壞。資本主義不能與脫韁野馬，必須受到具體規範所管制。

　　跟福山唱反調的論者如亨特頓（Huntington）認定取代冷戰對立的不是自由資本主義而是「文明的衝突」，他強調冷戰後的衝突會來自於宗教和文化的差異，而不是國家之間關於資本主義與馬列主義的意識型態衝突。他對於美國在全球化當中的角色提出特別的建議，即使他接受某程度上的大美國主義，但不認為美國要以過去的方式繼續擴展對外勢力。亨特頓一方面反省西方文明興衰並認定其沒落趨勢已成，另方面認為美國雖仍是霸權，但應該自重及自我保護，減少對其它國家的干預。

　　自英國工業革命以來，西方幾百年的帝國主義至今未有袪除，反而是以另一種方式存在。他認為西方文明之所以重要，並非因為它可以普世化，而是因為它的獨特性；因此，西方國家主要的責任不在於根據其自身的價值觀形塑其它文明，況且這也不是正在沒落的西方力量所能做到的，美國目前是西方最強大的國家，保護和重建西方文明的特質之責任至關重大。話說回來，亨特頓不能只著重文化上的衝突而忽略了帝國主義是伴隨資本主義而生的，先是英國後為歐洲各國，最後是美國，資本創造了所謂西方資本主義文明，但隨著全球化而擴張的過程中大肆損害生態環境以及導致嚴重的不平等。

亨特頓認為，冷戰後民族之間的距離愈來愈近而互動亦愈發頻繁，表面上民族間出現更大的共同性，但實際上民族間彼此的差異性亦同時增強，這是由於個別民族內部的共同性逐漸凸顯出來。後果是西方文明會遭到挑戰，如果西方國家仗著強大的權勢而進行各式各樣干預，將會遇到更大的反抗。誠然，大家可以想像，911事件不管是伊斯蘭極端分子真正的恐怖攻擊，還是陰謀論所宣稱乃美國自導自演的戲碼，都在一定程度上加深世界對文明衝突的體認。隨後十多年來西方對中東地區的干預的確造成伊斯蘭世界巨大的反彈，從之前 ISIS 為中東帶來的極端主義可見一斑。亨特頓的論述有別於傾向接受進取大美國主義的現實主義，是一種消極西方主義，他並不只關注美國的狀況，更是要保護廣義上的西方文明，這也有別於只關注自身的社群主義。

　　福山及亨特頓表面上似乎都只是在描述及預測歷史的發展，但實質上隱含著規範性考量。從福山的角度看，既然自由資本主義的勝利代表歷史的終結，那麼無人可以抗拒歷史，順從歷史的大勢才是王道；亨特頓理論背後的價值評斷，明顯地在於對西方文化的珍惜，可是，西方文明的價值到底源自那裡？亨特頓假設文化多元主義之餘，亦必須假設價值多元。

　　全球規範性的討論大多是以大同主義與現實主義的對立來呈現全球民主及全球分配正義等的爭論。哥蘭（1999）以大同主義與社群主義的對立來進行分析，其中最重要議題是社群或個人孰先孰後的問題，以至個人或社群（即國家或民族）的道德地位如何確立。大同主義與社群主義的對立的背後理念是社群與個人的對立。哥蘭從人的概念、國家的道德

地位以及普世與特殊的對立三個方面出發作分析，鍾斯以國家主權與人權作對立來分析。毋庸置疑，社群及個人是不同的主體，但重點不應單單放在主體本身，亦要包括主體之間的關係及其價值。以大同主義與社群主義的對立作為基本架構的最大弊病在於只考慮社群本身跟個人本身的地位，而忽略社群（國家或民族）之間的關係。如前所述，另一種的區分方式是採取大同主義、國際主義與社群主義的區別，而非大同主義與社群主義的對立作為基本架構。

哥蘭就全球倫理提出三種認識論：基礎論（foundationalism）、反基礎論（anti-foundationalism）及實用論（pragmatism）（Cochran, 1999）。按照其分析，大同主義及國際主義都屬於基礎論，但她將羅爾斯及瓦瑟的理論歸類為基礎論是值得商榷的，羅爾斯所採用的是融貫論（coherentism）而非基礎論；瓦瑟的理論則是屬於詮釋論（interpretativism），沒有意圖去尋找客觀及普世化原則。哥蘭也忽略了哈伯瑪斯的溝通理論算是融貫論與實用主義的混合理論。哥蘭所謂的基礎論實質上是相信方法並用方法來建構理論的想法，反基礎論及其倡議的實用論（pragmatism）抱持「反方法」及「反建構」的信念，接近後現代國際關係論。布朗指出後現代主義者不會亦無意發展出「國際正義」論（Brown, 1997: 294ff），在此不必討論有沒有可能發展出反基礎論及實用論的全球倫理立場，只須強調我們所關心的是大同主義「理論」的確是在「建構」而非「解構」。

拜斯及早期的博格將羅爾斯以融貫論做為知識論之推敲方法應用在世界性場境中，並以此嘗試找出應該用來主導全球的分配正義原則。他認為此舉是表達大家該關注的是普世

社群中個人之間的道德關係，而國家疆界只佔據從屬的次要地位，這正一種大同思想（Beitz, 1999a: 181, 2）。然而，羅爾斯不認為此進路是合宜的，原因是世界性場境的狀況根本不能跟國家場境相提並論。

　　大同主義倡議由個人組成的世界社會，超越民族或國家的藩籬（Wight, 1996: 45）。超越國族不意味大同主義，對哈伯瑪斯來說，後國族主義下的發展期待一系列超越國族主義的變革，特別是國家權力下降後的跨國公共空間形塑。哈伯瑪斯的構想當然是跟歐洲聯盟的發展有關，歐洲的民主論者都在思考如何在歐盟的各層面深化民主，這符合溝通倫理的要求。雖受到 Kant 的影響，但哈伯瑪斯（Habermas, 1995）的想法並非全然是個人主義式的；他設想的是不同人民體（peoples）所組成的社群，而此一大社群有必要透過以懲罰為基礎的威脅令其成員（即人民體）受到約束；只有這樣，各國不斷透過相互脅迫來宣示主權下的不穩定國家體系才能被轉化為一個廣義上的聯邦，其共同利益取代國家功能。

　　後國族主義的跨國法律之功用跟羅爾斯的「眾民法（Law of Peoples）」有點類似。對兩位論者而言，此法律都是主導不同集體之間的關係，而並非全然是以全球公民做為主體或客體。當然，理想上此法律並非是目前以國家為規管對象的國際法，而是規管人民體的法律，所謂的人民體不必然是國家。值得注意，對羅爾斯而言，「眾民法」都沒有規定受規管的一定要是「民主」的人民體，可以是類似阿拉伯開明君主制國家（Rawls, 1999b），若是民主的國家固然是好，但並非必要。在羅爾斯的非理想理論（non-ideal theory）

中，獨裁國家是確定沒有被納入規管的。嚴格來說，羅爾斯提出的理論比較接近某種形式的自由國際主義，可是，他的自由國際主義並不意味獨裁國家必須民主化。

相較於哈伯瑪斯、羅爾斯及拜斯康德式的論述，個別論者如安德信－高特（Anderson-Gold）試圖以更貼近康德想法的方式演繹大同主義，並提出以權利為基礎的「世界公民法（the law of world citizenship）」。對於部分論者認為 Kant 的「大同權利」只限於「陌生人不被敵視的權利」，安德信－高特指出，「世界公民法」不是只有一條關於「友善（hospitality）」的定律，當中也有對「人類共有的地球表面之權利」；「世界公民法」將不成文的政治及國際權利轉化為「普世的人類權利」（Anderson-Gold, 2001: 29, 30）。他認為目前人權條約透過將個人權利置於在地司法權的範疇之上，已將國家主權的概念改變；這等同於提供貫徹「世界公民」這個理念的制度性安排，展現了「大同狀態（cosmopolitan condition）」（*ibid.*: 61）。不過，這種思維未免過於強調個人權利的重要性，而忽略了對集體權利的保障亦是目前國際法的重點；事實上，若然所謂的「大同狀態」是指各民族及各社會之間在道德上愈發互賴及在溝通上愈發密切的一種關係（*ibid.*: 42），那麼個人的地位就不必然是最關鍵的。

另外，有論者亦提到所謂的「大同狀態」，但當中的所謂「大同狀態」比較屬於描述性及規範性混合的概念；大同狀態在某種意義上來說存在這個世界上，是一種按照我們關於「什麼是對」之理解，透過人類活動不斷建構、重構及解構；大同主義並非抽象的理想，而是演化中的一組社會形

態，（Fine, 2007: 136）。他認爲其中一種對大同狀態之誤解源自於理想化的觀點，大同主義被認爲是現代性的高峰亦是權利意念的累積效果；這種想法是基於自然法，而且是源自於有關「歷史終結」的意象（*ibid.*: 138），在此他是批評福山的自由資本主義式大同主義。

處於另外一個極端的誤解分爲兩種，其一認爲大同狀態不存在也不會存在，原因是所謂的大同狀態實際上只是強國國家權力的運用但同時卻否定弱國之主權；其二認爲大同狀態只是社會演化的新階段，表面上是自由系統但其實是帝國主義、宰制及暴力的混合變種（Fine, 2007: 138）。言下之意其實是誤解背後之想像正是理想化的大同主義所設想的狀況，但大家不必認同那種福山式理想化版本的大同主義。

大同主義論者去理想化的結果是以自由主義應用在世界性場境來對抗放任自由主義及新古典自由主義。弔詭的是，連法西斯主義和共產主義在某種意義上也算是一種大同主義；然而，在目前的討論脈絡下，我們視大同主義爲廣義上的自由主義在全球範圍應用的理論基礎，這可以減少混淆。簡單來說，號稱大同主義者如赫爾德等所構築的規範性理論其實是將某種形式的福利派主張之「社會民主」進行全球化。

大同主義另外一個重點是擁抱某種形式的道德主義，道德主義者要表達的是道德考量蓋過了精明及其他考量，道德考量之所以具有優先性，是由於其被認定是普世的。支持道德主義的理想主義者大多抱持道德普世主義，道德的普世性賦予道德一種跨越時空的正當性，因而能讓道德蓋過其他考量。道德普世主義可以分爲價值爲本及規範爲本，前者由肯尼倡導，後者則由博格提議，兩人都屬大同主義者。一般而

言，價值為本的普世論認定道德價值都是普世的，但卻要面對否定文化多元性的指控。為了迴避這些指控，肯尼聲稱道德普世主義只是認為部份而非所有道德價值是普世的，而普世主義是跟不同文化中的多樣道德價值是融合的（Caney, 1999: 19-20）。他的意思是各文化當中具有獨特於其他文化的道德價值，特定的普世主義（如強調自由權利的版本）正是能讓民眾參與各式各樣的活動，並且保障甚至促進多元。但他忽略了世界範圍內的「道德多元」是指各自具有同質性的國族之間的差異，反對道德普世主義的人認為，只有實施自由民主的國族與其他非自由民主國族和平共存才是大家冀盼的，而並非讓自由民主的國族將其制度強加他國。肯尼面對的最大問題是如何區分普世的道德價值及非普世的道德價值，對強硬的普世主義者而言，非普世的道德價值根本就不可能是「道德」價值。他若找不到具有說服力的區分標準，那就難以支撐其普世道德論。

博格後期的理論的確屬於基礎論，根據他的界定，不同的大同主義論都有三項共同元素（Pogge, 1994b: 89）：個人主義（individualism）、普世性（universality）及普遍性（generality）。「個人主義」是指最終極的關注單位（ultimate units of concern）乃個人而非氏族、部落、種族、文化或宗教社群、國家：「普世性」是指作為最終極的關注單位之地位乃平等地聯結每個人；「普遍性」則是指世界上每個人乃所有其他每個人的最終極關注單位，個人並不單是其同國人（compatriots）的最終極關注單位。

博格提倡的是規範為本的道德主義，表示用以保障脆弱及弱勢者的道德規範愈來愈有效及具有限制性。他跟其他理

想主義者一樣，都相信啓蒙及人的可完美性，並指出自啓蒙時期起，人類在回應帶有傷害性的行徑及社會制度（如奴隸制度、君主制、殖民地主義及種族屠殺）時，最起碼在表面上成就了實質的道德進步（moral progress）（Pogge, 2008a: 2）。他對當今全球化所帶來的問題感到憂心忡忡，道德普世主義正是要來確保道德進步能夠維持下去。博格提出道德觀念成為普世的必要及充份條件：所有人都服膺於同一個基要的道德原則，此等原則賦予基要的道德益處及負擔，而這些基要益處及負擔是以普遍語句來呈現，以避免隨意地圖利或損害特定的個人或團體（*ibid.*: 98）。可是，由於三項條件都引發實質問題，如「誰稱得上是個體？」及「個體之間的差異要有多大，才能讓不同的基要原則適用於不同的個體？」他並不認為道德普世主義能有正式的定義。普世主義不會提供具體的內容，充其量只能提供個別道德觀念的可接受性之必要條件，上述的三項條件只是要求道德具有系統的融貫性，也就是說，對個體及其行徑以至社會規則及狀況的道德評斷都必須訴諸平等地適用於所有人的基要原則，任何偏離都需要合理的根據。

　　跟現實主義大相逕庭的地方在於大同主義認定全球範圍內的道德討論是可行的，博格的大同主義強調的是道德關係，而不是人與人之間的政治和權力關係，它假設了「道德普世主義（moral universalism）」，其特徵是堅持在道德意義上，是無一人例外的自由、平等和尊嚴。道德普世主義的起源是古典的自由主義中的哲學人類學、自然法與自然權利，普世性的關注點是落實在每一個活生生的個人身上，而不是家庭、部落、宗教群體、種族或民族這樣的集體身上。

每個人都享有同樣的權利和義務，皆為普世道義秩序的成員和維護者。

道德普世主義堅持，每個人都是他人道德關注的最終對象，而不是手段。這是人與人相互尊重的基礎。每個人的行為，每個制度都因涉及具體的他人而必須有所節制。然而，道德普世主義具有相當的彈性，它能支持許多不同形式的人際關係，如宗教、文化、種族群體，民族國家，也能支持這些群體之間的相互尊重。

拜斯提出道德大同主義與制度大同主義的分野（Beitz, 1994: 124-5），制度大同主義關注如何建構世界政治組識或制度；道德大同主義關注超越國族的制度之正當及合理基礎，而此基礎是建構在世界每個人同等地被視為道德關懷的主體之上。大同主義關於全球分配正義的觀點是從道德面向推敲出來的，我們所關心的是從大同主義道德面向所作出之推論是否合理，以及其建議的多種制度安排是否妥適。

博格將大同主義劃分為法定的（legal）與道德的（moral）兩面向（Pogge, 1994b: 90）：法定大同主義（legal cosmopolitanism），意旨在全球秩序下，人人都是「世界秩序的政治理想（political ideal of a global order）」，享有個體平等的地位、相同的法律權利與義務；而道德大同主義（moral cosmopolitanism）指的是因為個體皆是最終關注對象，人與人之間有相互尊重的道德關係。這樣的分野下，我們清楚看見，道德大同主義沒有假設必須要有一個強而有力的世界政府存在於真實的世界中，來賦予個體相同地位的權利。人是大同主義最終關注的對象，且人與人之間存在著相互尊重的關係，只要身為人，我們即有義務去關心世界上的

任何一個個體。個人主義、道德主義及普世主義乃大同主義的三大理論基石，然而，由於大同主義論者就三者的理解不盡相同，從中發展出來的全球分配正義論大有不同，接下來將對四種主要的自由大同主義全球分配正義論作出簡單的鋪陳。

四、大同世界的分配正義

　　羅爾斯雖不是自由大同主義者，但他的正義論對大同主義的發展起了非常重要的影響，第一、羅爾斯用以建構其契約論的抽象個體令大同主義者對脫離社會關係的個體之想像，一個不受族群、國家捆綁而運用理性及理據做出符合自己利益的個體，大體上能一同找到讓大家和平相處的正義及穩定結構底下。對自由大同主義者的啟發是，這不是烏托邦，而是可以靠人的共同努力逐漸趨近的道德世界。無奈在眾多社群主義者、多元文化主義者及女性主義者的質疑及批評下，羅爾斯的抽象個體回到現實世界，他後來的政治自由主義及眾民法發展出關於正義的政治性概念，這樣的發展令大部分自由大同主義者失望。不過，不少自認為或被認為是自由大同主義者的論者其實也沒法無視真實世界的現況而作出妥協，而我們將會看到，從比較「基進的」大同主義角度看，書中將會集中研究的論者博格、梳爾、拜斯、奧妮薾及辛格都太保守了一點。那些比較「基進的」大同主義者包括平等主義者及馬克思論者，他們關心的是愈來愈惡化的全球經濟不平等的狀況。歸根究底，自由大同主義者雖然以為他們在處理不平等問題，他們的理論只是在處理或只能處理貧

窮問題而非不平等問題。

第二、自從羅爾斯將正義作爲評判制度的標準，正義概念在被用來評斷社會各範疇的恰當性之議題佔據主宰性地位。既然全球範圍在某種意義上存在各種制度，引用正義來做規範性討論這種做法乃自然不過的事。加上全球化的發展令大家思考如何創立新制度或改革現存制度，正義剛好提供適合的規範性考量作基準。自由大同主義者將正義作爲出發點的做法，是完全可以理解的。不過，由於正義是非常有爭議的概念，關於正義不同的觀念莫衷一是，令大家關於所謂全球正義的理解更是混亂。羅爾斯理論影響力之大不單可以從博格等本身目前已經具有一定影響力的論者們都不得不討論羅爾斯，更重要的是，他們建構全球正義的過程中採取由上而下途徑也是受到羅爾斯建構大理論野心的影響。目前的自由大同主義正義論之建構都先確立採用什麼正義觀念，然後再以不同的概念（如同意、權利、義務及效益）作爲最基要的理論工具。我們將要探討的契約論、權利論、義務論及效益論四種理論分別建立在「正義即公平」、「正義即平等」、「正義即可普世化性」及「正義即公正」四個正義觀念之上；四種理論也正是分別使用同意、權利、義務及效益四個基要概念之上。可惜的是，我們將會看到他們不單無法建構大理論，反而增加了所謂全球正義的歧義性，大家對相關問題的問題意識變得更模糊。

第三、羅爾斯的正義論使得正義考量成爲了大同主義規範性討論的核心元素，目前有關自由大同主義全球正義論的系統性討論極少，最主要的只有 1999 年鍾斯的《全球正義－爲大同主義辯護》一書。他將正義當成是大同主義的焦

點，討論各種大同主義正義論及替大同正義反駁社群主義正義觀就等於是為大同主義辯護。不過，值得一提的，即使鍾斯宣稱會同樣以羅爾斯的「基本結構」作為正義用來評斷的對象，但他沒有深入討論將羅爾斯整套理論拿來建構全球正義契約論的拜斯及博格的理論，也沒有解釋為何不將其納入討論。如果他是要淡化其影響力，那麼大可不必將「基本結構」作為正義用來評斷的對象，而另覓新徑。另外值得一提的是，他反而將一向被認為跟自由主義有衝突的效益主義放進來討論，我們同意他將效益主義納入討論的做法，但不理解他只將辛格的看法輕描淡寫的帶過。當然辛格比較詳細的討論在 2002 年的《一個世界》書中才出現，可是他的基本看法沒有大幅改變。

書中主要討論博格、梳爾、拜斯、奧妮薾及辛格的再分配理論，由於每位所關注的議題甚廣，我們只針對他們再分配論的著作。接下來我們先勾劃四種理論在全球化轉向期間的自由大同主義發展及當中的爭議。

1. 契約論

契約論當然是關於契約，但什麼是契約？是顯性、隱性還是假設性契約（hypothetical contract）？顯性契約的效力在於同意，立約者同意契約的內容，所以產生對所有參與者的行為規範，但隱性或假設性契約的內容具有規範力嗎？什麼樣的契約能為全球再分配提供足夠的理據？羅爾斯於 1971 年出版的《正義論》，以「正義即公平」的觀念透過假設性契約的設計來為其正義原則提出論證。全球範圍的契約論代表人物是拜斯及博格，兩人有關全球分配正義的思考是

受到羅爾斯的啓發。雖然羅爾斯本人並沒有發展出大同主義，但是拜斯及博格先後嘗試透過羅爾斯的理論元素推論出大同主義全球分配正義論。

拜斯早在 1975 年便提出將羅爾斯的契約論應用在全球分配正義的考量上，發展其大同主義論（Beitz, 1975）。及後在 1979 年出版的《政治理論與國際關係》中進一步提出更具體的主張。面對來自民族主義及國家主義從國家主權或民族情感所提出來的各種挑戰，拜斯於 1980 及 1990 年代多篇文章中先後提出其回應。拜斯運用羅爾斯的理論元素指出這些元素不單可以應用在社會正義的討論上，亦可以引伸到有關全球分配正義的討論。拜斯認爲我們可以設想在國際原初狀態中國家代表都參與假設性契約的商議，在「無知之幕」下，關於全球資源分配的原則與差別原則應該沒有太大的差別（Beitz, 1975; 1979: 144ff）。拜斯即使後來有陸續對理論內容稍有修正，但其基本立場並沒有改變，並堅持按照羅爾斯的差異原則應用在世界性場境，全球弱勢能夠得到更好的保障（Beitz, 1983, 1991, 1994, 1999b, 1999c）。

除了拜斯，博格亦嘗試從羅爾斯的理論出發建構全球正義論。他在 1988 年就提出羅爾斯的差異原則可以是主導全球分配的正義原則（Pogge, 1988a），及後在 1989 年出版專書《實現羅爾斯》（Realizing Rawls）進一步闡述如何使用羅爾斯的方法推出適用於全球正義的原則。不過，羅爾斯於 1993 年發表〈眾民法〉一文，對拜斯及博格的建議提出保留的態度。博格不久發表題爲〈平等主義眾族法〉一文提出反駁，兩人的分歧在於如何運用羅爾斯契約論的元素在全球正義的考量上。博格論證羅爾斯的本土正義論及全球正義論

兩者是不融貫的，他指出羅爾斯在推論其全球正義觀的過程中的張力與矛盾（Pogge, 1994a, 2001c, 2004c）。另外，博格批評拜斯不應該採取羅爾斯的兩階段「原初狀態」，而是直接將個體放在「全球原初狀態」中，這樣就可以得出應用在世界性場境的正義原則。

拜斯及博格試圖將羅爾斯的正義原則擴展至全球範圍，但遭到羅爾斯用「協助本分」的人道考量來反駁，於是博格及拜斯後來轉向嘗試以權利及本分來處理貧窮及不平等問題（Pogge, 2008a, 2010; Beitz, 2009）。不過，這不代表自由大同主義者要放棄契約論，書中第三章將比較拜斯與博格的契約論。

2. 權利論

權利論當然是關於權利，但什麼是權利？誰可以擁有權利？人類中心主義者認為人才有權利，但如果權利是專屬於人，那麼是不是就不用標榜所謂的「人權」？人權是否都是指道德權利？道德權利是否都是自然（或天賦）權利？認定某權利乃道德權利是否代表它具有普世的規範力？是不是只有基本權利才是道德權利？

什麼樣的權利能為全球再分配提供足夠的理據？一般的看法當然是所謂的福利權，若對人權的尊重應該是無遠弗屆的話，又假如福利權是人權，那麼福利權是跨越國界的，全人類都必須尊重福利權。然而，有不少論者反對福利權是人權（Cranston, 1973）。不過，我們將會看到自由大同主義者基本上都反對將西方國家在國內實踐的福利權擴展至世界性場境，他們的做法是找出什麼是基本權利，然後看看如何保

障這些權利。自由大同主義者似乎都在找什麼權利是基本的，如果有基本權利，怎麼區分基本及非基本權利？我們會比較梳爾、博格及拜斯三位論者如何找出基本權利及其屬性，建立基本權利的方式可以分為基礎途徑及非基礎途徑。

拜斯提出三種人權觀念：自然主義觀、同意觀及實踐觀；這跟森拿所界定的自然權、約定權及常規權相似（Beitz, 2009; Sumner, 1987）。梳爾率先在1980年出版了《基本權利－維生、富足及美國外交政策》一書，其目的是要找出什麼是基本權利及其內容，從而找出富足國家對外的義務，我們將會指出其權利論並非自然主義權利論，而是比較傾向於同意觀，而他採用非基礎途徑去區分基本及非基本權利。

博格透過訴諸「需要」概念來找出基本權利，他在三篇文章中勾劃其自然權利論（1995c, 1999, 2000b），結合其他關注貧窮及全球正義的文章，他出版了《世界貧窮與人權》（2002a, 2008a）和《如常政治》（2010），展示了他以正義為出發點的全球再分配理論。不過，這兩本論文集並沒有收錄2005及2007年兩篇關於極度貧窮的文章，我們將會指出這兩篇較後期文章顯示了三個理論重點：（1）博格的確是在關注極度貧窮而非不平等，（2）他嘗試賦予本分／義務比較重要的理論位置，但（3）同時改變了對人權的理解。

拜斯在二十一世紀初的三篇文章批評了自然主義觀及同意觀，並著手透過羅爾斯《眾民法》裡的人權觀建構關於人權的政治觀，（2001c. 2003, 2004），他後來在《人權的意念》一書稱之為實踐觀（2009）。我們將會指出他後期並沒有將人權考量直接跟全球正義或正義連接起來，這亦可以用來解釋為何他認為連處理「抗貧權利（anti-poverty rights）」都

是一個難題，此難題之所以出現跟他訴諸「需要」概念來找出基本權利有關。

3. 義務／本分論

義務論當然是關於義務，但什麼是義務？先於制度（pre-institutional）的道德義務是否存在？道德義務是否都是自然義務？認定某義務乃道德義務是否代表它具有普世的規範力？義務與權利之間是什麼理論關係？相對於義務，權利被認為具有優先地位，若要判斷行為或政策的對與錯，先找出這行為是否符合人權標準。權利論認定由於權利衍生義務，只要找到基本權利，那就會找到相關義務。在世界性場境中，若貧者有基本權利，有能力的人就有義務去協助。義務論者奧妮薾從「正義即可普世化」提出義務先於權利，她認為很多權利找不到確切的行動者作回應，故只能是屬於「宣言式權利（manifesto rights）」，沒有導引行動的規範力。我們會討論博格及拜斯如何具體地回應奧妮薾對權利優先性的挑戰，並提出在什麼意義上義務先於權利。

相對於權利論，義務論者從相對有能力者的義務出發去探討全球再分配。奧妮薾早在 1974 年就開始發展她的義務論，目的是跟辛格一樣要回應對饑荒及貧窮的關懷。她從康德的「定言令式」（categorical imperative）出發，用間接方式推論出大家有援助有需要的人之義務（O'Neill, 1974, 1975, 1986, 1989a, 1989b, 1996, 2016, 2018）。我們將會探討奧妮薾的理論如何建基在完美及不完美義務的區分之上，為何援助有需要的人是一種不完美義務？又為何此不完美義務不是關於正義的義務？

奧妮薾理論雖免除以積極權利為基礎的理論之困難，但其規範能力似乎太弱，同樣的問題也出現在博格較後期的想法中，他指出容許現狀等於是違反了「不去支持不正義的消極義務（*negative* duty not to uphold injustice）」（Pogge, 2003）。博格直接把不正義放入義務的定性裡面犯了乞題的謬誤，問題仍然是支援弱者的義務為何跟正義有關？博格主張每個人都要交固定比例的稅作為全球資源稅（1994a: 199ff; 2002a, 2008a），其背後理念是各社會擁有及控制其資源，但若使用該等資源則須要繳稅。我們將會討論博格如何認定現況乃不正義及探討這個消極義務為何可以推導出我們該怎麼做。梳爾在《基本權利》1980 年的初版中只談到大家有本分不去剝奪他國或他國人民的基本權利，我們會討論他在之後的文章如何擴展至相對積極地協助他國的義務（1984, 1988, 1993）。後來梳爾的想法愈來愈像博格，他甚至支持跨國履行實踐部分經濟權利的義務。

4. 效益論

效益論當然是關於效益，但什麼是效益？效益是快樂、愉悅還是利益？面對苦難及痛苦該如何處理？愉悅與痛苦是互相共量的嗎？古典效益主義視快樂為人類共同追求的最重要益品，並提出「最大多數人的最大快樂」原則（或稱效益原則）為普遍性道德原則，只要能夠達到社會整體的最大快樂的結果都是對的。受限於客觀的現實環境，很多不同的分配方式都可以達到社會整體中可能出現的最大快樂，因此，不管個別人士得到什麼，不同的整體分配狀態都有可能是道德的。

有關效益主義全球再分配的討論是寥寥可數的，最有代表性的莫過於是辛格，早在 1972 年辛格便提出富國應對窮國伸出援手，協助解決飢荒問題（Singer, 1972）。可是，他並沒有提出具體的正義原則，或許他認為以扶貧為由的再分配既然是道德要求，根本就不須要被框限在正義框架之中。辛格後來的著作《一個世界》（2002）似乎認為扶貧是跟正義有關，他在《你能救的生命》（2009）發展其扶貧政治哲學。

　　可是，古典效益主義的目標是增加快樂，扶貧是要減少痛苦。從效益主義的立場出發，我們其實可以考慮建構消極效益論，以「最大多數人最少的痛苦」來代替「最大多數人最大的快樂」。祛減痛苦很顯然是跟效益主義的基本立場一致，當全世界眾多人民都在承受痛苦、飢餓的時候，若祛減痛苦都辦不到，那就枉論增加快樂。我們將會指出這跟辛格的關懷相若，他提出假如我們有能力防止壞的事情發生，而這樣做不會引來同等程度上的犧牲，我們應該盡力去做（Singer, 1972, 2009）。

　　從效益主義發展出來的全球主義理論屬於大同主義，其同特點是以全球的每一個人作為正義考量的出發點。然而，對契約論、權利論及義務者而言，效益主義與全球分配正義的理論關係難以確保，效益論無法同時能保障所有人，沒有任何人的重要利益應該為了社會共善而被犧牲。不過，若能發展出制度主義消極效益論，或許不會對富者的利益產生太大的影響。

五、小結

　　在進入接下來幾章的深入討論之前必須提出兩點，第一、拜斯曾經區分所謂社會自由主義及大同自由主義，目的是將不贊成討論全球正義或反對所謂全球正義的傳統自由左派跟他自己和博格等自由大同主義者區隔開來（Beitz, 1999b）。他這樣的做法沒能區分不是在處理全球經濟不平等的大同主義者跟希望用平等主義來消弭不平等的大同主義者，故此，本書建議大家使用自由大同主義，而非大同自由主義。平等大同主義本身可以分為相信福利資本主義的及相信社會主義的兩種，前者將福利主義平等原則延伸到世界性場境來應用（Ypi, 2011），後者則認為先扭轉資本主義主宰全球發展的態勢才可真正處理不平等問題（Nielsen, 2003）。不過，平等大同主義不在我們討論範圍之內，只好留待日後有機會再討論。

　　第二、本書的目的是要釐清關於全球正義的問題意識，透過探討上述四種自由大同主義論，我們將會發現在討論他們的全球正義觀的時候，其實是在談分配正義，而世界性場境下關於資源再分配的分配正義其實是經濟正義的一環，在我們要探討的論者當中只有奧妮爾注意到經濟正義的問題，博格沒有認真要處理其它經濟正義議題，其他論者沒有意識到這點或根本不在意。然而，由於他們大多只關心消除貧窮，其論述是否能算是跟分配正義有關，也是一個疑問。如果只能建立人道主義的原則或義務，那麼就會只是人道問題。書中最後的建議是放棄大理論途徑，不要先選定一個正義觀念，然後由上而下的層層推論將貧窮及不平等視為經濟

正義的問題，所以不能單單看目前的配置狀況，處理經濟正
義的議題要以實踐推論方式來面對不同場境中歷史遺留下來
的經濟不公平問題。

第三章

大同契約、本土類比與全球制度正義

Justice between nations is determined
by the principles that would be chosen
in the original position...
These principles are political principles,
for they govern public policies towards other nations.

Theory of Justice, 1971,
John Rawls

一、前言

　　近代契約論源自於霍布斯，後來的洛克及盧梭等都提出不同形式的契約論。不過，由於契約論的可塑性相當高，以及發展出來的時空背景不一，不同理論家就同一課題都可以得出不同的結論。過去的契約論大多關心政體的理想安排及政權的憲政正當性，由於穩定的憲政民主體制早已經確立，當代西方契約論者固然不須關心政體理想安排，而是著眼在政權正當性上，特別關注在二次大戰後如何建立對基本公民權的全面保障。

　　累積了戰後二十多年的反思後，羅爾斯基於契約論在五十年前出版《正義論》，遵循當中所建議的兩項正義原則可確立政權的實質正當性，而整個社會的穩定及秩序將更容易得到加強。不過，美國平權運動大體上在 1970 年代初已經成功，使得大家後來對《正義論》中支持平等公民及政治權利的第一條原則沒有多大興趣，關於社會分配正義的第二條原則成了保守右派跟自由左派在 1970 年中期以降進行的意識形態鬥爭之焦點。及後全球化下出現的不平等迫使論者們開始思考全球範圍內的分配正義課題。

　　博格及拜斯嘗試從羅爾斯「正義即公平」觀念出發，以他較早期的理論發展出大同主義契約論。既然羅爾斯（如上引文中）認為可以將他針對本土社會的理論工具應用在全球

範圍，為何得出的結論不一樣。我們會探討拜斯如何設想在國際原初狀態中國家代表都參與假設性契約的商議，在「無知之幕」下，關於全球資源分配的原則與差別原則不應該有太大的差別（Beitz, 1975; 1979a: 144ff）。

博格批評拜斯不應該採取羅爾斯的兩階段「原初狀態」，而是直接將個體放在「全球原初狀態」中，這樣就可以得出應用在世界性場境的正義原則。我們會比較拜斯及博格兩人的論證進路，並指出由於拜斯所用的是兩階段「原初狀態」，他只能以類比論證作為輔助，因此難度較高。

由於羅爾斯不贊同他們的論說並在後來的《眾民法》中提出他的自由國際主義論點來作出反駁，對拜斯及博格而言，羅爾斯後期的想法仍然保守，本章將集中對拜斯及博格兩人本身較早期想法作出批判性討論。在這個歷史脈絡下，我們可以更了解自由大同主義者比羅爾斯及其他自由左派如拿高（Nagel）更想要將自由和平等等普世價值全球化的理念。

本章第二節首先簡略地敘述羅爾斯的理論架構，接著展示大同主義契約論的兩種論證模式，並繼而指出拜斯及博格分別採納這兩種論證模式。第三及四節則分別討論拜斯及博格的理論，他們認為目前的世界秩序沒有讓不同社會中的人民影響跨國政治決定，亦不能給相同天份的人差不多的機會受教育及爭取工作，反而產生對全球最弱勢的人不利的社會與經濟不平等。既然羅爾斯對個別社會內的類似狀況表達不滿並試圖去糾正這些問題，那麼就沒有理由不用類似的方式來處理全球正義問題。

二、羅爾斯式契約論與大同主義

1. 契約論與大同主義

契約論立場備受重視，其原因在於羅爾斯早在其《正義論》初版中便預示契約主義全球正義論的可能性，雖然他本人並沒有發展出大同主義，但是拜斯及博格先後嘗試借鑑《正義論》而推導出大同主義全球分配正義論。在深入討論兩人的理論前，有必要扼要敘述大家熟悉的羅爾斯理論進路。

羅爾斯認定公平的分配正義原則是由個人在一項「假設性契約（hypothetical contract）」中會選擇的原則，他以「原初狀態（original position）」來形容此假設性契約的場景。在這個狀態底下，參與締造契約的成員不知道自己的能力及背景，更沒有抱持任何的「善觀（conception of the good）」，也就是說，她們是在所謂「無知之幕（veil of ignorance）」的後面就正義原則作出選擇，在此場境中她們不可能亦不會按照自己的利益去作出選擇，只好公正無私地作出選擇，而所作出的選擇就會是大家相當熟悉的兩項原則。羅爾斯認定正義原則只適用合作架構，決定如何分配益品予在同一合作架構下的人。他假設國家是近乎自給自足的合作架構，因此，分配只在國家範圍內。

在《正義論》中，羅爾斯同意國際間須要原則作為規範，若要建構國際原則，必須再一次運用假設性契約，參與締造契約的是正義國家的代表，在不知道關於其代表的國家之背景以至其強大程度的情況下，這些代表會選擇「自決原則（the principle of self-determination）」、「免於攻擊的自

衛權利（the right of self-defense against attack）」以及相互遵守條約等原則（Rawls: 1999a, 332）。羅爾斯在後期繼續發展其理論，他的基本假設沒有改變，也就是威斯伐利亞式（Westphalian）世界秩序乃國家組成的系統，其主要行動者是國家。

　　拜斯及博格以羅爾斯較早期的論說為討論重點的原因是，其論說更接近大同主義。他們的羅爾斯式全球正義論使用羅爾斯的方法及用語去探析全球正義之議題並提出具體的原則去規範全球秩序。由於羅爾斯使用的是契約論方法，因此，羅爾斯式全球正義論必然屬於契約論。我們不能忽略的一種可能是，只接受部分羅爾斯的用語去論證全球秩序須要受制於正義考量，但容許不同於兩項羅爾斯原則的正義原則應於在全球層面。可是，即使這屬於契約論，我們不會稱此為羅爾斯式理論。不過，我們可以想像並非所有契約主義全球正義論都是羅爾斯式的，而羅爾斯式全球正義論並不一定是大同主義的。我們所要集中討論的博格及拜斯之理論是屬於大同主義的，羅爾斯本人後期所發展出來的則並非屬於大同主義。

　　大同主義者博格的基本立場是積極鼓吹打破「威斯伐利亞式」世界秩序，並以個人作為主體。根據博格的界定，各種不同的大同主義論有三項共同元素（Pogge, 1994b: 89）：個人主義（individualism）、普世性（universality）及普遍性（generality）。「個人主義」是指最終極的關注單位（ultimate units of concern）乃個人而非氏族、部落、種族、文化或宗教社群、國家；「普世性」是指作為最終極的關注單位之地位乃平等地聯結每個人；「普遍性」則是指個人並

不單是其同國人（compatriots）的最終極關注單位，世界上每個人乃所有其他每個人的最終極關注單位。博格認為大同主義的核心觀點在於人是道德關注的最終單位，而道德大同主義有兩種（Pogge, 1994b: 91）：分別是制度大同主義（institutional cosmopolitanism）及互動大同主義（interactional cosmopolitanism），前者關注於制度結構的建置，消除不公平，達到人人享有平等的目的；而後者是為了達到人人享有平等的地位，人對其他個體有直接關心的義務，並要隨時有行動的準備。

博格及拜斯認定羅爾斯早期理論發展出來的應該是大同主義契約論，也就是說，若按照羅爾斯早期的理論推斷，應用於本土的正義原則適用於全球層面。拜斯在《政治理論與國際關係》修正版的後記中清楚的指出他的目的是要發展大同主義分配正義論，他試圖區分一強一弱兩項命題。弱命題認定由於國際關係的基本結構跟本土社會的基本結構之相似性，故受制於分配正義的要求；強命題則進一步認定對國際關係分配正義的要求就是羅爾斯之正義原則。拜斯雖並沒有明確指出是否包括《正義論》的兩項正義原則，但在他本人及博格的理論中所談到的都涵蓋兩項原則。在此提到這一點的目的是想指出，我們可以設想個別的羅爾斯式大同主義契約論有可能只關注兩項正義原則中之一項，當然，提出此理論的論者要解釋為何只有一項原則適用於全球社會。

拜斯特別強調弱命題是一種大同主義的形式但不是唯一的形式，他區分兩種大同主義：「關於制度的大同主義（cosmopolitianism about institutions）」及「關於忠誠的大同主義（cosmopolitianism about loyalties）」（Beitz, 1999a:

199）。[1] 前者關注國際制度的結構，牽涉的問題包括如：國家是否須要服膺在單一世界政府下？後者關注個人如何理解其身份及忠誠對象，牽涉的問題包括如：個人是否世界公民？拜斯指出弱命題並非以上兩種大同主義，弱命題所關心的是批判或合理化制度及實踐的基礎，那就是博格的所謂道德大同主義裡認定的：「每個人都有作為終極道德關懷單位的全球地位」（Beitz, 1999a: 199）。拜斯提出此意念源自於啓蒙運動孕育的「道德平等主義」，並力言由此意念引申出來的格言是：我們所應該選擇的政策及建構的制度都必須基於對各人訴求的公正考量（Beitz, 1999a: 200）。

2. 大同主義契約論的兩種論證模式

拜斯本人指出證成一強一弱兩項命題都是運用所謂的類比論證（argument from analogy）（Beitz, 1999a: 198），菅波英美稱這種類比方式為「本土類比（domestic analogy）」，他批評拜斯其實不是在用類比推論而是訴諸國際間低度經濟互賴並用邏輯推論來證成分配正義原則適用於國際社會（Suganami, 1989: 142-4）。拜斯沒有進一步就類比論證作出陳述，亦沒有清楚說明他的理論進路。我們會重構其理論後發現，拜斯用的確實是類比推論而非單純的演繹邏輯，只是他的類比論證大致上欠缺說服力，甚至被迫放棄類比論證。既然拜斯運用類比論證來發展其理論，在深入討論其理論

---

[1] 值得注意，拜斯在較早期的著作中用「制度大同主義」來表達「關於制度的大同主義」，後期則似乎放棄此用法。之所以有此改變顯然是因為博格用「制度大同主義」來形容道德大同主義的其中一種形式，造成兩人在運用「制度大同主義」一詞上不一致。本書所說的「制度大同主義」是博格所用的意思。

前，有必要就類比論證稍作說明。

　　任何論證若要稱得上是類比論證，就必須符合以下的確當形式（Right Pattern）：

　　1. A 是 R1，R2，… Rn 及 S
　　2. B 是 R1，R2，… Rn

　　C. B 是 S

A 及 B 是兩個類比值（analogs），A 是基本類比（basic analog），而 B 則是推敲出來的類比（inferred analog）；Ri 是基本的相似之處（basic similarities），而 S 則是推敲出來的相似之處（inferred similarity）。

　　按照拜斯對一弱一強命題的陳述，我們可以推斷將兩項命題分別以下列的一般及特定兩個論證表示。

一般論證：
W1：本土社會有特性 C(w)1，C(w)2，… C(w)n，並須要受制於分配正義的要求
W2：全球社會有特性 C(w)1，C(w)2，… C(w)n

Cw：全球社會須要受制於分配正義之要求

特定（契約主義）論證：
S1：本土社會有特性 C(s)1，C(s)2，… C(s)n，並須要受制於分配正義的要求，且應有羅爾斯正義原則適用其中

S2：全球社會有特性 C(s)1，C(s)2，… C(s)n，並須要受制
於分配正義的要求

Cs：羅爾斯之正義原則應該運用於全球社會

　　之所以稱呼由強命題引申出來的論證爲「特定論證」是
由於該論證之目的是要特別指定羅爾斯之正義原則爲適用於
全球社會的正義原則。相對而言，之所以稱呼由弱命題引伸
出來的論證爲「一般論證」是由於該論證之目的並不是要特
別指定某一項或幾項正義原則爲適用於全球社會的正義原
則。

　　值得注意的是，大同主義論者都不會否定「一般論證」
的結論，但不一定用類比方式去證成。另外，運用類比論證
作出如此結論的論者不一定會進一步接受羅爾斯之正義原則
適用於全球社會。大同主義效益論者很顯然會認爲效益原則
才比較適合應用在本土及全球分配正義，當然，他們必須提
出其論據，而若要運用類比方式，則其須要證成的論證會是
以下的形式。

特定（效益主義）論證：
S1'：本土社會有特性 C(s)1'，C(s)2'，… C(s)n'，並須要受
制於分配正義的要求，且應有效益原則適用其中
S2'：全球社會有特性 C(s)1'，C(s)2'，… C(s)n'，並須要受
制於分配正義的要求

Cs'：效益原則應該運用於全球社會

我們可以設想其他大同主義正義論會提出其他的「特定論證」，不同的「特定論證」認定有不同的原則應該同時運用在本土及全球社會，但這些並不是我們目前要關心的。

　　另外一個值得注意的考量是，即使我們同意全球社會必須受制於分配正義之要求，但這並不必然意味是要受制於跟本土社會一樣的正義原則。可是，拜斯認定本土社會與全球社會都要受制於同樣的正義原則。[2] 我們大可以稱此為一元論，那麼更正確地表達拜斯弱命題的論證應該修正為以下的形式。

一般（一元論）論證：

W1：本土社會有特性 $C(w)1$，$C(w)2$，... $C(w)n$，並須要受制於分配正義的要求

W2：全球社會有特性 $C(w)1$，$C(w)2$，... $C(w)n$

___

Cw'：全球社會須要受制於跟本土社會一樣的分配正義之要求

　　類比論證屬於歸納論證，目標並非建立結論上的絕對可靠性，即使某論證符合作為類比論證的確當形式，而且前提是真確的，其結論亦沒有絕對可靠性。上述的特定（契約主義）論證所意圖論證的是：

___

[2]　原文：“international justice should be regarded as an extension of a corresponding doctrine of distributive justice for domestic society”（Beitz, 1999a: 199）.

全球社會有特性 C(s)1，C(s)2，… C(s)n，並須要受制
於分配正義的要求

──────▶ 且應有羅爾斯正義原則適用其中。
　　　▲
　　　│
類比推論

我們必須注意的是，推論出以上的相同結論不必然要用
類比論證，也可以用羅爾斯式推論：

全球社會有特性 C(s)1，C(s)2，… C(s)n，並須要受制
於分配正義的要求

──────▶ 且應有羅爾斯正義原則適用其中。
　　　▲
　　　│
羅爾斯式推論

事實上，我們將會指出，博格批評拜斯的類比論證，而他自
己傾向運用羅爾斯的一段式推論，更重要的是拜斯似乎亦被
迫放棄類比論證。

　　類比論證的說服力建基在兩個考量上，其一是 A 及 B
兩者的相似性，其二是兩者的不相似性，在本章的場境中，
A 就是本土社會，B 則是全球社會，前述的類比論證之說服
力建基在本土與全球社會兩者的相似性之上。

　　先談論前者，也就是 A 及 B（也就是本土及全球社會）
兩者有多少相似的特性，而這些相似的特性同時要跟想要證
成的結論實質上有多大的相關性，相似而又相關的特性愈
多，論證的說服力就愈大。反對者若要削弱某類比論證的說

服力，她可以指出（1）被認為是相似的特性實際上是不相似的，（2）即使被認為是相似的特性實際上確實是相似的，但這些特性跟想要證成的結論沒有實質上的相關性。接下來談論不相似性，類比論證本身並沒有討論 A 及 B 不相似的特性，可是，假如論者有意或無意之間隱藏一些不相似性，而同時這些不相似性跟打算要證成的結論是相關的，那麼，該類比論證並不具有足夠說服力。

簡單來說，某一類比論證若要有強大的說服力，其論證中基本的相似之處必須有高的相關性，有足夠能力支持推敲出來的相似之處；另外，表面上不相關的不相似之處實質上真的是要不相關的。我們將會從這兩個面向去探討拜斯的理論。

相對於拜斯而言，博格的論證方式比較直接，他沒有運用拜斯的類比論證方式。博格同意只有在廣泛的全球互賴之中，我們才有理由將羅爾斯的契約主義機制應用在全球層次。不過，他認為拜斯及巴利就全球是否合作架構或世界有多大程度是互賴的相關爭議似乎流於太具有學術性，因為我們所有人都同意現在及將來都存在著廣泛的全球互賴。既然現代社會都不是封閉的，我們就有理由去探討羅爾斯的正義概念如何適用於當今複雜的真實世界（Pogge, 1989: 241）。

博格提出 R1，R2 及 G 三種透過建構「原初狀態」來處理全球正義議題的方式。R1 及 R2 是博格對羅爾斯早期想法的兩種解讀，在 R1 裡面，全球締約者是代表來自不同社會的眾多個人（persons）。在 R2 裡面，全球締約者是代表來自不同社會，在 G 裡面，全球締約者是代表來自全球的個人（Pogge, 1989: 242-7）。

G 是博格本人所提出的「全球原初狀態」。博格嘗試以兩個步驟來證成 G 的合理性，首先是所謂的「內在論證（internal argument）」，要證成 G 比 R1 及 R2 更符合羅爾斯本身的理論，其次是所謂的「外在論證（external argument）」，探討四種對 G 的批評（Pogge, 1989: 240-80）。我們稍後的討論重點放在前者，這不是說「外在論證」並不重要，但我們的焦點是羅爾斯式大同主義契約論的可能性；我們會透過研析博格如何證成 G 比 R1 及 R2 更符合羅爾斯本身的理論，去展示博格與拜斯兩人的理論差別。博格宣稱他要証明 G 在羅爾斯的理論框架中是合理的，特別是由於羅爾斯的個人主義及他就基本結構的討論。

三、拜斯類比論證的局限

　　在拜斯的理論中，個別社會與全球社會有三項基本的相似之處：

1. 個別社會是合作架構（scheme of cooperation），全球社會是合作架構。
2. 個別社會有隨機分佈的資源（也就是天賦），全球社會有隨機分佈的資源（也就是自然資源）。
3. 個別社會中的人在經濟上是互賴的（interdependent），全球社會中的人在經濟上亦是互賴的。

　　因此，在特定（契約主義）論證裡的前提 S1 中有三個相似之處，C(s)1：合作架構，C(s)2：隨機分佈的資源，及 C(s)3：經濟互賴。

　　按照拜斯的看法，由於本土及全球社會有以上的相似

性,因此,既然本土社會須要受制於分配正義的要求,那麼全球社會亦須要受制於同樣的分配正義要求,這是拜斯的「一般(一元論)論證」所要證成的。但若要發展羅爾斯式大同主義正義論,則必須進一步證成,羅爾斯之正義原則應該運用於全球社會。拜斯的整體論證途徑似乎忽略了兩個重點,第一,拜斯想要建構的類比論證似乎想要迴避一個核心問題,即使大家同意個別社會中的主要能動者是個人,但會認為全球社會中的主要能動者是國家或國際組織而不是個人,這是個別社會跟全球社會最不相似的地方。當然拜斯或其他大同主義者會堅持這個不相似的地方不足以影響結論,為了方便討論起見,我們必須先對拜斯的堅持讓步,否則整個類比論證打從一開始就不成立。第二,C(s)1(合作架構)、C(s)2(隨機分佈的資源)及 C(s)3(經濟互賴)在羅爾斯論說中的關係,是否可以在全球範圍內找到類比的狀態?拜斯不能只去證明 C(s)1、C(s)2 及 C(s)3 同時存在於本土及全球社會,更要證明三者的關係在本土及全球社會都有足夠的相似性。

繼續討論前先簡略敘述重要元素在羅爾斯中的關係,羅爾斯認定正義是社會制度的第一德性,其基本主題乃社會的基本結構,亦即是主要社會制度分配基本權利和義務以及分切社會合作所帶來的利益之方式。羅爾斯認為透過兩項正義原則來規範「背景制度(background institutions)」,就能建立「正義的基本結構(just basic structure)」,而透過正義的基本結構所產生的分配結果是正義的(Rawls, 1999a[1971]: 242-3, 268[274-5, 304])。根據羅爾斯的定義,「社會的基本結構」是「將主要社會制度融於一個合作架構的組合」

（Rawls, 1999a[1971]: 47[54]）。「主要社會制度」包括「憲政及主要經濟及社會組合」，而這些主要社會制度的功用是分配基本權利與義務，以及決定從社會合作中得到的利益之劃分（*ibid.*: 7[6]）。

對羅爾斯而言，正義原則是要規範制度的建構、運作及改革，目的是要創造各人在合作架構下的機會平等，隱含在機會平等背後相當重要的考量是透過制度消弭天然的不平等帶來的負面影響。對羅爾斯而言，每個人帶著不同的天賦參與合作架構，結果很顯然是有些人靠著較好的天賦獲得比較多，這不是完全公平的，原因天賦較好的人只有透過合作才得到其所得，而天賦是整體社會共同擁有的，因此，一位天賦較好的人不能完全宣稱擁有她所獲得的。重點並非她的天賦本身是否其該得的，因為我們根本無法作出評斷，而是社會制度應如何對應這些天然不平等所帶來的影響，機會平等就是要確保不會有任何人不公平地在一開始就輸在起跑線上。

按照我們的分析，拜斯的論證步驟及困難是（1）在羅爾斯式理論的框架內，全球社會跟本土社會一樣都是合作架構，但這不足以論斷要考慮分配正義，（2）必須指出全球社會跟本土社會一樣有隨機分佈的資源，而這些天然不平等造成機會不平等，有著重要的分配正義意涵，但這亦不足以論斷正義之相關性，（3）必須全球貿易及其他方面因為相互依賴而產生了各種制度，若沒有能被確認的制度，正義就難以成為討論的主題。接下來將逐一討論這幾點。

羅爾斯認為社會乃「為求互利的合作性生意（cooperative venture for mutual advantage）」，當中牽涉共同利益的

確立，各人只有透過社會合作才能過得更好，亦牽涉利益的衝突，原因是各人都想要從合作的成果中分得更大的利益（Rawls, 1999a[1971]: 4[4]）。拜斯同意沒有合作就沒有正義可談，但不同意羅爾斯認為兩項正義原則只能處理本土社會的正義議題，而不適用在國家之間的關係。羅爾斯在發展其本土正義論時假設合作架構的界線設定在「自我承載的國族社群（self-contained national community）」，也就是假設了「一個完全與外界隔絕的系統（a closed system isolated from other societies）」，這系統是「有能力自給自足的聯合體（self-sufficient association of persons）」（*ibid.*: 4[4], 7[8], 401[457]）。

不過，羅爾斯認為在找到適用於本土社會之正義原則後，這個假設裡的要求可以放寬，好讓我們找出適用於國際社會之規範（Rawls, 1999a[1971]: 401[457]）。拜斯質疑假如各國社會被認為是全然開放及相互依賴的系統，那麼全世界本身就是一個合作架構，關於本土正義的論證亦應該運用於全球層面，而兩項正義原則也適用於全球範圍。另外，假如社會都完全是自我承載的，沒有跟邊界以外的任何人、團體或社會有任何關係，那就根本不用考慮國際正義（Beitz, 1999a: 132）。當然，對羅爾斯而言，這兩點都不是他所想要論證的，將「原初狀態」應用在國際層次上時，各國既非完全開放，也非全然封閉，但各國在一定程度上是自給自足的。既然國際間存在互動，羅爾斯認為國家行為必須受到約束，而相互約束的方式是作出共同約定，因此在國際層次上的「原初狀態」中，締約者務求提供各國安全及和平共存的環境，結果是我們前面提到的那些規範，此等規範

與現在國際法背後原則相去不遠。正如羅爾斯自己所言，對於締約者會選擇大家熟悉的規範應該不會覺得奇怪（Rawls, 1999a[1971]: 332[378]）。

　　既然在一定程度上存在著全球合作架構，而這合作架構所產生的利益及負擔也應該共同分享及分擔，拜斯最不能理解的是締約者為何要去排除全球分配正義的討論。對拜斯及其他大同主義契約論者而言，既然大家不知道自己所屬國家的背景以及自己本人在所屬國家裡的地位，那麼為何所得出的約定只局限在「威斯伐利亞式」世界秩序下的規範？拜斯認為也許會有人提出一些關於人口控制或環境保護等國際規範（Beitz, 1999a: 135），其他論者如巴利（Barry）甚至提出締約者會同意成立一些永久的國際組織提供諮詢、外交協調以至集體安全的功能（Barry, 1973: 132）。可是，拜斯認為假如各國社會都是大致上自給自足的話，那麼沒有明顯的理由作為各國代表的締約者會同意這些在規範上的擴展。

　　對拜斯來說，若預先假設了「威斯伐利亞式」世界秩序的話，就會忽略很重要的一點，也即是，世界各國的交流與由此產生的合作架構是會演進的。另外，假如在「原初狀態」下的各國代表只假設他們的出發點是各國的利益，那麼國際共有領域的管理就會受到忽視（Beitz, 1999a: 135）。最後的這一點十分重要，原因是它凸顯了地球資源分配的問題，也就是我們稍後要討論的。討論這一點之前我們先探討有關合作架構的相似性，全球社會是否存在著跟本土社會一樣的合作架構似乎要視乎程度而言。

　　不少對拜斯的批評指向其忽略羅爾斯正義論背後的假設，舉例來說，巴利指出羅爾斯假定社會正義論的目標是要

找出規範社會合作的原則，羅爾斯的理論假設既然要合作，大家就有意願找出共同規範，但國際合作與社會合作在性質上和程度上都相差甚遠，不能以類比的方式推論出相若的原則。巴利質疑，即使全球交流愈益密切，也不足以建立兩者之間的類比。他指出，在羅爾斯的理論裡，正義議題之所以出現並不單是由於大家相互的簡單交易，而是由於要提供集體享受的公共財以及類似保險架構的互相支援機制（Barry, 1989: 446）。巴利認為隱含在羅爾斯理論中的是「正義即互惠」觀念，而互惠狀況並不存在於全球社會。

巴利認為富有國家若與貧窮國家合作得不到什麼明顯的好處，因此，任何嘗試基於互惠考量來找出全球正義原則的努力都不會有什麼成效。也許有人會認為富國能透過合作所得到的比巴利想像要大，不過，拜斯認為這並不是重點，重點是貧富的差距所帶來的互惠程度若可否定國與國的合作，那麼亦可以否定同一社會內人與人的合作。拜斯認為「正義即互惠」根本不是羅爾斯所抱持的想法（Beitz, 1999a: 203），我們可以更明確的說，羅爾斯的「正義即公平」並不意味「正義即互惠」，羅爾斯假設合作在一定程度上是互惠的，但重點是在什麼樣的情況下才是公平的合作環境，問題並不是大家在知悉自己狀況下會否有動機去合作，而是假設大家都並不知悉自己實際狀況下去設想各人都會願意接受的正義原則，這些原則是用來規範作為合作機制的整個社會基本結構。

拜斯正確地指出羅爾斯的正義觀念並非建基在互惠的基礎上，可是，巴利的質疑實際上是全球的合作模式與本土社會的合作模式在性質上有所不同，因此不能以此作為基本類

比來建構類比論證。雖然巴利本人訴諸於「正義即互惠」觀念的批評並不具有說服力，但是拜斯似乎意識到訴諸於合作模式的相似性十分容易受到攻擊。

值得注意的是，拜斯在其《政治理論與國際關係》再版中傾向放棄訴諸全球與本土社會的**現況比較**。他指出並不是我們先假設現實存在的基本結構，然後詢問理性上個人是否要參與合作，而是假設在當下的社經關係中，某種基本結構是必要的及無可避免的，繼而找出該結構必須符合的原則，而這些原則是作爲自由及相互平等的道德個人所可以接受的（Beitz, 1999a: 203）。

正如拜斯引用羅爾斯的看法，正義原則勾劃理想的基本結構，讓不斷運行中的制度及程序得以受到制約及調整（Rawls, 1993: 284; Beitz, 1999a: 204-5）。這固然是羅爾斯的理論邏輯，問題是拜斯似乎忽略了他自己所用的是類比論證，也就是說，他假設羅爾斯的理論邏輯之合理性，繼而透過提出本土社會與全球社會的相似性來推論出「羅爾斯之正義原則應該運用於全球社會」的結論，但類比論證必然牽涉本土社會與全球社會的現況比較，若相似程度不高，則論證的說服力不夠強。拜斯的說法指向揚棄類比論證，並直接運用羅爾斯式推論，若是這樣，當然就不必比較本土社會與全球社會的現況。若回到類比論證，隨著全球交流愈益密切，特別是在貿易及其他經濟活動上，全球社會跟本土社會的合作架構似乎就愈發相似，拜斯的類比論證的說服力似乎就會愈強。最令拜斯不解的是爲何「正義即公平」應用在全球社會的時候跟應用在本土社會的時候會有那麼大的落差。

不過，單憑訴諸合作架構並不必然意味要有特定的原則

來實踐分配正義，我們可以設想保守右派論者會同意全球存在著明顯的合作架構，但他們會認爲合作架構只是用來促進自由貿易及保障參與貿易的各類利害相關者的權益，在自由貿易下的分配狀態都是正義的。保守右派假設每個國家都對其國內資源持有絕對所有權，而其國內資源的所有權都可以透過自由交易獲取，資源所有者當然可以任意運用其所有，在這個前提下達到的分配狀態就是正義的。

拜斯似乎意識到只訴諸於合作架構並不足夠，值得注意，他提出的第二點相似之處正是跟天然資源有關。拜斯認爲社會的物質進步有兩個源頭：人類合作活動及天然資源。他認爲國際層次上的「原初狀態」中的締約者會知道天然資源的分佈是不均等的，既然締約者由於無知之幕的關係不知道各自所屬國家的天然資源蘊藏狀況，大家會同意容許資源透過某一「資源再分配原則」實行再分配（Beitz, 1999a: 137, 138）。可是，天然資源的討論如何能套入類比論證中？

根據拜斯的想法，天然資源及羅爾斯所運用的天賦同樣是自然界隨機分配的東西。兩者之所以跟分配正義相關是由於（1）兩者同樣對物質進步有所貢獻，也就是說，透過運用兩者就會得到利益，（2）從道德角度看，兩者都是隨機的，也就是說，所謂的擁有者並不是該得那些東西的。基於這兩點，其他人在一定程度上可以對任何人透過運用兩者而所得到的利益提出訴求，如何分配這些利益就是分配正義所關懷的，正義原則就是要對這些利益的分配作出直接或間接的規範。

當然，天然資源及天賦兩者都可以被視爲隨機分佈的資

源，但兩者有著實質的差異，因此，在特定（契約主義）論證中的 C(s)2 應該細分爲 C(s)2A（天然資源的隨機性）及 C(s)2B（天賦的隨機性）。值得探討的是，羅爾斯只訴諸於天賦的隨機性而沒有訴諸於天然資源的隨機性，相反地，拜斯則訴諸於後者而非前者。可是，若要建構妥善的類比論證，拜斯只有三個選擇：

（I）

S1（I）：本土社會有特性 C(s)1，C(s)2A（天然資源的隨機性），C(s)2B（天賦的隨機性），C(s)3，並須要受制於分配正義的要求，且應有羅爾斯正義原則適用其中

S2（I）：全球社會有特性 C(s)1，C(s)2A（天然資源的隨機性），C(s)2B（天賦的隨機性），C(s)3，並須要受制於分配正義的要求

Cs：羅爾斯之正義原則應該運用於全球社會

（II）

S1（II）：本土社會有特性 C(s)1，C(s)2A（天然資源的隨機性），C(s)3，並須要受制於分配正義的要求，且應有羅爾斯正義原則適用其中

S2（II）：全球社會有特性 C(s)1，C(s)2A（天然資源的隨機性），C(s)3，並須要受制於分配正義的要求

Cs：羅爾斯之正義原則應該運用於全球社會

（III）

S1（III）：本土社會有特性 C(s)1，C(s)2B（天賦的隨機性），C(s)3，並須要受制於分配正義的要求，且應有羅爾斯正義原則適用其中

S2（III）：全球社會有特性 C(s)1，C(s)2B（天賦的隨機性），C(s)3，並須要受制於分配正義的要求

Cs：羅爾斯之正義原則應該運用於全球社會

　　若純粹從羅爾斯的本土正義論出發去建構全球正義論，那麼就是要爲論證（III）提出理據。不過，拜斯否定了這個可能，他並不同意 S1（III），原因是訴諸天賦的隨機性不能證成羅爾斯本人的理論，他提出兩項論點。第一，他同意大家不能說每個人生下來該得其天賦，但這並不意味各人擁有各自的天賦需要任何支持的理據；第二，天生的能力是個人的一部分，發展什麼天賦及如何發展完全取決於其個人的自由選擇，而發展出來的天賦是個人身份的一部分，運用這些已發展出來的能力是自我表達的最基本形式，個人對其天賦的訴求受到個人自由考量的保障。基於這兩點，拜斯認爲羅爾斯訴諸天賦的做法是有問題的，不過，他指出不管有沒有人能爲羅爾斯的做法提出辯護，重點是若訴諸天然資源的話就不會遇到訴諸天賦的問題。一方面，天然資源不屬於個人的一部分，要獲取天然資源需要合理的依據；另一方面，資源不像天賦，並非個人身份的其中一部份。爲了方便討論起見，我們接受拜斯這兩點看法。

　　不過，即使援引天然資源似乎比援引天賦優勝，這並不

意味 Cs（羅爾斯之正義原則應該運用於全球社會）會自然成立。十分值得注意的是，拜斯指出，資源問題在考慮本土社會時並非議題，原因是資源分配已經有差異原則來處理（Beitz, 1999a: 143）。拜斯實際上否定了去證成（II）的進路。可是，假若上述拜斯對羅爾斯訴諸天賦的批評是有說服力的話，那麼羅爾斯的差異原則在本土社會能否成立都會有問題，除非以天然資源取代天賦，也就是去證成 S1（II）。不管拜斯對羅爾斯的批評夠不夠說服力，為何本土層次的「原初狀態」裡之締約者不能亦不必將天然資源納入考量？拜斯的想法實際上亦否定了（I）的可能。根據以上的分析，拜斯實際上等同於放棄了類比論證。

　　若堅持運用類比論證，拜斯必須證成（II），但要證成 S1（II）則必須花上更大的功夫，與其花功夫先證成 S1（II），再以類比論證去證成 Cs（羅爾斯之正義原則應該運用於全球社會），倒不如直接嘗試證成 Cs，也就是用羅爾斯式推論作出以下的推論。

D1：全球社會有特性 C(s)1，C(s)2A，C(s)3，並須要受制於分配正義的要求

　　──────▶ 且應有羅爾斯正義原則適用其中

事實上，他正是要這樣做。值得注意，拜斯認為即使我們假定各社會是自給自足的，這亦改變不了天然資源分佈的隨機性。一個國家的公民發現她們身在一個金礦的上面並不意味她們就有權得到從金礦中所抽取的財富（Beitz, 1999a: 140）。拜斯的想法是值得商榷的，原因是一個社會若是自給自足的話，這意味它有權利運用疆界內的一切資源，若某社會不能運用疆界內的資源，我們怎能假設其是自給自

足的。在此不必繼續深究他這個想法的合理性，重點是他似乎認定論證 D1 中可以不需要有 C(s)1（全球合作架構）及 C(s)3（經濟上的互賴）。據此，在這個情況下所要論證的是下列的 D2。

D2：全球社會有特性 C(s)2A，並須要受制於分配正義的要求
━━━▶ 且應有羅爾斯正義原則適用其中

　　拜斯認為天然資源的隨機分佈意味沒有人會對腳底下的資源擁有「自然的表面訴求（a natural *prima facie* claim）」，全球所有人都對還存留的天然資源有著平等的表面訴求，不平等的出現是可以接受的，只要這能讓最弱勢的人得到最大的好處。他認為資源再分配原則在國際社會的作用就等於差異原則在本土社會的作用。假若全球所有人都對還存留的天然資源有著平等的表面訴求，那麼為何締約者只同意仿如差異原則的再分配原則，而不是另外一些更基進的平等原則？

　　締約者會同意透過某一「資源再分配原則」實行全球資源再分配，好讓各社會有公平的機會建構正義的政治制度及一個能夠滿足社會成員基本需要的經濟體（Beitz, 1999a: 141）。[3] 即使羅爾斯正義原則適用在全球社會，這裡所意味的是以國家為基礎的世界秩序而並非完全以個人為基礎的全球再分配，當然這並非拜斯的最終目標。拜斯要找出以個人為基礎的「全球分配正義原則（a principle of global distributive

---

[3]　值得一提的是這接近羅爾斯最近期的看法，羅爾斯會同意讓各國社會能夠建構正義的政治制度及成為可以滿足社會成員基本需要的經濟體正是他本人理論的目的，可是，對羅爾斯而言，國與國之間非交易式的資源再分配只是出自人道考量而非正義考量。

justice）」，他之所以訴諸經濟互賴性正是為此目的，實際上他是要證成 D1。

拜斯指出世界並不是由自給自足的國家組成，各國在通訊、交通、貿易及投資等等都是互相依賴的，而跟正義相關的是國際投資及貿易（Beitz, 1999a: 144）。值得注意的是，單單指出國際互賴是不足以跟正義議題掛勾，經濟互賴必須是透過能確認的制度，C(s)3（經濟上的互相依賴）應細分為：C(s)3A（經濟投資及貿易中之互賴）及 C(s)3B（能確認的制度）。由於拜斯忽略後者，讓我們先就此稍作討論。首先，如前所說，在羅爾斯式理論中，正義原則是要規範制度的建構、運作及改革。由此推敲，若國際間互相依賴並非靠任何制度維繫，那麼國際投資及貿易跟正義並沒有太大關聯，因此必須確認國際制度的存在，當然要做到這一點並不困難，特別在迅速的全球化過程中，全球制度性結構的形成愈來愈明顯，在此亦不必多作琢磨。另外，比較重要的是這些制度對利益及負擔的分配有重大之影響，而這些影響必須能被確認出來。拜斯似乎意識到這一點，並承認要確切地指出這些制度對利益及負擔的分配之影響。不過，他認定最重要的一點是國際投資及貿易所造就的互相依賴令富國與窮國之間的收入差距不斷增大（*ibid.*: 145）。

針對羅爾斯對全球分配正義原則的保留態度，拜斯力言國際互賴牽涉複雜及實質互動形態，當中所產生的利益及負擔是單靠自給自足的國家經濟體不可能的，羅爾斯對此的忽略是不恰當的（Beitz, 1999a: 149）。拜斯指出，全球互賴顯示全球合作架構的存在，國家疆界不應該被視為具有基要的道德意義，因此，國家疆界不可以就社會義務的範圍設限。

全球層次的「原初狀態」裡之締約者不會知道自己屬於那一國，故不會為特定某社會設想而選擇正義原則，所選擇的原則可以應用在全球社會。對「原初狀態」的全球詮釋並不會特別指定選擇某一項或多項正義原則，不過，假如羅爾斯就兩項原則所提出的論證是合理的話，該兩項原則應該用在全球層次（Beitz, 1999a: 151）。

很顯然，拜斯是嘗試用類比論證去證成 D1，也就是說，他是回到特定（契約主義）論證上。可是，如前所述，拜斯實際上根本就不能用類比論證去證成 D1。他充其量只能證成弱命題：全球社會有特性 C(s)1，C(s)2A，C(s)3，並須要受制於分配正義的要求。不過，若拜斯堅持運用類比論證，證成的過程不會包括 C(s)2A 或 C(s)2B，但 C(s)3 則要細分為 C(s)3A 及 C(s)3B，而最後以下列論證形式出現：

W1'：本土社會有特性 C(s)1，C(s)3A，C(s)3B，並須要受制於分配正義的要求

W2'：全球社會有特性 C(s)1，C(s)3A，C(s)3B

Cw：全球社會須要受制於分配正義之要求

即使我們同意 C(s)1，C(s)3A，C(s)3B 在本土社會及全球社會有一定的相似性，並且這些相似之處與分配正義的考量有很大的相關性，但是這並不代表此論證有很大的說服力。除了論證裡相似之處必須分析外，論證並沒有提及的不相似之處也須要探討。本土社會及全球社會兩者之間不相似之處相當多，但並不都跟論證結論相關的，所要探討的是跟論證結論相關的不相似之處。

拜斯非常清楚會有人提出質疑，按照我們的分析，他本

人實際上有去探討本土及全球社會之間兩個相關的不相似之處。第一，本土社會擁有具有實質效能的決策及執行制度，但全球社會則沒有；第二，個別社會的公民對所屬的社會抱持著社群意識以至正義意識，但對所謂的全球社會沒有抱持類似的社群意識以至正義意識。

先談第一點，對於包括羅爾斯在內的不少論者而言，談論全球分配正義不能不談世界政府，全球分配正義意味世界政府，這也是為何羅爾斯對全球分配正義抱著保留態度的一個重要原因。由於羅爾斯反對世界政府，因而亦反對在全球層次談論分配正義。拜斯有兩種可能的回應；其中一種回應是避談全球制度，如前所述，拜斯在《政治理論與國際關係》的後記中指出，弱命題並不是對國際政治內最好的制度性結構的一種看法，因此，他並不想去談「關於制度的大同主義（cosmopolitanism about institutions）」（Beitz, 1999a: 199）。

然而，如果我們前面的分析是正確的話，依靠類比方式來證成的弱命題本身成立與否視乎全球社會是否有跟本土社會類似的憲政與法律制度；他另外一種可能回應是同意明確的全球制度之理想性，但同時指出現在達不到這個理想並不代表將來不會。正如拜斯在《政治理論與國際關係》的正文中指出，即使現在全球社會沒有跟本土社會類似的憲政與法律制度，這並不意味將來不會或不可能有（ibid.: 156）。不過，類比論證的說服力牽涉的必須是現況下的相似性或不相似性，反對者也許會認同某些理想制度，亦同意這些制度將來有可能出現，但他們會質疑既然現在的差異如此的明顯，那麼整個論證不具有說服力。

接下來談談第二點，對於包括羅爾斯在內的不少論者而言，談論全球分配正義不能不談公民的正義意識，足夠的正義意識是談論分配正義的必要條件。十分有趣的是，拜斯有兩種跟第一點中相似的回應，我們的質疑亦如出一轍；拜斯的其中一種回應是避談正義意識，如前所述，拜斯在《政治理論與國際關係》的後記中指出，弱命題並不是對世界公民身份的一種看法，因此，他並不想去談「關於忠誠的大同主義（cosmopolitanism about loyalties）」（Beitz, 1999a: 199）。可是，如果我們前面的分析是正確的話，依靠類比方式來證成的弱命題本身成立與否視乎全球社會中是否有跟本土社會中公民所抱持類似的正義意識；他另外一種可能回應是同意世界公民正義意識之理想性，但指出現在達不到這個理想並不代表將來不會。即使現在全球社會沒有跟本土社會類似的世界公民之正義意識，這並不意味將來不會或不可能有（*ibid.*: 156）。可是，跟我們在上面第一點談到的問題類似，類比論證的說服力牽涉的必需是現況下的相似性或不相似性，反對者也許會樂見理想的世界公民認同，亦同意這些世界公民及其正義意識將來有可能出現，但他們會質疑既然現在的差異如此明顯，那麼就目前的情況而言整個論證並不具有說服力。

總括來說，拜斯由於不滿意羅爾斯將國家人格化後認定國家之間就像個體在憲政體系下尊重他人自主性一樣，只須尊重他國的自衛及自決權並奉行不干預原則，他不反對這種類比，而是深深感受到羅爾斯的類比不夠徹底，他自己將本土社會跟國際社會做一個更徹底的類比。不過，他的類比論證無法證成羅爾斯正義原則的使用應該要擴大至全球，充其

量只告訴我們全球社會須要受制於分配正義之要求。拜斯若要堅持去證成羅爾斯正義原則的使用應該要擴大至全球，那就只能放棄使用類比論證。

四、博格的大同主義契約論

博格的大同契約論中有三項最主要元素：（1）直接運用假設性契約在全球層次，（2）締約者所關注的是整個世界，（3）羅爾斯式正義觀念應要以全球最弱勢的人之狀況為評斷制度的參考。我們將會發現這三項元素都跟個人主義及羅爾斯式「基本結構」論點有著密切的理論關係。

按照羅爾斯的想法，「原初狀態」要被運用兩次，先在本土層次找出本土正義原則，再在全球層次找出國際規範。博格提出 R1 及 R2 兩種方式去理解國際層次的「原初狀態」，根據 R1，全球締約者代表的是不同社會之個人，其目的是要保障其利益，即使他們不知道各自所屬國家之強弱程度，亦不知各自在所屬國家內的位階（Rawls, 1999a[1971]: 331-2[378]）。博格認定締約者為了他們各自代表的個人而努力，在「無知之幕」下，他們會選擇以全球最弱勢為考量依歸的正義原則，全球制度要以它們在多大程度滿足羅爾斯式兩項全球正義原則作為評斷基礎。

根據 R2，全球締約者代表的是不同國家，其目的是要維護所屬國家的利益，而所謂的利益是由正義原則所確認的，也就是說，國家會設法保存它的正義制度及讓正義制度得以維持或變得可能之條件（*ibid.*: 333[379]）。據此，理想的正義世界本質上就是一個由正義國家組成的世界（Pogge,

1989: 243）。博格認為，R2 比 R1 的要求為低，R2 只要求各國本身的制度能滿足兩項正義原則，而一個正義的全球基本結構只需保証沒有國家因為太貧窮而無法滿足這兩項正義原則。

博格認為，即使 R1 及 R2 之間有差別，但兩者都會同意羅爾斯第一原則內的基本權利及自由都十分重要。按照 R1，那些距離得到完整的基本權利及自由之保障最遠的人就算是全球最弱勢的。按照 R2，任何社會當中若有最弱勢的人之基本權利及自由得不到妥善保障，該等社會就是最不正義的。

令博格不解的是，羅爾斯因何認定在「全球原初狀態」中的締約者只同意我們前面提到的傳統國際法裡所包涵的規範。他認為在 R1 及 R2 的締約者有四個理由認為這些規範並不足夠。第一，傳統國際規範沒有處理分配問題，建基在純粹自由討價還價機制上的國際經濟關係無法提供足夠的保証讓不同國家不會缺乏足夠物質基礎以確保基本權利及自由；第二，充滿國際不平等的世界會對各國履行雙邊或多邊條約的意願產生負面影響，部分原因是條約在制定時窮國受到不平等討價還價能力的影響；第三，傳統規範中並無有效機制防止違反多邊協議的情形，這有可能導致戰爭；最後，由於不遵守協定及戰爭的危機，各國政府有理由為其各自利益盡力改變國際基本規則，好讓其人民避免他國的違約甚至攻擊（Pogge, 1989: 244）。

對博格而言，雖然 R1 及 R2 都要比羅爾斯本人提出來的想法優勝，但是他自己認定的 G 反而是最切合羅爾斯的理論架構。羅爾斯視基本結構為根本的道德主題的原因是：

源自於天然或社會偶然性的制度性不平等是與生俱來及無可避免的。跟天份、性別、種族及社會階級相比，國籍事實上具有更深層的偶然性，亦同樣導致制度性不平等，因此，博格認為羅爾斯沒有理由以不同的方式處理源自於國籍差異的制度性不平等，也就是說，只有當全球制度性秩序所帶來的制度性不平等能最優化最弱勢者之時，我們才可以合理化現今的全球制度性秩序。

對全球最弱勢者的關懷反映博格的大同主義中有關個人主義的論說。博格斷言，由於在 R2 中，締約者代表的是國家，國家的訴求有一定的份量，締約者不一定為了其他國家人民的自由而犧牲所屬國家的主權。博格認為 R2 跟羅爾斯本人的個人主義兩者是不協調的，他指出，在社會正義相關的議題裡，只有個人才是終極關懷的道德單位。他進一步引用羅爾斯的看法作為佐證：「透過以個人主義為理論基礎的正義觀念，我們解釋社會價值，制度性、社群性及組織性活動的內在價值」（Rawls, 1999a[1971]: 233-4[264-5]; Pogge, 1989: 247）。博格力言羅爾斯對個人的重視意味締約者應該是要如 G 及 R1 裡代表個人而非在 R2 裡代表國家。

博格理論裡所說的個人主義對如何建構「全球原初狀態」有程序及結果上兩個意涵；程序上而言，締約者所代表的必須是個人而非任何團體，結果上而言，締約者所要採納的是關注及保障個人的正義原則。問題是程序上的個人主義考量如何導引出結果上的個人主義考量，羅爾斯式契約論最重要的機制之一是「無知之幕」，在這個狀態下，締約者會選擇保障個人的正義原則。可是，她們為何會以「將最少最大化（maximin）」作為基本考量而不是更激進的平等主義？

當然，博格所要做的是沿用羅爾斯的理路，他指出個人之間的協議若要有道德份量，參與者就必須在公平的條件自由地參與協商。傾向導致嚴重不平等的社會制度有著很大的道德缺陷，假若部分參與者的基本權利、自由、機會及經濟地位與其他人相比時有嚴重落差的話，那麼就沒有辦法滿足公平及自由的條件，這些落差要有一定的限制，否則討價還價的能力就有很大的差距，而其中所進行的個人之間的活動都會有道德瑕疵。據此，博格認定有必要讓社會制度的運作能限制上述的落差，這亦是羅爾斯所說要去達成所謂「背景正義（background justice）」的真正目的（Pogge, 1989: 248）。

　　博格認定這條理路可以延伸到全球層次，即使每個國家都維持背景正義以確保公民之間的互動是自由及公平的，國際不平等若太嚴重會導致不公平及帶有強迫性的「國際互動（international interactions）」，因此需要「全球背景正義（*global* background justice）」的觀念（Pogge, 1989: 248）。博格認為 R2 只關注各個國家成為羅爾斯式正義國家的能力，而並不會考慮「全球背景正義」，亦不會太在意國際不平等，這有違應該有的羅爾斯式想法（Pogge, 1989: 249）。

　　博格以上述方式將羅爾斯本土正義延伸至全球層次必須面對兩個相關的問題，首先，博格所說的國際不平等是什麼方面的不平等？其次，羅爾斯兩項正義原則中之政治及經濟不平等在全球背景正義中的角色是什麼？

　　先探討第一個問題，博格所說的是資訊上及討價還價能力上的不平等，羅爾斯自己在討論本土正義時都沒有提到資訊上及討價還價能力上的不平等。既然博格認為全球正義所

主要關注的是全球最弱勢的個人，到底這些不平等跟全球最弱勢之人有什麼關係？除非他能清楚說明兩者的關係，否則羅爾斯本土正義延伸至全球層次的做法欠缺說服力，也許我們可以從博格所舉的例子中探討他可以對此質疑提出什麼看法。

博格在談論所謂的「國際互動」中的不公平及帶有強迫性之時，他提及個別協議如設立國外軍事基地或個別交易如某西方遊客與某曼谷妓女的性交易。可是，前者跟全球最弱勢之人似乎沒有什麼關係；後者也許跟全球最弱勢有關，但是荷蘭妓女亦會跟外國旅客交易，這並不代表她們屬於全球最弱勢，這凸顯博格須要為所謂的全球最弱勢下一個更明確的定義。另外，博格應該關注的是全球制度而非個人之間的瑣碎交易或個別國家間之協議。

博格提出他認為比較複雜的個案，在一些比較窮困的國家裡，本土對稻米及大豆的需求與外國對棉花及咖啡的需求兩者出現競爭的情況，即使外國咖啡消費者並沒有比當地地主更富裕，亦不會與任何當地貧窮的稻米潛在消費者有任何瓜葛，可是莫大的不平等討價還價能力帶來了十分重要的影響。外國對咖啡的需求排擠本土食物生產因而令食物價格上揚，由於窮人的有限消費力，這讓她們對食物的需要更難轉化為有較的市場需求。假如最後出現饑荒，我們不可能去理怨那些外國的咖啡消費者，因為市場參與者不可能被要求先去預估遙遠的後果。博格最後指出，只有一個能處理制度後果的全球正義觀念才能正確地找出問題的癥結並嘗試去解決（Pogge, 1989: 248-9）。

博格認為 R2 不能處理以上案例的想法是值得商榷的，

他忽略了十分重要的一點，也就是例子中富有的本土地主與窮人的區別，討價還價能力的巨大差距其實並非出現在外國咖啡消費者與本土窮人之間，而是在地主與窮人之間，假如該國適合種植品質好的咖啡，土地擁有者當然會為了較高利潤而種植咖啡。我們可以設想兩個國家，一個最適合種植咖啡，一個最適合種植稻米，最理想的情況是各自種植咖啡及稻米，然後進行交易。若兩國都是耕者有其田的社會，農民會因分別種植咖啡及稻米而致富，兩國亦會因此致富。博格的例子假設該國只有少數人擁有土地，他們為了較高利潤而種植咖啡，同時該國亦不會進口外國比較便宜的稻米，在這個情況下，真的有可能出現饑荒。不過，問題是在於該國本身富人與窮人之間所出現的嚴重不平等，按照 R2，只要各國都符合羅爾斯本土正義的要求即可，因此，只要改善該國內的不平等就可以。

接著是第二個問題，也就是羅爾斯兩項正義原則中所關注的政治、社會及經濟不平等在全球背景正義中的角色。博格認為，R2 只在意各國內部的正義性，平等政治參與只局限在國家層次，超越國家層次的政治議題有可能只由單一國家單邊地作出決定，只要這個決定是合乎該國家內部的合法民主程序以及不損害他國內部正義。博格似乎是在針對美國本身的許多做法及其在世界的霸權地位，他實質上是在設想世界各國人民都擁有平等參與共同事務的權利，認為這才與羅爾斯的個人主義相符，亦是 R1 及 G 所期待的。可是，我們不能忽略的是，羅爾斯第一原則所關注的是憲法正義，只有在假設社會裡有最高政治權威的情況下才能談憲法正義，第一原則保障平等的政治及公民權利，問題是在全球層次根

本就沒有最高政治權威，亦沒有世界憲法，更沒有世界政府，那麼何來全球層次的政治及公民權利？博格似乎必須先實踐我們前面提到他自己所說的「法律大同主義」。他的可能回應是這只不過是道德理想，所說的是普世人權。可是，要落實這些道德理想就是要用政法機制，沒有世界政府及世界憲法根本就難以體現普世人權。當今關於人權全球化的討論所探究的是如何將人權落實在各國社會（Coicaud, Doyle, and Gardner, 2003; Gibney, 2003），這實際上是 R2 所指涉的規範性意涵。

值得一提的是，如前所說，羅爾斯反對世界政府，而博格及拜斯都傾向迴避直接討論關於成立世界政府的議題，不談世界政府對拜斯理論的說服力之影響似乎沒有對博格的影響那麼大，原因是拜斯主要是集中討論差異原則，博格則更明確地顯示全球化第一原則的重要性。不過，按照拜斯的類比論證，羅爾斯的兩項原則若能全球化是同時可以全球化的，或許也需要世界政府去實踐，拜斯沒有像博格一樣明確地處理第一原則全球化並不代表他就不須處理世界政府的議題。

博格與拜斯的分歧亦出現在第二原則全球化中，博格認為由於 R2 只關注各國內部能否滿足第二原則，這會容許很大程度的全球不平等。令博格疑惑的是，假如過度的不平等在本土被視為不正義，為何同樣程度的全球不平等會是道德大家不太在乎的事（Pogge, 1989: 250）？與拜斯一樣，博格訴諸於天然資源分佈的隨機性，一個國家境內的天然資源並不是反映該國或其公民的任何道德價值，天然資源分佈的道德隨機性意味境內存在珍貴資源的國家不能要求正義的全球經濟架構必須特別回饋該國所提供的資源，國際合作的條件

應該要慎重設計以讓由天然的偶然狀態所引至的不平等能最佳化最弱勢的所得（Pogge, 1989: 250）。博格指出，正義的全球制度性架構如何規管天然資源的擁有權及控制權，視乎制度設計會如何最佳化最弱勢的狀況。

　　值得注意，博格批評我們前面討論過的拜斯「資源再分配原則」，他反對拜斯認定全球正義原則可以規範天然資源的擁有權。博格認為拜斯接受諾錫克對羅爾斯的錯誤詮釋，但我們將會指出他的批評建立在對拜斯的錯誤理解上。博格質疑，假如社會制度可以被設計成能夠改變天生的身體上不平等（如透過器官移植），那麼社會制度可以對天然資源作出再分配，但羅爾斯並不接受改變天生的身體上不平等之事實。博格力言，「每個人對其天賦擁有權利，亦會控制其發展及運用」（Pogge, 1989: 251）。可是，拜斯亦沒有接受要直接改變天生的身體上不平等，事實上，如前所述，拜斯同意任何人都不須要合理化其天賦，原因是天賦本來就在他身上，他運用及控制其天賦的權利是天然事實（Beitz, 1999a: 138）。

　　博格進一步聲稱，拜斯建議的天賦與天然資源之間的類比所意味的實際上與拜斯的結論相違背，原因是「每個國家對其天然資源擁有權利，可以自由地選擇不去發展它們，用於本土社會，或按照正義的全球經濟架構的條件提供國外市場」（Pogge, 1989: 251）。[4] 可是，博格認為拜斯建議的天賦與天然資源之間的類比是錯誤的，對天然資源的擁有權跟對天

---

[4]　原文：“Each state is to have a right to its natural assets and thus may freely decide not to develop them, to use them domestically, or to market them abroad on the terms offered within a just global economic scheme.”

賦的擁有權不同，前者須要合理化。博格沒有注意的是，對拜斯而言，天賦與天然資源之間的相似地方只限於兩者都是隨機的天然分佈，如前所述，拜斯實際上亦跟博格有同樣的認定，對天然資源的擁有權跟對天賦的擁有權不同，前者須要合理化。拜斯並沒有犯上博格所說的錯誤，反而在這一點上與博格持有類似的看法。拜斯的困難並不在於博格指控他所犯的錯誤，反而正是源自於與博格持類似的看法。在前面討論拜斯之理論時，我們已經指出，由於拜斯認定天賦與天然資源兩者的不同處，包含天賦與天然資源的類比論證根本建立不起來，在此不必重覆前面的分析。

博格對拜斯的批評實際上是要針對個人與國家的類比，他以為拜斯提出天賦與天然資源的類比之背後假設是要將國家與人以類比方式呈現，而這個類比跟羅爾斯式個人主義是不相容的。不過，作為大同主義者，拜斯無意將國家擬人化以及賦之以道德地位。既然博格所反對的是 R2，他應該反對的是「資源再分配原則」而非上述提到關於推出這項原則的假設。

有趣的是，由於拜斯在提出「資源再分配原則」時假設各國是自給自足的，締約者是代表國家的，十分類似 R2 的狀態。我們前面提到，拜斯認定締約者會同意透過某一「資源再分配原則」實行全球資源再分配，好讓各社會有公平的機會建構正義的政治制度及一個能夠滿足社會成員基本需要的經濟體（Beitz, 1999a: 141），這正是 R2 所期待的結果。不過，博格援引的 R2 並不支持直接的天然資源再分配，只支持改變全球制度以保障全球最弱勢。事實上，R1 甚至 G 亦不支持直接的天然資源再分配。值得注意，如前所述，拜

斯實際上不滿足於「資源再分配原則」，並期待更強的全球分配原則。拜斯的想法似乎是即使在假設各國是自給自足的情況下，大家都不應拒絕「資源再分配原則」，更何況各國實際上是互賴的。

博格自己提出所謂全球資源稅（1988a; 1989a; 1994a; 2002a），其主要意念是各社會擁有及控制其資源，但若使用該等資源則須要繳稅。然而，博格承認他必須提出支持這些安排的全球分配正義原則，近年他將理論焦點放在人權上，試圖為全球資源稅提供理論基礎。不過，以人權為本的全球分配正義論不是本章的探討對象，我們下一章再談。

總括而言，博格認為 R2 與羅爾斯式個人主義並不相容，亦不能真正照顧到全球最弱勢，因此，R1 及 G 都比 R2 優勝（Pogge, 1989: 254）。R1 及 G 的共同點在於「原初狀態」裡的締約者都是代表個人的，而兩者最大的差別在於後者裡的締約者只進行一次商議，前者裡的締約者則需進行兩次商議，一次關於本土正義原則，另一次關於全球正義原則。博格試圖論證 G 比 R 優勝，接下來評析他的這個想法。

博格首先指出要求 R1 裡的締約者進行兩次商議會造成 R1 本身的不協調，原因是締約者在完成關於本土正義原則的商議後在進行第二次關於全球規範的商議時會發現原來自己的社會根本不是封閉及自給自足而是相互依賴的，在這種情況下，她們可能會後悔在本土層次就正義標準所作出的選擇，而按照「將最少最大化」去選擇以全球最弱勢為基本依歸的正義標準來評估所有基本制度（ibid.: 254）。可是，為何她們會運用「將最少最大化」的考量來選擇全球規範？

博格忽略其中一個十分關鍵的議題，也就是，如果接

受 R1 中的兩段商議，締約者會在考慮本土正義時接受運用天賦的隨機性作爲論證基礎，但在全球層次時卻接受以天然資源的隨機性爲理論基礎，這是不協調的，此觀點似乎可以讓博格的想法更有說服力。可是，若選擇 G 的話，博格必須考慮應該以天賦還是天然資源的隨機性作爲締約者在單一「原初狀態」的考量基礎。按照前面的分析，博格應該會以天然資源的隨機性作爲締約者的考量基礎，然而，這並不會是羅爾斯的想法，我們必須強調這一點上的不相容性在一定程度上削弱博格支持 G 比 R1 優勝的看法。

博格的第二點提出 R1 隱含了一個不合理的假設，也就是國家基本結構的發展可以不用理會國際環境。眾多國家存在的事實不能單靠多加幾條規則就可以妥善處理的。另外，假如某一國際制度性架構要繼續維持下去，各國政府與人民必須充分地服膺於其規範底下，但能否做到這一點視乎各國內部制度，要反省本土制度必須考慮到這些制度與國際制度的相容性。博格力言我們必須一開始就關注全球背景正義，國家內部的組織應該伴隨理想的全球基本結構發展，好使本土組織促進其「穩定及最佳運作（stability and optimal functioning）」（Pogge, 1989: 255）。同樣地，本土制度的穩定及最佳運作亦在一定程度上依賴全球環境；由於國家及全球基本結構互爲影響，並相互關聯地影響個人的生活機會，因此，我們應該從全球視角思考所有基本制度（*ibid.*: 256）。博格的意思並不單是我們一方面建構本土制度，同時另一方面建構全球制度，再看如何協調兩者；他的想法是，在全球緊密互賴的情況下，根本就不能就國家制度及全球制度兩者作出明確的區別，這是 R1 及 R2 所假設的

（Pogge, 1989: 257）。

　　博格提出，我們難以斷定羅爾斯所說的市場、私有財產或一夫一妻等制度是國家的還是全球的（*ibid.*）。他似乎將問題過於簡化，上述制度中的市場及私有財產也許是前蘇聯共產陣營垮臺後目前東西方絕大部分國家都擁有的制度，一夫一妻也是大部分國家都奉行的制度，但某一制度的普遍性並不意味全球性，以市場制度為例，我們可以設想所有自給自足的社會都有市場制度，但各社會沒有來往，更沒有全球性市場行為，那當然亦沒有全球性的相關規範。即使有全球市場，當今實際的市場運作很大程度受制於各國本土的法律。區分本土及國際制度須要找出相關行為所受制的法律或規範是屬於本土的還是國際的。

　　博格在最後一點指出，接受 G 的好處不單可以排除容許兩個層次「原初狀態」所帶來的不協調，更可以讓所有制度議題包括國家主義的理想有系統地在同一理論架構裡作出處理（Pogge, 1989: 258）。他亦引用羅爾斯關於全人類社群的理想：「全人類社群的成員享受著自由制度讓大家享受彼此個性及長才」（Rawls, 1999a[1971]: 459[523]; Pogge, 1989: 259）。對博格而言，G 不須要認定當下由國家組成的國際體系。不過，博格同意，對羅爾斯來說，既然當下由國家組成的國際體系以目前的狀態出現，那就讓「全球原初狀態」下的締約者只關注國家之間的瓜葛，並促使本土原則先於全球原則。但他批評羅爾斯接受當下由主權國家組成的國際體系之做法若要有說服力就必須接受道德評斷，羅爾斯有犯了乞題謬誤的可能，因此，正義論者不一定會同意國際體系當下的狀態。博格力言國際系統需要從全球觀點推敲出來的正

當性，羅爾斯式觀念裡必須包括以全球最弱勢為優先考量的正義原則（Pogge, 1989: 258）。博格批評羅爾斯犯了乞題謬誤，但他自己何嘗不也有犯了同樣謬誤。博格不能先假設大同主義中各國主權已被大大削弱的全球系統是具有正當性的。

對於國家主權概念的定義，博格提出兩個層次的論述（Pogge, 1994b: 98-99）：

（1）只有在下列條件，A 可以統治 B：

　　1. A 代表政府的（governmental）團體（body）、代理機構（agency）或官員（officer）：

　　2. B 是人民

　　3. A 有對 B 不監督與不可廢止的統治權力，其中包括：

　　　（a）A 制定規則來限制 B 的行為：

　　　（b）A 可以評斷 B 是否順從規則：

　　　（c）對抗 B 時，A 可以對 B 實施先發制人（preemption）、預防（prevention）、或是懲罰（punishment）的規則：

　　　（d）A 代表 B 與其他代理機構或人，進行面對面的對談行為。

（2）只有在下列條件，A 對 B 擁有絕對主權（absolute sovereignty）

　　1. A 對 B 有統治權力：

　　2. 除了 A 對 B 不監督與不可廢止的統治權力外，沒有其他機構擁有任何對 A 或 B 的統治高權。

博格認為，從大同主義的道德觀點來看，國家主權的過

度集權形式是無法滿足所有個體的基本需求和利益，並且認為國家主權必須被分割，把主權做垂直的分散，所謂的主權垂直分散是將國家權力分散到不同的政治單位（省、城鎮、縣、州或是廣泛的世界裡），由公民來治理，取代過去傳統的國家角色（Pogge, 1994b: 99-100）。可是，即使權力要下放，這並不能否定國家主權的必要性及重要性，更非必然意味要在國際社會中放棄部分國家主權。

　　大同主義論者在一定程度上認為個人與主權是對立的，而個人的價值先於國家主權及國家之間的關係。博格最基本的想法是個人主義足以支持大同主義的全球正義立場。可是，他忽略十分重要的一點，羅爾斯式契約論本來就必須在一定程度上考慮現況，其理論工具如「反思平衡（reflective equilibrium）」及「熟思判斷（considered judgement）」都與現況有很大的相聯性，這亦是隱藏在其理論背後的保守傾向。博格不用類比論證可以避免拜斯遇到的難題，可是，直接運用羅爾斯式論證方式亦不能完全忽略世界性場境的狀況，博格至少要解釋何以能夠不理會現況。

五、結論

　　在 1970 年代末到 1980 年代末這個全球主義轉向剛剛開啓的時空背景下，拜斯及博格運用羅爾斯 1970 年代初完成的契約論說的元素如「原初狀態」及「無知之幕」等建構其理論，他們認為這些元素不單可以應用在社會正義的討論上，亦可以引伸到有關全球分配正義的討論，所發展出來的是羅爾斯式大同主義契約論。我們不單探討拜斯及博格理論

本身的優劣，亦考究從契約主義出發建構全球分配正義論的論證方式。可惜的是，由於羅爾斯的反對，關於全球分配正義契約論的討論並不多，但在理論上契約論卻是個可行的方向。

回顧了在全球主義轉向頭十年倡議全球分配正義的契約論，我們要問的是論者們會如何回答以下的問題：（1）「在什麼處境下，誰為了什麼理由運用什麼原則及透過什麼安排將什麼益品分配給誰？」（2）所倡議的再分配問題真的是正義問題，還是只是人道問題？

先總結契約論者對（1）應該會有的回應，拜斯跟博格都不認為須要有世界政府才能實踐正義原則，面對全球不平等的狀況，基於「正義即公平（justice as fairness）」的理由，羅爾斯式全球契約論者期待將羅爾斯理論中的兩大原則（特別是第二條原則）應用在全球範圍，目的是透過制度改變令世界性場境下的「最低度受益者」在全球發展過程中能得到生活水準上的改善。

根據羅爾斯差異原則，在經濟發展過程中，最弱勢的人口之狀況必須得到改善，否則就是一種違反公平考量的不正義。同樣地，全球制度性秩序中出現了不平等並非必然意味不正義，只要能最優化最弱勢者的狀況的話便可，全球基本結構就是正義的，我們才可以合理化現今的全球制度性秩序。

假設全球「最低度受益者」就是處於赤貧狀態的人，數據顯示全世界赤貧人口從 1990 年的 19 億持續下降至 2018 年的 6.5 億，最弱勢人口的狀況得到了改善，所以即使不平

等變差，大家亦不能指摘全球基本結構是不正義的。[5] 根據以上的全球化歷史發展，全球主義者會進一步對大同契約論者挑戰並指出，既然窮人的狀況在不斷改善，即使最富者變得愈來愈富有，全球化根本從來就沒有大問題。全球主義者甚至會認為，赤貧人口減少最多的是在亞洲，而這正是由於資本主義全球化為亞洲國家帶來發展機會，中國、印度及印尼這些國家的經濟發展起來，赤貧人口的減少是相當自然的事，至於非洲赤貧人口不降反升的問題可以用人道考量來予以舒緩。

契約論者或許可以將「最低度受益者」的標準提高，假如將之設為世界最窮的一成人口，然後從歷史數據查看他們的整體狀況有沒有持續改善，如果發現有持續改善，那就提升到世界最窮的二成人口，如此類推，直至發現「最低度受益者」狀況有沒有持續改善，那就可以指出全球基本結構其實是不正義的。契約論者當然不會採用這個荒謬的方法，但這樣的構想反映了一個契約論解決不了的理論難題，全球基本結構是否正義取決於我們如何界定「最低度受益者」，這樣的話，正義與否根本就變得沒有多大意義。

不過，值得注意的是，由於羅爾斯的反對拜斯及博格的進路，博格在後來的著作裡已採用更直接的方式，透過訴諸人權及義務來發展其全球正義論，批評容許現狀等於是違反了「不去支持不正義的消極本分（*negative* duty not to uphold injustice）」（Pogge, 2002a: 197-210），此途徑與契約論有

---

[5] Max Roser and Esteban Ortiz-Ospina, "Global Extreme Poverty," 2019. https://ourworldindata.org/extreme-poverty. 查看日期：2020 年 10 月 10 日。

很大的差異。拜斯也發展其有別於天賦人權論的權利論，他從國際人權實踐出發，提倡關於權利性質的所謂實踐觀（Beitz, 2009），我們在下面的兩章會對他們的權利論作更深入的探討。

第四章

基本需要、利益與權利論

Nothing which is incompatible with the basic right
of self-preservation, and hence nothing
to which a rational creature cannot be supposed
to have given free consent, can be just.

Natural Right and History, 1953, p. 231

Leo Strauss

一、前言

　　現代權利論源自於十七世紀的洛克（Locke）的天賦人權論，根據上引文史特勞斯（Leo Strauss）對洛克的詮釋，洛克最基要的主張是「自我保存基本權利」，其理論背景與光榮革命有直接關聯，而他的流亡在一定程度上跟其反專制帝制有關。後來天賦人權論由美國立國者將其發揚光大，美國人因尊重天賦人權而制訂尊重人權的憲法，並最終結束奴隸制。兩次世界大戰使得「自我保存的基本權利」大受踐踏，其帶來的禍害催生了世人對長久和平的期待，聯合國的誕生及《世界人權宣言》的發表標誌著對「自我保存基本權利」的保障之里程碑，史特勞斯是少數當時重新挖掘權利基礎的論者。

　　當代權利論透過史特勞斯及特格（Tuck）逐漸影響西方學界及政策；然而，不同論者對權利觀念有不同的解讀，這引發 1970 至 1980 年代的一場以自由左派權利論者與保守右派之間的大辯論，按照德沃金的自由左派立場，基於權利考量，社會內部的資源再分配是正當的，並可依據平等概念進行。相對而言，根據諾錫克的保守右派立場，任何強制性的資源再分配都侵犯個人財產權及自由權，因此是不正當的。兩派在政治實踐上的意涵有著相當大的差別，對資源再分配的訴求一般是訴諸於福利權，自由左派被視為支持福利國家

中的資源再分配，而保守右派則反對福利權。[1]

不管是傳統自由左派如羅爾斯及拿高（Nagel）還是保守右派，踏入 1980 年代，他們要面對全球化下的貧窮及不平等問題。有趣的是，兩派都傾向不支持發展所謂的全球分配正義論。不過，對自由大同主義權利論者而言，既然人人生而平等而人權是保障人的最佳利器，沒有理由不去運用權利概念去探討全球分配正義。我們將會探討適用於西方社會的權利論能否擴大應用到世界性場境？

正當拜斯及博格嘗試套用羅爾斯的正義論去建構契約主義全球正義論時，梳爾於 1980 年出版《基本權利》一書，奠定了權利論述在本土社會及國際社會的理論框架，其最主要貢獻是超越傳統積極及消極權利／義務的二元對立，有說服力地指出每項權利都牽涉積極及消極面向，我們會指出他的基本權利像是某種型式的同意觀。

由於博格及拜斯將羅爾斯的正義論應用到世界性場境的做法遭到羅爾斯的反對，兩人不約而同地在 1990 年代中後期開始將權利看成是發展全球正義論的重要元素，博格的三篇文章中勾劃其自然權利觀（1995c, 1999, 2000b），不過，我們發現他後來的人權觀念稍有改變，似乎認定法律權利都可以是人權，偏離了自然權利論。拜斯在三篇文章中批評同意觀及自然權利觀，並分析羅爾斯權利觀（2001c, 2003, 2004），在 2009 年的《人權的意念》一書中發展其實踐觀。

第二節我們討論森拿用來研究權利的分析架構，並用以

---

[1] 「福利權」泛指「國際經濟、社會及文化權利公約」裡所涵蓋的權利，當中包括教育、醫療、工作及基本生活條件等等。

分析拜斯採用的權利實踐觀，指出他其實是想要建構一種以人權爲本的國際常規權利論，但這種具有高度政治性的觀念缺乏了大家期待的規範力。第三節及第四節分別討論博格的自然權利論及梳爾的同意觀，主要分析他們如何區分基本權利及非基本權利，我們將會指出，即使以基礎途徑或非基礎途徑找到基本權利，這些權利都不是客觀的。第五節討論人權的制度途徑，我們將會指出權利論者如博格及拜斯或許是受到了羅爾斯的影響，發展出制度爲本的權利論。受到博格的影響，梳爾在較期的論文及 1996 年重新發行的《基本權利》之後記中指出我們可以透過跨國制度來實現人權。

二、大同世界與實踐權利觀

（一）關於權利的三種觀念

權利具有相當強大的規範性力量（normative force），任何事物 x 只要冠上權利概念，就能導引出一種事前推定（presumption），也就是除非有十分重要的理由，x 是不可侵犯的。自由左派重要代表之一德沃金視權利爲「皇牌（trumps）」，任何人訴諸於權利是爲了能對抗集體的宰制（Dworkin, 1977: 364-8）。保守右派代表人物諾錫克（Robert Nozick）更視權利爲任何行動的「附帶限制（side constraints）」（Nozick, 1974: 28-33），作爲對他人行動的強力限制，個人權利有著接近神聖不可侵犯的地位。兩人雖對權利都非常重視，但卻提出十分不同的分配正義立場。

兩派的理論在全球主義轉向到達蓬勃發展時期之前受到廣泛討論，在此不必深究，值得重視的是兩派之所以有南轅

北轍的立論是由於對權利概念及具體內涵有不同的看法，保守右派視個人自由權及財產權為約束所有人行動的限制，任何行動者在沒有他人同意前都不能干預其自由及財產權，為了實踐資源再分配的強制性徵稅措施違反個人自由及財產權，因此是不合理的。對於保守右派來說，保障自由權及財產權是政治道德的最重要目標，他們堅決反對福利權。

　　自由左派則認定自由及財產權並非神聖不可侵犯的，最重要的政治價值是平等或公平，不同的權利是會衝突的，只有訴諸平等或公平這些更高的價值才能妥善處理不同權利的位置。當然他們贊成資源再分配的立場並不一定要藉由訴諸於福利權而提出，因此，即使論者成功反駁福利權，亦不必然可以完全否定資源再分配的合理性。不過，試圖建立以權利為基礎的社會正義論之論者本身必須提出其論據。不是很多自由左派都支持將「正義即平等」的觀念應用在全球範圍的再分配之討論上，即使是用了也不是探討平等本身在全球再分配論的角色，而是透過平等權利來切入再分配的討論，將平等權利在全球範圍再分配的自由左派都是自由大同主義者。值得深入討論的是，各主要的自由大同主義權利論者抱持相當不同的權利觀，若要確立權利在全球再分配上的主導角色，就必須指出他們的理論中的權利在什麼意義上具備規範力。

　　對權利論者而言，某權利之所以有規範力是因為它有道德意涵；關於道德意涵，我們可以參考森拿（Sumner）的方式，探討不同性質的權利是否有道德基礎。跟本章相關的是「自然權利（natural rights）」、「約定性權利（contractarian rights）」及「常規性權利（conventional rights）」，另外的

一種「後果主義權利（consequentialist rights）」留待日後有機會討論。有趣的是，拜斯雖完全沒有談到甚至注意到森拿的分類及其分析，但他提出的「自然主義（naturalistic)」、「同意（agreement）」及「實踐性（practice）」三種觀念下的權利理解正好跟上述三類權利相關。由於拜斯的論述比較以全球背景來討論，故此我們將以他的分析為基礎，輔以森拿有見地的看法。

就以上三種權利大家比較熟悉的自然主義觀念，權利在某種意義上是自然的（或天賦的），第二種是同意觀念（agreement conception），不同文化可以在某種意義上同意有權利，而部分權利具有普遍性，第三種是權利觀念來自國際實踐，權利不是用來描述所有不同文化中的共同道德律或表示從普世或普遍道德律中推導出來的共同標準。拜斯本人表明是支持第三種，而我們會提出博格及梳爾分別是屬於第一及第二種。任何相對完整的權利論都要構思（a）權利的性質，（b）屬於權利的規範性之來源以及（c）權利在實踐上的應用能力。

在具體探討三種權利論之前，必須先釐清一點：若將權利論應用在全球再分配的討論上，所處理的是貧窮還是不平等問題？如果權利論者將兩者混為一談，那麼就不可能真的找到處理問題的方式。博格似乎認為貧窮及不平等兩者是一體兩面，但我們發現他不單經常提到全球貧窮問題，當他以為在談不平等問題時，其實是在談貧窮問題。他理論中比較吸引大家關注的是有關全球資源紅利的構想，關於此構想的討論留待下一章。在此要注意的是，博格視此構想的目的為解決不平等問題。

不過，他所謂的「極度不平等（radical inequality）」是指以下的狀況（2008a: 204）：

1. 潦倒的人（the worse-off）是在絕對意義上淒涼的（badly-off）。
2. 潦倒的人在相對意義上也是淒涼的。
3. 此不平等是不易受影響的（impervious）：潦倒的人很難甚至不可能大幅改變他們的狀況。
4. 此不平等是影響廣泛的（pervasive）：潦倒的狀況關係到生活的大部分甚至所有面向。
5. 此不平等是可以避免：優渥的人可以在沒有令自己生活變差的前提又改善潦倒的人的狀況。

從以上的鋪陳可以看出第一及第二點是分別在談絕對貧窮及相對貧窮，第三至第五點其實是在談論關於第一及第二點貧窮的特性及貧窮狀況的延伸，若將「不平等」字眼改為貧窮，似乎比較合適。博格提出的全球資源紅利的構思實際上也只是要解決貧窮問題，即使在博格較後期的作品中，依然強調「全球貧窮者的人權（human rights of the poor）」（Pogge, 2010: 26-56），但如果這只是訴諸人道的道德權利，那是跟正義無關，除非他支持跟道德有關的就是跟正義有關這個不太合乎常識的說法。至於梳爾，他在《基本權利》初版中討論國家有否跨國本分去協助缺乏基本維生所需的人，並沒有談到正義，關於他對本分的討論留待下一章，在此只須指出，梳爾雖在《基本權利》初版中沒有用窮人這字眼或貧窮來形容窮人的處境，但那些缺乏維生所需的人當然是窮人，而他們的維生權利沒有得到保障。值得一提的是，他後來直接引用上述博格關於基進不平等的五點，很顯然他被博

格誤導以為是在處理不平等問題（Shue, 2003）。拜斯在探討如何應用其觀念在「國際關懷（international concern）時，特別提到所謂的（anti-poverty rights）乃難解的問題（Beitz, 2009: 161-174）；這不代表他認為全球不平等不重要，他在《全球不平等重要嗎？》一文正確地指出貧窮與不平等既沒有必然關係也沒有因果關係，全球不平等之所以重要是由於有其它衍生的理據，是不能忽視的，但我們發現他根本無意以人權途徑處理不平等。

關心全球再分配的權利論者不是不能關心不平等，但在貧窮問題未妥善處理前就把不平等問題帶進來，會令他們自己設定要關心的議題失焦。不過，大家不要誤解，以為必須先解決貧窮才能碰觸不平等問題，我們可以設想或許會有理論（如傾向馬克思主義的左翼理論）認為用比較激烈的手法去處理不平等問題就可以同時解決貧窮問題，然而，以權利為本的理論似乎不是這種理論，除非他們提出可以用來要求更多資源的權利，如得體生活的權利，否則以基本權利來建構的全球再分配理論只能針對貧窮問題。接下來我們探討常規權利論、自然權利論及約定權利論。

（二）權利的實踐觀念與國際常規道德

按照森拿的分類，常規性權利分成三類（Sumner, 1987）：法律權利、制度性權利及非制度性權利，問題是拜斯的理論中的人權是屬於那一種常規性權利？不少國際法及條約都是用於保障人權，但國際法有別於各國的國內法，嚴格來說，沒有世界政府的狀況下，國際法要保障的權利不算法律權利。拜斯眼中的人權比較像是非制度性權利，如果人

權乃非制度性權利，人權實踐可以被視爲是一種關乎全人類的社會道德，而人權實踐具有一般社會道德的特性。若用森拿的理論去分析拜斯的人權觀念的話，我們發現透過闡釋人權作爲實踐這個觀念，拜斯其實是想要建構一種以人權爲本的國際常規權利論。

　　拜斯指出回答「什麼是人權？」這個問題包括三個部分（Beitz, 2009: 104-5）：1. 對人權概念的分析，2. 人權的內容，即其保障的東西，3. 人權能導引行動或改革的理據。拜斯認爲人權作爲實踐其意思隱藏在實踐中，要找出其意思就要找出實踐中的行動者、相關規範的性質、規範被破壞的後果以及在實踐範圍內大家對實踐本身的一般理解。職是之故，要找出人權作爲一種實踐的意思就是要去看看人權在國際上如何運作，包括查看相關文件、監督機制、國際公共論述、國際人權在歷史上及近年的公共文化、用來保障人權的國際政治行動等等。

　　人權本身不是一個客觀存在的道德概念，對拜斯來說，人權是一個「社會現象」，其意思在於參與者如何投入在這個實踐之中。在共同社會道德中，只有那些能要求大家普遍地遵守的規則才是有效力的規則（Sumner, 1987: 88-9），在國際社會中，人權的效力在於其是否被普遍地遵守。社會道德跟法律不一樣，當中沒有特別機制來強制大家一定要遵守規則，任何強制性都傾向不確切及非正式，即使有制裁亦流於一般的譴責。當人權被忽視或踐踏的狀況出現時，國際社會在大多數情況下都只是對侵犯人權的政府提出譴責。社會道德之所以存在及能夠維持是由於其得到成員衷心及廣泛的支持，要做到這一點，成員們須要經過長時間的內化過程。

人權作為一種常規道德的基礎須要得到國際社會廣泛的支持，對權利論者而言，人權在國際社會已經得到廣泛的支持。不過，懷疑者會指出，世界上依然存在不少專制國家，人權在很多地方都不被尊重，更有不少人質疑所謂的人權是西方試圖建立意識形態霸權的工具而已。不管是亨特頓的「文明衝突論」還是李光耀的亞洲價值論，都是對西方普世價值的挑戰。

　　拜斯當然注意到其他文化存在不同的常規道德體系，但似乎認為人權作為國際常規道德的基礎不需要全世界所有人的共識，只要有足夠的行動者就可以了。他認為世界上對人權作為實踐的這個現象存在不同看法是正常的，只須區分甚麼是外在異議及內在異議便可。拜斯沒有詳細討論外在異議，不過，如果其他文明有自己的常規道德體系，那麼國際常規道德能夠存在嗎？

　　至於內在異議，拜斯的理論對很多權利論者而言是薄弱的，如果我們用森拿的常規權利去理解拜斯的人權，即使人權可以成為一種常規道德權利，亦不會是大家期待的道德權利，森拿指出大家有興趣的道德權利是那些「必然」擁有「道德力（moral force）」的權利（Sumner, 1987: 90）。值得注意的是，由於森拿只是針對個別社會中的常規道德，拜斯可以有兩個層次的回應，第一，若然森拿所期待的「必然擁有道德力」是指一種先驗的必然性，那麼拜斯的回應會是先驗上擁有道德力的權利並不存在。第二，既然森拿只是針對個別本土社會，拜斯可以堅持跨越國界及文化的國際常規道德是存在的，當然拜斯或許會遇到另外一種批評，那就是國際常規道德不一定要以權利為基礎。

爲了方便討論起見，我們先集中討論以跨越文化的常規權利可以如何確立，這牽涉到權利的內容及其導引行爲或改革的能力。拜斯訴諸「利益」來闡述人權的內容，人權是用以保障「迫切的個體利益（urgent individual interests）」免於可預見的危險之要求（Beitz, 2009: 109）。拜斯沒有運用「基本權利」來描述保障迫切的個體利益的人權，我們大可推論對拜斯來說人權都是基本權利，人權之所以是人權而不是一般權利是因爲人權用以保障「迫切的」個體利益而非一般利益。

　　按照利益觀，某事物 S 之所以得到成爲權利 R 要保障的地位是由於 S 能滿足個人利益。瓦特朗指出權利語言指涉「任何關於個體利益保障或促進的要求」，這些要求是以「個體自己的觀點（individual's own point of view）」出發，而個體利益被賦予「具決定性的道德重要性（decisive moral importance）」（Waldron, 1993: 11-12）。因此，既然 S 是我的利益所在，它就可以成爲權利，我亦可以提出相關的要求。拜斯的權利論訴諸利益：要受到權利保障的利益從受保障者的合理角度看是「足夠重要的」，而此保障被認定具有「政治優先性（political priority）」（Beitz, 2009: 137）。不過，瓦特朗要發展的是自然權利論，拜斯則將人權視爲一種政治性的社會實踐。對瓦特朗而言，只要找到「具決定性的道德重要性」之利益，那就可以爲人權找到道德基礎。瓦特朗指出，拒絕正視死亡、疾病、營養不良及經濟絕望是對「人的尊嚴之一種侮辱」，亦是沒有認眞對待「每個人之無條件價值（unconditional worth of each individual）」，尊嚴是全人類中的每一個人所共有的，能體現尊嚴的就是人的利

益。我們稍後會再討論拜斯的政治性的人權觀念，在此只須了解不同性質的人權論都可以援引「利益」作爲理論基礎，但他不同意訴諸「尊嚴」等自然主義基礎來論證權利的存在。

若說 S 是 A 的利益（S is A's interest），有兩種可能的理解：（1）A 認定 S 是其利益（A has an interest in S）或（2）S 是 A 的利益所在（S is in the interest of A）。從前者發展出來的是主觀利益論說，個人觀感及意願決定什麼是利益，這種論說當然不能成爲再分配論的立論基礎，原因是在缺乏較客觀的共識下，根本就不可能成爲具體政策或產生合適的制度。從後者發展出來的是客觀利益論說，任何人的利益都容許客觀的判斷；很顯然，這種論說比較有可能成爲再分配論的立論基礎。在此我們先區別客觀性與普世性，客觀性意指何謂利益並不指涉個人欲求及偏好，普世性則指涉利益考量適用於所有人。普世性意味客觀性，但客觀性不必然意味普世性。舉例來說，作爲學術的用途，跟我的研究直接相關的書籍是我的利益所在，這似乎可以客觀地推敲出來，但這些書籍並非其他人的利益所在。

有論者可能會指出瓦特朗的權利論面對兩個嚴重的困難。首先，假如個人受保障者的觀點可以決定什麼是跟權利相關的利益，那麼權利的數量會不斷增加，而權利之間的衝突因而大大地加劇。其次，瓦特朗的權利論容易流於相對主義，假如每個人的利益都可以成爲權利，由之而至的要求都「具決定性的道德重要性」，這意味每個人都可以是道德權威。當然瓦特朗會認爲以上的批評並不正確，犯了稻草人謬誤，並指出他所強調的是，談論權利時必須關注個人層次的普遍利益而非每個人的利益。拜斯當然是在談論個人層次的

利益而非群體層次的利益，亦不是關心特定個人的利益，問題是如何斷定那些層次的利益可以成為權利？

　　或許我們不要糾纏在主觀／客觀的爭論上，而是考慮主體中立（agent-neutral），避免主體相對（agent-relative）的元素介入。支持全球再分配的權利論者必須訴諸主體中立的元素，他們要指出，這些考量適用人類個體而不是特定個人，其中的一種方式是引用所謂的「人的利益」。當然「人的利益」並非是指人類的整體利益，若說 S 作為一項人的利益是指 S 乃人類共同認定在個人層次的利益。此理解在兩方面與瓦特朗的理論相容，利益指涉生活中的事物，而大家所參與的是人的生活，瓦特朗在強調經濟權利重要性時提出，「防止或補救經濟匱乏並非奢侈」，而是對「人的生活」之「根本所需（primal necessities）」和「脆弱（vulnerabilities）」的關注（Waldron, 1993: 11）。

　　假設我們同意以上的論點，利益論者必須進一步提出如何論證 S1，S2，S3，……，Sn 等利益是人類共同認定之利益。利益論者如瓦特朗之所以遇到困難是由於採用了基礎式途徑（foundational approach），他必須要訴諸人類尊嚴之類的天生特性。另外一種方式是如拜斯一樣訴諸現有的國際人權宣言及公約之內容，找出各種權利要保障的利益。拜斯的想法應該是在國際人權作為實踐的各種文獻、機制及公共論述中可以找出「人權要求」所要保障的是什麼利益。

　　拜斯似乎認為有一些利益接近具有普世性，他從隱藏在世界人權公約中的當代人權論說找出「抗貧權利（anti-poverty rights）」來保護人類免受貧窮帶來的惡果：營養不良、疾病、無知、衣不蔽體及缺乏遮蔽所。反貧窮權利要

保障的是「維生利益」，「維生利益」不單是「迫切的」利益，更是「所有人的利益中最不具爭議的」迫切利益（Beitz, 2009: 163）。如果拜斯要提出什麼是「基本權利」，那麼用以保障最不具爭議的迫切利益之人權就是基本權利。

既然人權宣言及公約的內容是各國代表以不同文化角度共同擬訂，具有一定程度的代表性，那麼就可以合理地認為當中所要保護及鼓吹的是人類共同認定的個體利益。我們大可以假設這些宣言及公約的擬訂過程是合理及公正的，可是直至目前為止，並不是所有國家都簽署接受各種人權公約。更嚴重的問題是，這種論證方式犯了乞題的謬誤，如果論證 Si 乃人類共同認定的個體利益之目的是要用來支持 Ri 乃人權，那麼我們就不能訴諸 Ri，並指出 Ri 所保障的 Si 乃人類共同認定的利益。

既然人權宣言及公約都是各國代表經過正當程序擬訂，那麼當中所包涵的權利就是人權。從這個立場出發，權利的正當性源自於立約者的認同，牽涉的約定是實質的而非假設性的。可是，其正當性取決於是否世界各國都同意，而參與制訂的國家之立場是否代表人民的意志。從真正的大同主義角度來看，必須在匯聚所有人的意志下才能建立正當性，但在實踐上十分困難。即使我們以國家為單位，現在並非所有國家都簽署各種人權公約，亦不見得將來會出現這種情況。不過，假如採納非基礎式方法，則可以直接訴諸人類在人權公約上的共識，也就是不必透過訴諸於利益，我們稍後回到這一點上。

若是按照上面提到的方法，我們根本不須要為個別權利的正當性而煩惱，只須將所有可能成為權利的事物經過認可

程序羅列出來，再由國家代表或全球人民決定是否接受其成為權利。當然拜斯並沒有提到此方法，亦不一定會接受這個方法，他似乎傾向假設多項權利的正當性。在此必須強調的是，基礎式利益論不能應用這個方法。

若要論證 Si 等是人類共同認定的利益，利益論者的一個做法是訴諸需要概念，瓦特朗及鍾斯都有提到需要概念。鍾斯指出，假如基本權利存在，那麼滿足基本需要的權利必定是其中一項（Jones, 1999: 62）。另外，瓦特朗提出自由是利益，滿足物質需要亦是利益。對瓦特朗而言，經濟權利所保障的利益就是物質需要。不過，他反對部分社會主義者及女性主義倡議放棄運用權利概念，用需要取代之，這混淆權利及權利所要保障的東西（Waldron, 1993: 11）。從需要論立場出發，只要能夠証明 Si 是需要，那麼它就是利益，有必要被賦予權利的地位，受到足夠的保障。我們接下來討論自然權利論及當中被援引的需要概念。

「公民及政治權利」及「社會及經濟權利」兩條公約公布後，權利論述於 1970 年代逐漸取得在國際政治的規範性討論具有一面倒影響力的主宰地位。拜斯訴諸國際人權的實踐來建構關於權利的政治觀念是可以理解的，其論說中的人權實踐構成前述森拿理論中的社會常規道德，問題是權利可以在西方社會構成社會常規道德，但權利如何構成全球範圍的國際社會常規道德？我們稍後會回到這一點上，接下來先分別討論自然主義權利論及同意論。

三、自然主義權利論

　　根據自然主義權利論，人之所以有權利是因爲人是人，不管是誰，不分種族、宗教、性向，只要是人，就有人的內在尊嚴，就有人權。跟此觀念連結在一起的通常是關於人權普世性的信念。博格是自然主義權利論的主要倡議者，爲了賦予權利足夠的規範力，他跟部分自由大同主義者一樣將自然權利等同人權（Pogge, 2008a: 62-5），並嘗試將人權確立爲道德權利，所以只要假設道德權利擁有普世性，人權就有了普世規範力的來源，人權的普世規範力之來源就是普世道德。

　　博格認爲不管我們對人權的理解如何，人權的概念包含六項無可爭議的價值（Pogge, 2000b: 46）：

第一，人權表達一種最基本的道德關懷：行爲主體（不論是個人或機構）都有尊重人權的道德義務，而且這項道德義務並不是從更一般性的道德義務所衍生而來的；尊重人權的道德義務，並不是衍生自遵守本國法或國際法的道德義務。

第二，人權表達一種非常有份量的道德關懷：人權的重要性高於其他價值，因此在正常的情況下，人權的考慮具有優先的地位，可以推翻其他考慮。

第三，人權所關切的是人類：所有人類，而且只有屬於人類的個體，才享有人權、才享有伴隨人權而來的特殊道德地位。

第四，就人權所表達出來的道德關懷而言，所有人類具有平等的地位：人人享有同樣的人權，而且這些

權利及其實現，在道德上的重要性，不會因人而異。

第五，人權所表達出來的道德關懷，其有效性是不受限制的；也就是說，人權應該要受到任何行動者的尊重，沒有例外，不論這個行動者處於甚麼特殊的時代背景，或繼承甚麼特殊的文化、宗教、道德傳統和哲學思想。

第六，人權所表達出來的道德關懷，是可以被廣泛接納的；也就是說，人權所表達出來的道德關懷，可以被不同時代、不同文化背景、不同宗教信仰、不同道德傳統和不同哲學思想的人所理解和肯定。

以上的最後這兩點，「不受限制」和「可以被廣泛接納」是相互關連的：當一項道德關懷愈能受到不同時代、文化、宗教、道德傳統、哲學思想的人之理解和肯定，那麼我們就會愈有信心說，此項道德關懷的有效性是不受限制的。

自然權利論者認為既然人權是天賦的，全球化帶來的問題似乎可以用權利角度去思考，而且沒有理由認為住在世界不同地方的人跟我們有什麼不同。博格的大同主義強調的是道德關係，不是人與人之間的政治和權力關係。「道德普世主義（moral universalism）」的特徵是堅持在道德意義上，無一人例外的自由、平等和尊嚴。其起源是古典的自由主義中的哲學人類學與自然法。由於人權的普世性，其關注點是落實在活生生的個人身上，而不是家庭、部落、宗教群體、種族或民族這樣的集體身上。每個人都享有同樣的權利和義務，皆為同一普世道義秩序的成員和維護者。

然而，道德普世主義具有相當大的彈性，它能支持許多不同形式現實存在的人際關係，如宗教、文化、種族群體，民族國家，也能支持這些群體之間的相互尊重。受著康德的影響，道德大同主義者如博格堅持，每個人都是他人道德關懷的最終對象，而不是手段，這是人與人相互尊重的基礎。每個人的行為或每種制度都因涉及具體的他人而必須有所規制。

　　博格沒有進一步展示這對大同主義權利論有什麼意涵，我們卻可以為他推敲出來。首先，大同主義權利論者崇尚個人主義，意味他們所說的權利是個人權利，當然這並不意味他們完全否定所謂的集體權利（collective rights）或群組權利（group rights），只是這些權利都可以化約成個人權利。因此，按照大同主義權利論，全球分配正義所關注的並非氏族、部落、種族或國家而是個人在資源再分配上之權利。其次就所謂的「普世性」而言，既然同樣地作為最終極的關懷單位，每個人都有相同的地位，那麼世界上每個人都有平等的權利。最後就「普遍性」而言，由於每個人都是其他人的最終極關注單位，但同時亦要視其他人為最終極關注單位，因此所有人都是權利擁有者及義務的承受者，此三點是大同主義權利論者的共同立場。

　　森拿指出，權利論或任何道德理論若是要成為自然權利論，它要（1）包括一些道德權利，它要（2）將這些權利連結到某些自然特性，它視這些權利為（3）基本的及（4）客觀的（Sumner, 1987: 95）。博格的理論滿足此四項條件，人權是道德權利，這些權利保障人生下來所必需的重要東西，由於被保護的這些東西是基本的而其必需性是客觀的，所以

相關的權利也是基本及客觀的。值得注意的是，以權利為本的全球再分配論關注人權的保障，可是，並非所有以權利為本的權利論都會支持全球分配正義。反對一切分配正義的保守右派如諾錫克之權利論也是自然權利論，基本及客觀的權利只包括生命權、自由權及財產權。森拿認為自然權利論的問題是無法說服大家有既客觀而又基本的權利，他雖不是針對博格的理論，但任何自然權利論都要證明有既客觀而又基本的權利。博格沒有提出具體的「基本權利」，似乎只假設了兩條世界人權公約裡的權利就是基本權利，但他又沒有提到這些權利的哲學基礎，也沒有解釋我們為什麼會擁有這些權利。

什麼性質的權利能為全球再分配提供足夠的理據？一般的看法當然是所謂的福利權，若對人權的尊重應該是無遠弗屆的話，又假如福利權是人權，那麼福利權是跨越國界的，全人類都必須尊重福利權。不過，論者格蘭斯東（M. Cranston）早在 1973 年就提出反對福利權乃人權的想法，福利權被視為積極權利，而積極權利並不是人權（Cranston, 1973）。格蘭斯東認為作為人權的所謂權利必須具備三項條件：（1）可以普遍化的（universalizability），（2）可以實踐的（practicality），（3）非常重要的（paramount importance），而福利權不能滿足這三項條件，首先，如有薪假期就不能被普遍化，原因是僱主就不需要有薪假期；其次，在個人自由得到保障的社會，提供所有人工作是不可能的；最後，絕大多數的福利權都不是非常重要的。對格蘭斯東而言，福利權不單不是基本人權，它們根本就不是人權，以福利權為基礎的全球再分配論必須面對這方面的挑戰。

反對福利權的人批評福利權會導致需索過度，若將福利權應用在全球再分配的考量上，那麼不少資源會須要再分配。不過，支持全球分配正義的權利論者可以將所要分配的東西之範圍縮小至基本需要，博格的人權論正是嘗試這樣做；然而，如何界定基本需要是富有爭議的。博格的人權論述充滿不少內在張力，他使用不同的方式描述須要受到人權保障的東西：「基本益品（basic goods）」、「更基礎的基本益品（more elementary basic goods）」、「基本需要（basic needs）」、「普世（universal）基本需要」及「基本所需（basic necessities）」（Pogge, 2007, 2008a: 55-57）。

先討論他在《人的盛旺與普世正義》的分析，「更基礎的基本益品」包括身體完整性、維生品供應、遷徙及行動自由、基本教育及經濟參與，其他的「基本益品」有思想自由及政治參與。或許是擔心被批評需索過度，博格指出人類所真正需要的是對這些益品之最低度足夠份額（Pogge, 2008a: 55），社會制度的設置是要令「全人類」對人權要保障的東西獲得「安全的拮取（secure access）」。博格面對的困難在於如何界定人權要保障的東西，如果定得太寬，就缺乏廣泛應用的可能，如果定得太窄，那人權就保障不了什麼。或許我們可以視人權要保障的是博格所說的「普世基本需要」，「普世基本需要」包括「基本自由及參與、食物、飲用水、衣服、遮蔽所、教育及醫療」，「普世基本需要」實際上包括上述的「基本益品」及「更基礎的基本益品」。

簡單來說，教育權、醫療權、食物權、思想自由權等等都是人權。由於這些「普世基本需要」是普世的，所以人權也是普世的。不過，我們不能說，由於這些「普世基本需

要」是基本的，所以人權也是基本的，原因是博格在《人的盛旺與普世正義》中另外提到一些所謂「附加的基本需要」，當中包括「擁有某些法律（憲法）權利」，「免受社會不平等嚴重影響」及「對殘障或衰運的補助」等等。這些權利對博格來說不是人權，而是各國按照自己的國情及憲政傳統給予國民的權利。從博格的角度看，格蘭斯東對福利權的否定其實是針對這些權利，但用來保障「普世基本需要」的權利當中有一些（如教育及醫療）是福利權，而保障「普世基本需要」的權利都是人權，所以那些福利權也是人權。博格的這個論述可以回應格蘭斯東的質疑，但在《極度貧窮是一種人權的違反》中，博格提出另一種對人權的理解，他認爲「超國家、國家及次國家的法律系統創造眾多人權」，人權可以是道德權利或法律權利。在二次大戰之後，人權被廣泛接納，逐漸被引入國內及國際法。

博格或許可以將適用於世界性場境再分配的東西限制在「普世基本需要」裡面的「更基礎的基本益品」範圍內。無論如何，博格的權利論是以「普世基本需要」爲基礎的，雖然他沒有提出什麼是「基本權利」，但是他指出承認人有能力去擁有基本需要來從事道德對談與實踐，更加重了「道德要求（moral demands）」的重要性，所以基本需要的目標即是人權的目標，承認這些道德要求就是提升人權的保障，並反對那些輕蔑基本需要的其他國家，在此我們大可建議對博格來說，保障「普世基本需要」的權利就是基本權利。

若將這種權利分野應用全球分配正義上，會遇到另一種問題，既然用來保障「普世基本需要」的權利（如教育及醫療）都是基本權利，那麼落後國家的貧者是否可以訴諸這些

基本權利來要求強國的富者提供他們基礎教育及醫療？更嚴重的問題是「普世基本需要」還包括衆多的基本自由及各式政治和經濟參與，沒法享受這些基本權利的人民是否可以要求他國干預。

援用需要概念的好處似乎是訴諸需要意味客觀判斷的可能性，不過，這實質上是一個假象，若要理解這一點，必須扼要地釐清需要概念。大家將會看到，由於需要概念具有十分高的可塑性，因而透過訴諸需要來論證權利的客觀性是不容易的。讓我們先探討需要是否隱含普世性。

有論者認爲，什麼東西被視爲需要在一定程度上因社會而異。伯恩（Benn）及彼得斯（Peters）在早期的合著《社會原則及民主國家》中就提出類似的想法，他們提出，「基本需要跟廣泛地共享的條件所設的規範有所聯繫，所需要的是絕大部份人已經擁有的」（Benn & Peters, 1959: 146）。論者湯臣（Thomson）認爲這個看法的意思是：假如絕大部份人沒有 x，即使有人缺乏 x 一定會死掉，x 仍然不可能是一項需要。這等於是認爲假如一個國家如孟加拉裡絕大部份人缺乏食物，我們亦不能說他們需要食物，此想法似乎有違常理（Thomson, 1987: 95）。

不過，如果我們加入幾個要點並作出重構，那麼湯臣對伯恩及彼得斯觀點的指責並非全無道理。（1）有可能得到滿足的所謂需要才是需要，（2）有關需要的訴求意味有人有責任（responsibility）去滿足相關的需要，（3）任何國家中的人民只要對同國人負責。那麼若然在某國家裡絕大部份人都不可能擁有 x，這顯示這個國家裡的行動者根本不可能提供同國人 x，亦因此不可能有責任提供 x，既然不可能有責

任，就不應該視 x 為需要，也就是說，x 沒有成為需要所擁有的規範性能力。以上的論點如果成立的話會產生兩個十分重要的意涵。

首先，這論點假設「需要」有足夠的規範性能力來衍生責任，若然是這樣，那麼我們乾脆直接運用需要而非權利來支持再分配論。不過，訴諸需要並不意味只有其他人才有責任，自己亦有責任滿足自己的需要。相對而言，訴諸權利的優點是排除自己成為被訴求的對象之可能，這樣會減少論證的複雜性。當然，這並不是說需要途徑一定不可行，但是我們所關注的是需要在被用來去支持權利途徑時的作用。[2]

其次，我們可以將以上的論點套用在權利論中，那麼若然在某國家裡絕大部份人都不可能擁有權利 r 所要保障的 x，這顯示這個國家裡的行動者根本不可能提供同國人 x，亦因此不可能有義務 o 提供 x，既然不可能有義務 o，就不應該視 r 為權利，也就是說，x 沒有成為支持權利 r 存在所擁有的規範性能力。這個立場實際上認為對基本權利的訴求違反了「應該意味有可能（ought implies can）」的邏輯原則。不管是以需要途徑還是以權利途徑，此論點假設國人只要對同國人民負責，大同主義者特別反對這一點。若然他國人民有責任（或義務）滿足窮國人的需要（或權利），以上的論點就不能成立。瓦特朗意識到這個質疑，但強調即使貧窮國家如索馬利亞或孟加拉的政府不能保障其人民的社經權利，

---

[2] 十分值得注意的是，權利論者鍾斯事實上在一份與伯格合著的論文中就運用需要來論證再分配，主張「分受的責任（devolved responsibility）」，也就是說，對於一個有需要的人，除了她自己以外，本土社群、國家甚至全球都有責任滿足其需要（Baker and Jones, 1998）。不過，鍾斯沒有解釋為什麼運用需要途徑來直接論證全球再分配，亦沒有探討權利途徑與需要途徑的差別。

其他國家的政府及人民必須考察自己的責任。反對者若不同意經濟安全乃人權，不能單單指出窮國不能提供該國人民所需（Waldron, 1993: 23）。

如果需要沒有跨越社會、歷史及其他環境變數的普世性，以需要爲基礎無法支持大同主義權利論。也許伯恩及彼得斯心目中所設想的是較富裕的國家之發展，對於發達國家如美國而言，電話可以算是生活必需品，但當電話剛發明時，美國人不會認爲電話是生活必需品。可是，即使現在多數生活於非常貧窮國家的人並不會認爲電話是他們的必需品。值得注意，湯臣同時表達互不相容的兩點，第一，富國人與窮國人有相同的需要，差別在於窮國人比富國人更缺乏所需要的；第二，在比較貧窮的國家中被認爲是好處（benefits）的東西在比較富裕的國家中則被視爲是需要（Thomson, 1987: 95）。湯臣誤以爲這兩點是相容的，但很顯然，我們所理解的伯恩及彼得斯之觀點跟湯臣的第一點不相容，但跟第二點相容。

「需要」及之前討論過的「利益」這兩個概念在某種意義上具有一定的相似性，但這並不是說兩者是一樣的概念，而是透過援引需要來界定利益或援引利益來界定需要都產生類似的混淆。論者們不能忽略訴諸利益或需要的實質意涵，無論是說「z 是 A 的利益」或是「z 是 A 的需要」，其目的是要指出 z 對 A 有價值。從這個角度出發，無論是訴諸利益或需要，大家是爲了要找出具有價值的事物。不管是就利益論還是需要論而言，所謂的主觀與客觀的區別實際上是兩種關於如何判斷什麼是具有價值的事物之論說。主觀論說認爲什麼是有價值的事物取決於個人欲求或喜好，客觀論說認

為什麼是有價值的東西並不取決於個人欲求或喜好。

博格甚少提到利益，然而，他在《極度貧窮是一種人權的違反》一文中的第一句話開宗明義提出，「免於極度貧窮是人的最重要利益之一」（Pogge, 2007: 11）。要滿足這個利益，博格提出「基本所需權利（right to basic necessities）」。基本所需包括足夠營養的食物、安全飲用水、疫苗及醫藥這些跟貧窮相關因素等，博格提出這些所需的原因是每年全球接近三分之一的死亡案例皆由缺乏以上所需所導致。

我們不清楚博格同一篇文章提出的「維生權利（subsistence rights）」跟「基本所需權利」有什麼關係，不過，「基本所需權利」似乎可以分拆成各種「維生權利」。儘管博格沒有明確表示基本權利會是什麼，我們卻可以推定「維生權利」是基本權利。另外，如前所述，保障「普世基本需要」的權利也可以被視為是基本權利，要保障的範圍比較廣。正如前述關於利益之主觀／客觀的爭論上，或許是要考慮主體中立（agent-neutral）需要，避免主體相對（agent-relative）的元素介入，支持全球再分配的權利論者必須訴諸主體中立的元素。

採納基礎式方法的權利論者必須找出對所有人都具有價值的東西，只有這樣我們才能說世上所有人都擁有與之相關的權利。事實上，論者們從利益視角出發來提出基本利益（basic interests）（Jones, 1999）或必不可少的利益（vital interests）（Jones, 1999; Wiggins, 1987），又或者從利益視角出發來提出根本需要（fundamental needs）（Thomson, 1987）、基本需要（basic needs）（Doyal and Gough，1991; Baker and Jones, 1998）、必不可少的需要（vital needs）及嚴重需要

（serious needs）（Wiggins, 1987）等觀念，當中所指涉的是對**全人類每個人**都十分重要的主體中立之東西，但主體中立並不意味客觀。然而，任何就這些東西提出的清單都會有爭議，不過，權利論者可以列舉相對不富有爭議的東西，如乾淨的食物、飲用水空氣及基本醫藥。據此而論，訴諸權利的目的就是要保障大家享有這些東西，用以保障這些東西的權利有別於其他權利，權利論者大可以稱之為基本權利，但這些基本權利不是森拿眼中自然權利論者想要的客觀權利。

四、同意論及基本權利

森拿所說的自然權利論或是拜斯提到的自然主義理論都認定人權是天賦、客觀及普世的，然而，如前所述的基本權利不是客觀的，很多非西方社會根本就沒有權利概念，如果權利是天賦及普世的話，其他西方社會早就應該有類似的觀念。另外一種建構道德基本權利論的方式建基在某些集體選擇程序之上。森拿指出，為道德權利在「同意」中找的基礎不能從現存社會實踐中去找，否則就成了一般的常規道德（Sumner, 1987: 130）。不過，森拿忽略了同意論可以訴諸不同文化的常規道德之間的可能共識，因此，部分非西方的論者在他們的文化傳統中嘗試找出跟權利相關的元素，從而論證其文化也可以接受人權。

拜斯提出，同意論權利觀念大致分為三種：「共同核心」、「交疊共識」及「進步匯聚」（Beitz, 2009: 73-95）。「共同核心」觀念旨在指出有些基本價值是各文化共有的，是各人類文化可以延續的前提，這個看法就連理性主義者如溫辛

（Vincent）及社群主義者瓦瑟都可以認同，溫辛認定人權乃一個「所有文化都共有的基本權利核心」，瓦瑟設想只要比較世界各種社會道德律就會得出一系列所有社會都會抱持的內容，如禁止謀殺或虐待等等。「交疊共識」觀念旨在認定人權是從十分不同的政治道德傳統中都能推導出來的全球政治生活規範。按照馬丁（Martin）的說法，人權是人們在不同時空文化都有理據接受的原則，這些原則被視為跟不同的「傳統道德」是有一定關連的（Martin, 1993: 75）。

拜斯批評同意論使得人權失去了批判性，如果將人權內容限縮至不同道德文化都在事實上或有可能同意的規範，那麼人權就不能用來批判某些政治道德文化。他以一個會實行慢性種族清洗的社會為例，並指出若然接受此文化，那就代表我們要將拒絕種族清洗的權利從人權清單中移除（Beitz, 2009: 78）。不過，拜斯似乎將重點錯置，去消滅少數族群的多數族裔跟被消滅的少數族群根本上是屬於兩個道德文化，如果這兩種道德文化都不同意濫殺無辜，那麼拒絕濫殺無辜的權利是可普世化的權利，多數族裔就是在侵犯了他人權利，侵犯了他們都會同意的權利，可以受到批判甚至干預。有趣的是，如果同意論使得人權失去了批判性，拜斯訴諸目前現實中的人權實踐之實踐論所能提供的批判性更少。

「進步匯聚」論者沒有假設各文化的社會道德之內目前人權的內容有共識，但相信未來會有共識，而共識不是來自已經存在於各種道德文化裡目前的內容，而是各文化受到國際人權文化的壓力而須要再詮釋自己本身文化之後的內容。參與重新演繹的論者當然也假設了「進步匯聚」論，這包括來自不同文化而受到人權論述影響的知識界代表人物。參與

重新演繹的做法會被各自文化中的保守人士批評是對西方文化及道德霸權的一種屈服，被認為在重構的過程中甚至曲解了原來的文化中之社會道德傳統。誠然，個別道德文化中根本沒有權利或類似的概念，沒有權利概念的社會道德不等於沒有具規範性效力的要求。舉例來說，儒家傳統即使沒有權利概念，其社會道德是以本分為基礎的。由於篇幅關係，在此不會討論其他文化的社會道德能否接受權利概念或發展出權利論，只須指出大家可以想像各種道德文化都有可能認定全球再分配論不必然要建立在某種權利觀之上。

若要建立權利為本的全球再分配論，同意論者要跟其他兩種權利觀論者一樣去確立什麼是基本權利。自由大同主義權利論者不單要提出道德權利存在，而且這些「道德權利」中的權利是普世道德。但我們會談到，梳爾的理論雖可被理解為自然權利論，但從某種角度看，它比較接近同意論。梳爾是意圖建立完整基本權利論的少數論者之一，他同意有道德權利，但不是所有道德權利都是基本權利，道德權利可以是「非基本（non-basic）」權利。

梳爾在《基本權利》第一章開宗名義將道德權利視為「提供（1）理性基礎予有據要求（2）使得對某東西的實際享受（3）可得到能防止標準威脅的社會性保障」（Shue, 1996: 13）。這似乎意味道德權利之所以可以被用來提供保障是由於有社會的支援，那麼全球範圍沒有一個全球社會，是否代表沒有適用於全球範圍的道德權利？梳爾的說明有可能是沒有考慮到道德權利的世界性應用，又或者說，「道德權利」中的所謂「道德」其實是源自於各種不同文化自身的道德律，屬於每種文化或不同種族的人群可以有不完全相同的

道德權利。社會性保證意味道德權利的性質像是社會常規道德的一部分，如果我們在不同的道德文化找到對某事物保護的有據要求之理性基礎是雷同的話，權利論者可以說服其他文化的民眾接受以權利詞彙來展示這個雷同的理性基礎，跨越社會的道德考量能確立與否在於能否找到雷同的理性基礎。

梳爾一開始似乎就假設道德權利或權利是存在的，可能是他認為這個世界上本來就存在著「有據要求（justified demands）」，但他同時認定權利都是「有據要求的理性基礎（the rational basis for a justified demand）」（Shue, 1996: 14）。梳爾雖沒有明確表示，但我們可以推論，不管是什麼權利，都是有據要求的理性基礎，但不同的權利就是不同的理性基礎。法律權利的理性基礎跟法律有關，廣義來說法律亦可以算是一種社會性保證來避免法律權利受到標準威脅。道德權利的理性基礎跟道德律有關。在此先提出一個更根本問題，梳爾只假設有一些權利是道德權利，但到底是什麼令權利成為道德權利？他本人沒有具體說明。

令人訝異的是，梳爾並沒有區分基本權利及基本道德權利，我們必須假設梳爾談論的基本權利是基本道德權利，問題是如何區分基本道德權利及非基本的道德權利，亦即如何區分基本權利及非基本權利？梳爾提出三項基本權利：安全權利（security rights）、維生權利（subsistence rights）（Shue, 1996: 18-34）及自由權利（rights to liberties）（*ibid.*: 65-87）。[3] 梳爾具體地討論如何確立什麼權利是基本權利：

---

[3]　他在 1980 年發表的《基本權利》一書受到廣泛的重視，此書於 1996 年再版，Shue 亦為此版加上後記，我們所引用的就是此版的內容。

（i）每個人擁有對於某東西的權利（everyone has a right to something）；

（ii）不管上述的那第一項東西是什麼，擁有某些其他東西是享受作為一種權利的那項東西之必要條件（some other things are necessary for enjoying the first thing as a right, whatever the first thing is）；

（iii）每人都擁有對那些「某些東西」的權利，那些「某些東西」是享受那第一項東西的必要條件（everyone also has rights to the other things that are necessary for enjoying the first as a right）。

他的意思是如果有權利存在，而享受此權利的必要條件是享受某些其他東西，那麼這些其他東西也是權利，不過，這充其量只意味保障這些其他東西的權利就是比較基本的權利。讓我們先逐一闡釋上述三種權利及在什麼意義上它們是基本權利。

1. 安全權利（security rights）

安全權利包含身體、行為之安全，此權利並非以滿足個人享受為出發點，而是假若個人沒有安全權利，則根本無法享有其他個人權利。唯有安全權利才能保證擁有其它人權。所謂的安全，是人身安全（physical security），安全權利是保障大家免於「謀殺、虐待、傷害、強姦或襲擊」（Shue, 1996: 20）。若缺乏人身安全權利，將可能導致政府利用極端的干預或預防性手段，促使個體在行使其他權利時遭到阻礙。

顯然地，人身安全權利（physical security rights）是享

有其他權利必要條件，唯有在此等權利得到保障之下才能確保其他權利的享有。但安全權利在兩個基本前提下才能成立：（1）必須給予每個人享受權利的資格；（2）必須排除行使個人權利時，可能遭受威脅或干預的任一情況。

2. 維生權利（subsistence rights）

維生權利是要確保大家擁有「最低限度的經濟安全（minimal economic security）」（Shue, 1996: 23）。維持生命所需之最低限度能力意旨在經濟安全下，每個人皆享有不被污染之空氣和水源、足夠的食物、衣服、避難所，以及公共醫療。此等權利源自所謂的維生權（right to subsistence），賦予無法提供維持自我生命的個體享有預防性維持生命條件的權利，廣義來說，這也可以被詮釋為人身安全權利的延伸。當一國或其政權無法提供人民基本的經濟制度或適當政策來達到人民維生的基本條件時，等同於威脅了內部人民基的本人權。

安全權利及維生權利之所以是「基本權利」是由於假如連這兩種權利都得不到保障的話，就更不可能享受到其他權利；犧牲基本權利以享受非基本權利是自我摧毀的做法，是不可能達到的。相對而言，如有必要的話則可以為了享受基本權利而犧牲非基本權利（*ibid.*: 19）。另外，各種的基本權利是缺一不可的，若安全權利得不到保障，維生權利亦不會得到保障，反之亦然（*ibid.*: 184-187）。總括來說，只有在所有基本權利受到保障下，才有可能享受其他非基本權利。

3. 自由權利（liberty rights）

梳爾認為，至少有些政治自由權利及某些活動的自由是如同安全權利與維生權利同等重要的，即使在一個公民政治健全的法治國家也難免會出現侵犯公民權利的事情，但這國家必須建構一個民主法治制度，保證在一般情況下人們可享受他們由憲法賦予的公民權利，尤其是言論和集會自由的權利。

不過，對於身處於第三世界國家的人民而言，雖然國家憲法或許賦予他們自由的權利，但因長期的經濟剝削、疾病、收入分配不均等問題，他們或許寧可犧牲自由權利，透過以自由權利來作交換（trade-off）得到滿足基本維生權利的條件。貧窮國家經常將快速的經濟發展視為首要目標，而梳爾認為，國家的發展不僅僅要讓人民基本的維生條件（適當的食物、衣服及庇護），還必須讓人民去決定「什麼」是適當的食物、衣服、庇護的供給，以及如何提供這些基本的維生條件（Shue, 1996: 66）。

梳爾建立基本權利的方法是非基礎式的（non-foundational）。假設我們有 R1，R2，R3，⋯⋯Rn 等權利，若要測試 R1 是否基本權利，就要探討假如犧牲了 R1，其他所有權利是否都沒有辦法享受。若答案是肯定的話，那麼 R1 就是基本權利。以某一維生權利為例，若要論證其為基本權利，就必須將它跟其所有權利作出比對。梳爾似乎低估了運用這種方法的複雜程度，雖然他花了一些的篇幅去論證維生權利的基本性，但是由於他並沒有跟所有其他權利比對，我們在理論上可以質疑它並不一定是基本權利。另外，若要建立完整的基本權利論，就必須更進一步找出所有其他

的基本權利，這在實際上就難上加難。事實上，他自己承認，除了他本人提出的多種基本權利之外，還有其他基本權利（Shue, 1996: 91）。當然，梳爾的目的並不是要找出所有的基本權利，而是要論證他所提出的基本權利確實是基本權利。

值得注意，除了跟所有其他權利做比對外，梳爾的論說似乎隱含另外一種論證基本權利的方法。梳爾認定，沒有一個自我尊重的人（self-respecting person）會有理由接受對這些權利的否定（*ibid.*: 19）。梳爾的意思是：否定基本權利就等於否定其他所有基本權利及非基本權利。按照這個想法來發展的話，我們又回到上面的討論。梳爾忽略了他的想法似乎意味「沒有一個自我尊重的人會有理由接受對這些權利的否定」是某些權利作為基本權利的必要及充分條件，梳爾雖沒有這個想法，但這種方法似乎比較直接。可是，即使沒有理由否定，但這亦不代表有正面的理由去肯定，按照梳爾這條進路發展，他必須提出正面的理由。梳爾面對的問題是某事物一開始如何得到成為權利的地位？按照他的非基礎式方法是沒有辦法處理這問題的，只能假設權利的存在，並在這個前提下，透過前述的權利比對方法來找出基本權利。

博格質疑梳爾區分基本及非基本權利的方式根本不能確立什麼是基本權利，他的主要批評是大家可以想到一些反例，沒有享受基本權利保障的東西都可以享受非基本權利保障的東西（Pogge, 2009: 113-123）。梳爾的可能回應是他不是在談是否會出現在特定時間中有特定個人缺乏某基本權利保障的東西但享受基本權利保障的東西。梳爾明確表示，普遍來說，「對基本權利要保障的東西之剝奪構成了對權利的

一項標準威脅」。這樣的說法實際上已經不是在談對非基本權利的實質享受會否被基本權利的保障內容得不到保障所影響，而是對非基本權利的實質享受之*機會*是否受到基本權利的保障內容得不到保障所影響。如果我們的理解是對的話，由於權利會互相影響，梳爾眼中的非基本權利若被剝奪可能會對基本權利的實質享受之*機會*產生影響，所以我們根本無法用拜斯梳爾的方式區分基本權利及非基本權利。

梳爾所說的基本權利並不包括所有在《世界人權宣言》、《國際政治及公民權利公約》及《國際經濟、文化及社權利公約》裡的所有權利，他特別指出維生權利跟更廣泛的經濟權利是不一樣的議題，人們可以有亦可以沒有更廣泛的經濟權利（Shue, 1996: 23）。對梳爾來說，廣義而言，經濟權利包括維生權利，但不是所有經濟權利都是維生權利。

值得注意，梳爾花了相當多的篇幅去論證「基本權利」因何要被認定為「基本」，可是卻似乎沒有提出支持「基本權利」的直接論據。另一位權利論者鍾斯在援引梳爾的維生權利作為全球分配正義論之基礎時，就指出不能單單宣稱維生權利的存在，而是要提出合理論據（Jones, 1999: 54）。鍾斯認為梳爾就維生權利的存在提出的是間接論據，他指出梳爾的論說建立在一個前提上：沒有維生權就沒有任何其他權利的存在（no right exists in the absence of a right to subsistence），因此，這立場是用以說服支持自由權利的人，若是要支持自由權利，就意味必須接受維生權利（*ibid.*: 59）。不過，仔細考究下，我們發現鍾斯對梳爾的論說之解讀並非梳爾的原意。

首先，鍾斯沒有注意到，梳爾提到的是眾多維生權利而

非維生權。梳爾不是說沒有維生權就沒有任何其他權利的存在，而是認為「對基本權利要保障的東西之剝奪構成了對權利的一項標準威脅」。另外，鍾斯的敘述似乎意味梳爾認為維生權利比自由權利來得重要，可是，鍾斯忽略在梳爾的理論中，部分自由權利亦是基本權利，三種基本權利之間並沒有那一種比較重要，三者都不能或缺。他本人在強調基本權利的重要性時指出，基本權利是「任何人對其他人類最低限度的要求」（Shue, 1996: 19）。

　　若然梳爾的理論被認定是為維生權利的存在提出間接的論據，那麼他的理論亦可以被認定是為自由權利的存在提出間接的論據。可是，對梳爾而言，某一種權利存在與否並不取決於其他某一種權利存在，某一項基本權利與另一項基本權利之間並沒有這種概念上的關係，基本權利與非基本權利之間亦沒有這種關係。梳爾只是說，在享受任何權利的同時基本權利是不可以亦不可能被犧牲，若要享受任何權利就必然享受到基本權利（*ibid.*）。以維生權利來說，梳爾指出，假如某人缺乏「合理的健康與活躍生活所需的要素（the essentials for a reasonably healthy and active life）」，他就不可能有機會完全享受到其他權利 *ibid.*: 24），而所謂享受一項權利是享受該權利的實質內容（*ibid.*: 16）。

　　簡單來說，梳爾並不是就維生權利的存在提出間接論據，而他所關心的並非權利存在與否，而是享受各種權利的可能。當然，這並不是說權利存在與否不是有意義的議題，事實上，梳爾必須提出權利及基本權利源自何處。如前所述，梳爾所真正面對的問題是某事物一開始如何得到成為權利的地位，按照他的非基礎式方法是沒有辦法處理這

問題的。鍾斯注意到一種關於權利比較直接的論證（Jones, 1999: 61-2），根據這種論述，有關權利的論證訴諸於權利的實質內容與個人利益之間的關係。此種權利論屬於利益理論（interest theory of rights），當代主要的提倡者是羅茲（J. Raz）及瓦特朗。鍾斯本人沒有詳細討論此種論述，只假定其合理性，但他低估了其內部問題，更嚴重的是，他忽略了將其應用到全球分配正義考量時所面對的困難。

關於什麼是權利，除了是「有據要求的理性基礎」外，他指出權利一般而言是一項有據要求（a justified demand）（Shue, 1996: 16）。所謂「有據要求」的具體意思是權利擁有者若然在其能力範圍內無法靠自己安排享受權利的實質內容，那麼其他某些人就要作出一定的安排讓權利擁有者能享受權利的實質內容（ibid.: 16），這裡實際上是提出相對應於不同權利的種種義務。值得注意，他另外提及權利牽涉「理性的有據要求（a rationally justified demand）」，到底權利是「有據要求的理性基礎」還是「有據要求」，又或者是「理性的有據要求」？

為了精簡起見，我們將「理性的有據要求」視為「有據要求」，若要合理化某要求就必須提出理由，因此有據要求當然是基於理性的。那麼接下來要討論的是為何權利既是「有據要求」，又是「有據要求的理性基礎」，我們將會指出這是由於梳爾將權利本身及權利要保障的實質內容混為一談。梳爾指出，「作為一項權利是眾多被享受的事物擁有的一個地位（being a right is a status that various subjects of enjoyment have）」（ibid.: 15），可是，他並沒有進一步解釋權利及被享受的事物之間的關係。

某事物成了權利對象的事實構成提出具體要求的理性基礎，梳爾本人雖沒有提出這一點，但這可以用來理解為何他將權利同時視為「有據要求」及「有據要求的理性基礎」，舉例來說，某人就某維生權利 r 作出宣稱時，實際上是對某維生要素 g 提出具體要求並宣示該維生要素有著以權利保障的地位，維生要素有著以權利保障的地位之事實就是提出具體要求的理性基礎。因此 g 是具體要求，而 r 是提出該要求的理性基礎，套用梳爾的用語，當提出食物權利是有據要求時實際上是說食物是有據要求，當提出食物權利是一項有據要求的理性基礎時實際上是說食物作為有著以權利保障的地位是就提出對食物要求時的理性基礎。[4]

　　梳爾將權利本身及權利要保障的實質內容混為一談，因而造成誤導；不過，這是可以想像的。事實上，梳爾提出，當我們說「享受權利」時實際上是在說享受「權利的實質內容（substance of a right）」。有論者可能會質疑那麼仔細的分析意義不大，我們的回應是透過以上的分析，不單發現梳爾在權利觀念上的含糊，更重要的是他似乎沒有提出支持基本權利的論據。

　　按照基礎式途徑推論出來的基本權利依靠的是對具有價值的東西之判斷，這與梳爾的非基礎式途徑不同。十分值得注意的是，梳爾在《基本權利》整本書內都似乎完全沒有運用「需要」或「利益」概念，我們有理由相信他是刻意迴避這兩個具有爭議的概念。當然，梳爾運用所謂的「維生水平

---

[4]　有論者認為食物權被漠視，國際機制亦沒有足夠的強制力，由於事實上食物權是在很多獨裁國家中難以實現，所以公民及政治權利是實現食物權的先決條件（Howard-Hassmann, 2017）。

的所需（subsistence levels of necessities）」來指涉維生權利所保障的東西。

梳爾之所以能夠不運用利益或需要這兩個概念讓我們更有把握地指出其理論採用非基礎式途徑。更值得注意的是，他明確地指出，「一項權利是否基本」跟「享受該權利本身是否有價值」兩個考量是互相獨立的（Shue, 1996: 20）。他指出人身安全權是基本權利，而教育權並非基本權利，原因並不是人身安全比教育有更高的內在價值。對於有內在價值的東西之權利有可能是也有可能不是基本權利，但只有在後者得到落實的同時前者才有可能實現。因此，如果有必要選擇，保障人身免於攻擊比提供教育來得優先。我們在前面已經討論過梳爾的非基礎式途徑，在此只須強調，對梳爾而言，要判斷某一項權利是否基本權利並不是要看它所保障的東西之內在價值有多高，這跟基礎式途徑有根本上的差別，此差別對再分配論有著非常重要的理論意涵。

不管是從利益或需要概念發展出來的再分配論，不少論者認定在基本利益或基本需要範圍內必須再分配的東西比梳爾所認定的要多。瓦特朗提出的包括物質需要及所有社會及經濟權利，他特別為有薪假期權利提出辯護（Waldron, 1993: 12-13）。他意識到權利膨脹的可能，但認為我們不必放棄經濟權利。多爾所列出的清單比較具體，當中包括「有營養的食物及乾淨的水、具有保護性的住房、非危險的工作環境及身邊環境、合適的健康照顧、兒時安全、有意義的基本關係、人身安全、經濟安全、合適的教育、安全的生育控制及分娩」（Doyal, 1998: 163; Doyal and Gough, 1991: 191-2）。值得注意，這張清單沒有包括很多人權宣言及公約中所

提出的社經權利（socio-economic rights）。

　　相對而言，梳爾強調他本人所說的維生權利是指「最低維生」之權利（right to at least subsistence），至於維生權利以外的經濟權利是不同的議題，人們或許有亦或許沒有維生權以外的經濟權利。梳爾認定最重要的是最低限度的經濟安全，當中包括「非污染的空氣和水，足夠的食物、衣服和棲息處，以至最低限度的公共健康照顧」（Shue, 1996: 23）。很顯然，就再分配範圍內要考量的益品而言，梳爾所提出的要比多爾的少，而瓦特朗的則是最多。我們不必仔細就每一項權利或相關的需要作出討論，只要注意按常理推斷，清單裡的東西種類愈多，爭議性就會愈大。

　　權利論不容易為基本權利定出確切保障範圍，如果範圍太窄，會受到西方自由民主人士批評，如果範圍太寬，其他國家民族傾向不會接受。歸根究底，權利源自於英美的社會道德，權利是西方國家嘗試輸出到其他國家民族的規範性概念。假如大家能在不同道德文化都可以現在找到或可能從其社會道德中推導出脆弱性的相似內容，那麼以脆弱性來建構的同意論就有可能得到確立。當然我們不會也不能在此深入討論各道德文化如何從其傳統中找出有否相關脆弱性的討論，不過，即使能找到，那是否一定要套用權利概念來處理脆弱性問題？我們會在之後的其他書章探討如何以脆弱性建構全球再分配理論。

五、超越國界的權利及權利論的制度途徑

　　普遍來說，全球主義者視國界及國家主權乃人為建構

的，自由大同主義者一方面支持全球化，另一方面，認爲不能放任全球化的問題持續惡化，必須發展出適用於全球範圍的規範。當中的權利論者認定權利可以成爲打破國界及國家主權的規範。由於權利概念本身是空洞的，可塑性甚高，只要加入合適內容，就可以被視爲超越國界。

大同主義權利論者在一定程度上認爲人權與主權是對立的，而人權先於主權。博格認爲，從大同主義的道德觀點來看，國家主權的過度集權形式是無法滿足所有個體的基本需要和利益（Pogge, 1994b: 99-100）。在全球層次來上看，國家存在普遍地被視爲擁有領土內自主權力的合法政府，被賦予管理領土內事務的權力，但博格認爲已賦予主權國家過多的權力，應該重新調整國家權力的界線。這樣的詮釋意味並非國家可以爲所欲爲地處理國內事務，若國家的作爲已危害人民的人權，遭受干預是不能被排除的。

梳爾認爲主權不是絕對的，國家主權的合法性應該端看國家在促進人權上的表現，而國家的表現是依照國際標準來判斷。如果要讓世界上人人享有同樣的人權，他指出必須建立最低得體程度（minimal decency）才可以令人權得到尊重，主權是有條件性的，其正當性視乎能否滿足最低的國際標準（minimal international standards），當中最主要的標準是對基本權利的保障（Shue, 1996: 174-175）。

人權高於主權意味人們不會因爲身處某一專制國家而喪失人權，也不會因爲這個國家是否處於動盪而令人們擁有的人權失去效能。對自由大同主義權利論者來說，目前各國國界的存在不能構成阻擋實踐全球正義的足夠理由。不過，若要發展可操作的大同主義權利論，那麼就必須先有一套整全

的權利論，當中不單一定要有合理的方式去區分基本權利與非基本權利，還要建立恰當的制度去滿足基本權利。

博格認為，大同主義的核心觀點在於人是道德關懷的最終極單位。道德大同主義有兩種（Pogge, 1994b: 91）：制度大同主義（institutional cosmopolitanism）及互動大同主義（interactional cosmopolitanism），前者關注於制度結構的建置，消除不公平，達到人人享有平等的人權的目的；而後者是為了達到人人享有平等的人權，人對其他個體有直接關心的責任，隨時有行動的準備。博格從制度與互動大同主義發展出兩種對人權的理解：制度理解（institutional understanding）和互動理解（interactional understanding）。

根據博格對人權的制度理解，人人享有同樣的人權，而且這些權利在道德上的重要性不會因人而異，這說明了每一個社會必須賦予人民享有同樣的權利。在適合的安全程度下必須採取相關社會系統的環境與手段（秩序、制度結構、全面的社會系統），來實現完整的人權目標（Pogge, 2000b: 52）。

值得注意，他認為制度理解可從世界人權宣言第二十八條找到支持：「人人有權去要求一種社會和國際秩序，人權宣言中所載的權利和自由才會獲得實現（Everyone is entitled to a social and international order in which the rights and freedom set forth in the Declaration can be fully realized）」。雖然我們有權利去要求國際秩序尊重人權，但是這並不是要建立一個全球警力（global police force）去干預並且直接隨時協助遭受人權迫害的人民，而是認為要支持制度改革，這有助於全球秩序的確立，並會強烈支持民主國家的穩定性與有助於應付緊急狀況（*ibid*.: 55）。

博格本人認為制度理解比較合理，按照人權的制度理解，政府與個人都有責任為制度秩序與公共文化努力，來確保社會上所有成員擁有人權的目標。在人權的互動理解下，政府與個人都直接有責任不危害人權。博格認為互動理解要求必須透過直接行為來履行積極義務，而這比起只須履行消極義務有更高的要求。反對互動途徑的人宣稱弱勢的人沒有積極權利或是其它人沒有積極義務，博格建立制度途徑的目的就是要盡量迴避如何積極權利和積極義務的問題，他認為只要證明我們有消極義務就足夠了。博格不接受假如沒有積極義務就沒有再分配的強制性，他的制度途徑訴諸消極義務，消極義務是不要同流合污，將侵害人權的制度加諸於受害者。

傳統上西方資本主義國家重視公民與政治權利，社會主義與發展中國家則強調社會、經濟與文化權利。博格認為制度大同主義縮小了大家對人權理解的差距，也收窄了哲學看法的分歧，制度大同主義者希望以制度改革而非空談來實踐人權，不贊成當社會與經濟人權須要積極的努力及成本投注時，大家只強調保障公民與政治人權相關的消極義務。博格強調大家有消極義務不去參與將蔑視人權的國際秩序加諸他人的行為，所以他認為制度理解可以包容放任自由主義的主張，也就是只談論消極義務而不談積極義務。可是，改變制度實際上是一項積極義務，關於博格對義務的論述，我們在下一章會深入研究。

透過全球制度秩序的建立，人與人之間的道德關係不再是個體之間互動關聯，而是透過制度運行來達成人權目標（Pogge, 2000b: 55）。人權是否得以實踐必須依靠全球制度

秩序的重構，對人權的保障最重要的問題就是制度秩序如何建構。博格認為，我們要根據制度秩序在多大的程度下可以滿足人權的要求來對該制度做出評價與改革（Pogge, 2000b: 53）。然而，所謂的「全球制度秩序」是相當抽象的，須要以精確的詮釋來定義。

我們不難發現，梳爾早期對人權的理解表面比較接近博格所說的互動理解，根據對人權的互動理解大家擁有積極義務去保護其他人的人權，但接受制度理解不代表一定不能接受積極義務，要求「社會性保證（social guarantees）」能排拒對權利的「標準威脅」，也就是相關人士有義務創造新的制度或保持現有制度以保障人們能享受到權利。

將道德考量嵌入制度設計是博格的貢獻，對於他所提出制度大同主義，梳爾在 1996 年出版在《基本權利》的後記中認同博格的制度轉向（institutional turn），他認為：（A）若要認真地實踐人權就必須以策略性思考尋求有效的實踐方式，而不是一味的宣佈權利，或只有期待烏托邦的社會的出現才能達成。（B）用來實踐基本權利的任何方式都需要「道德分工（a division of moral labor）」，道德分工意味權利的保障不是一時的，也不是只靠少部分人尊重就可以，大家要履行一波接著一波義務，而且是眾多不同的義務承擔者在不同的階段中都會牽涉其中，不論道德分工是正式或非正式的，都必須是公平的。（C）最有效的安排是透過制度讓脆弱者有能力拯救自己（Shue, 1996: 166-167）。

梳爾著重制度的原因跟博格不同，他比較傾向激發國家的意願去實踐人權，以及提升國家實踐人權的能力。從梳爾的角度來看，外來干涉最好不要直接干涉，而是嘗試提高個

別國家保障人權的意願，或者是提升國家實踐人權的能力。他跟博格另一個不同點在於梳爾對於全球制度的功能有所保留，他期待建立關於國家制度的「全球最低標準（minimal global standards）」（Shue, 1996: 174-175）。在這一點上，梳爾的態度比較前述拜斯的看法更保守。就保障人權上，國家是主要場域，在跨國義務上，他在書中只提出政府代表人民不去剝奪他國人民的權利。在 1996 年《基本權利》再版的後記中，即使進一步提出若某國人民在緊急狀況（如種族清洗及饑荒）下無法保障自己的人民，別國可以干預及援助，但這不牽涉長期的全球制度的設置。在較後期的著作中，受到博格的直接影響，梳爾認同要透過制度來保障經濟權利（Shue, 2003）。

權利論者之所以訴諸制度似乎是要找出了一個方式連結全球範圍的貧窮與正義考量，由於正義考量是針對制度，而全球制度下出現貧窮，所以透過制度改革來減少貧窮是正義議題（Pogge, 2010: 12-21）。可是，全球制度下出現各式各樣的問題，難道貧窮以外的其它問題都是正義問題？博格似乎沒有辦法告訴我們如何確定哪些是正義問題。「什麼是正義」與「決定我們有什麼基本權利」兩者不能等同。拜斯曾經提出「人權乃全球正義的基本要求（basic requirements of global justice）」（Beitz, 2003: 44），但沒有告訴我們其原因。他後期關注的是「善心」而非正義乃解決貧窮的理據（Beitz, 2009: 167-170）。梳爾在《基本權利》書中並沒有訴諸正義，但由於他在後來的著作中是從本分的角度去談正義，因此，我們將在下一章才會討論。

六、結論

回顧了全球主義轉向後全球化發展三十年來倡議的權利論，論者們會如何回答以下的問題？（1）「在什麼處境下，誰為了什麼理由運用什麼原則及透過什麼安排將什麼益品分配給誰？」（2）所倡議的再分配問題真的是正義問題，還是只是人道問題？

先總結權利論者對（1）的可能回應，權利論者一般認為須要在全球不平等非常嚴重的情況下以「正義即平等」為理由作出再分配，而當中的平等是指平權，我們所探討的自由大同主義者再分配理論其實要處理的不是不平等問題而是貧窮問題。嚴格來說，表面上制度論者如博格不應太過著重將什麼益品分配給誰，原因是透過全球制度改革，不管結果如何，大家都會得到更公平的對待，經濟權利會得到保障，不過，若他們不具體討論要保障什麼，那麼就很難判斷制度改革是否成功又或是一開始如何改革，這也是為何博格提出要保障什麼，然而，這樣做的話，制度論者也要面對互動論者遇到的問題。博格認為對人權的理解並不必然意味積極義務，他的制度理解所強調的是人權只意味消極義務。

對互動權利論者而言，用什麼理由分配會影響到「要分配什麼東西」的考量，權利論者當然會認定再分配的理由是權利，以權利為本的再分配論有兩條進路，第一條進路認定要分配的理由是梳爾所說的基本權利，第二條進路則認定要分配的理由是作為人權的經濟權利，後者所牽涉的權利比較廣，通常只適用於某些福利國家，瓦特朗甚至將所有經濟權都視為人權，而不接受梳爾只將維生權利所保障的東西視為

要分配的事物。用以滿足這些權利所需的資源亦比較多，在全球範圍內分配工作權是難以想像的。

權利論者認定要分配的理由是基本權利，援引利益論及需要論的好處是可以提供某事物為何成為權利的理由，但卻難以判斷什麼是基本權利及非基本權利。雖然只有梳爾使用「基本權利」一詞，但是博格及拜斯都認定有某種意義上基本權利，拜斯的基本權利要保障的範圍最小，梳爾的範圍最大。即使權利論能夠成為全球再分配的理論基礎，其規範力是否出自正義考量是值得商榷的。

權利論者認定對基本權利的訴求是在追求分配正義是值得商榷的，平等大同主義者會堅持分配正義必然是要處理不平等的，以基本權利為本的權利論充其量是在處理貧窮問題，不會是全球分配正義的基礎，以貧窮為再分配理由其實是基於人道因素。一般而言，參與全球再分配的自由大同主義者都不想擴大基本權利的範圍，原因是他們不想也不會贊成世界政府或類似的中央政府。沒有全球範圍的中央政治機構，將基本權利的範圍擴大根本就無法保障更大範圍的權利。基本權利會衍生義務，但這並不是由正義考量而來的義務（obligations of justice），而是人道考量而來的義務（obligations of humanity）。權利和本分／義務通常被認定為一體兩面，下一章會討論以本分／義務作為理由的全球分配正義論，義務論者會否遇到權利論者遇到的困難？

第五章

義務、實踐推論與建構主義

The most general ethic we can conceive is recognizable
by its universal unification of the autonomous will.
It does not link individuals as individuals,
nor as human beings, but as rational beings.
Since the Kantian ethic claims such universality,
it must rest on principle that is absolute in the strict sense.
… Kant generally calls it "the moral law."

Kant's Political Thought, 1973[1967], p.263

Hans Saner

一、前言

　　現代本分論源自於康德的本務論，他所提出的「定言令式（categorical imperative）」試圖確立道德規範必須是以規則而不是後果為基礎。從薩拿在上引文中對康德政治道德的詮釋中看到兩個道德人的元素：人是理性存有物及人有自主意願，政治道德論找出能規範道德人的律。由於「道德法」是絕對的，所以康德稱之為「定言令式」（Saner, 1973: 267）。康德政治道德論在英美分析哲學界在 1970 年代以前得不到重視，或許是由於羅爾斯認定他在發展康德式正義論，而他亦宣稱其正義原則正是康德所說的「定言令式」（Rawls, 1999[1971]: 222[253]），所以大家開始關注康德的政治道德論。[1]

　　同樣受到康德理論的啟發，奧妮薾發展自己的康德式政治道德理論，她 1975 年出版的《依原則行事（*Acting on Principle*）》是當時少數的康德專論，裡面就「定言令式」的討論及關於「正義本分」與「德行本分」的區分奠定她後來發展出來的康德式跨國正義論的基礎，當代哲學家甚少純粹從本分／義務發展出相關的政治道德理論，奧妮薾試圖建

---

[1] 或許也是由於同樣的原因，芝加哥大學出版社願意將薩拿 1967 年的德文著作翻譯成英文於 1973 年出版。

立一套比較具體的理論。由「定言令式」衍生出的本分／義務論明確指示不同身分的人有不同的本分或共享一些義務，也就是說，不管後果如何，遵守這些本分或義務有著不可被妥協的優先性。

相對於權利論，奧妮爾的理論早在 1974 年就開始從本分／義務概念出發去探討全球範圍的饑餓、正義及發展問題，推論出大家必須援助有需要的人之義務（O'Neill, 1974, 1975, 1986）。然而，奧妮爾早期的思想進路並非全然從正義觀點而是從更廣泛的道德觀點出發，因此，本章關於她的討論重心會放在較後期的著作上，奧妮爾理論中關於的正義觀念就是「正義即可普世化」，她其理論特色有四點：（1）她嘗試構築她認為比羅爾斯理論更傾向「康德式」的建構主義，（2）她試圖以經過調整的大同主義發展跨國經濟正義論，（3）她的跨國經濟正義論建基在「正義本分」與「德行本分」的區分之上，（4）她意欲論證再分配論不必然是以權利為本的，反而要以本分／義務為基礎。

我們在上一章探討過博格、梳爾及拜斯以權利為出發點的再分配論述，當中只是非常扼要的談到跟權利相對應的本分／義務，然而，若然不能替權利找到相對應的本分／義務，那就沒有辦法提供完整的規範性理論，本章將會探討上述三位權利論者的本分／義務／責任論述。梳爾在基本權利一書中發展出比較完整的本分，之後的文章則處理什麼樣的本分是正義本分以及如何履行這些本分。他在《正義的負擔》一文告訴大家在缺乏「有理的國際正義論」下，「在地正義論」中關於在地本分的內容是無法有定論的。我們將會探討他如何設定全球再分配考量下的正義本分。博格的本

分論述集中在指出極度貧窮的存在是違反人權及某些消極本分，我們會探討極度貧窮違反什麼本分及為何他迴避談論積極本分。拜斯則嘗試擺脫「權利－本分／義務」框架，而去運用責任的概念，我們會指出他的處理方式限制了責任論述的潛力。

　　本章第二節探討奧妮薾對康德式建構主義的批評與重構，第三節探討奧妮薾如何推論出所謂的「大致上的大同主義」，從而避開理想化與相對主義的兩難，第四節研究她如何確立某些本分／義務的優先性並以其為基礎所發展出來的跨國經濟正義。第五節分析及比較梳爾、博格及拜斯如何呈現跟權利或基本權利相對應的本分／義務／責任，比較他們如何從本分論述推導出正義與本分的理論關係。

二、康德式建構主義正義論及其批評

（一）建構主義及實踐推論

　　當代政治哲學或多或少都受到康德的影響，羅爾斯聲稱其理論也算是康德式的，康德式正義論是建構主義式（constructivist），是基於理據（reason）的；[2] 正如奧妮薾所說，任何有說服力的正義論說都建立在某個「理據觀念（conception of reason）」之上（O'Neill, 2000: 11）。不同的建構主義理論會運用不同的理據觀念，更重要的是，其運

---

[2]　我們將 "reason" 翻譯成「理據」而並非「理性」，保留「理性」作為 "rationality" 的翻譯。

用的方式各自不同。[3] 奧妮爾的道德及政治哲學是康德式的，若要了解其全球正義論就必須先分析在什麼意義上她的理論體系是康德式的，繼而探討她採取什麼進路發展其全球正義論。

不同的康德式理論會運用康德的不同理論資源，羅爾斯式契約論的內涵有著重要的康德式元素。奧妮爾的理論主要應用康德的「可普世化」，嘗試發展以「正義即可普世化（justice as universalizability）」這個觀念來發展其全球正義論，這似乎更接近康德本人的理論，原因是康德本人正是運用「可普世化」來建構其政治道德論。我們要研析的是奧妮爾如何運用「正義即可普世化」去建構其本身的理論，以及該理論的合理性。她嘗試構築「康德式」的建構主義，其次，她試圖發展大同主義正義論，最後，她意欲論證全球正義論不必以權利為本，反而要以義務為基礎，從康德著名的「可普世化（universalizability）」論說出發，推論出相關的義務，從義務出發去要求全球資源再分配。

奧妮爾認為她的理論屬於建構主義，建立在「康德式實踐推論觀念（Kantian conception of practical reasoning）」之上。要了解這一觀念必須先了解奧妮爾如何劃分兩組共四種實踐推論的模型。第一組的兩種模型牽涉目的論觀念之實踐理據，根據第一種目的論觀念，有理據的行動之目標是追求客觀的善，此觀念被視為與柏拉圖主義相互緊扣；至於在第

3　從認識論的角度出發，基於運用理據觀念不同的方式，建構主義理論可以分為基礎主義（"foundationalism"）及融貫主義（"coherentism"），奧妮爾的理論屬前者，而羅爾斯的理論則屬後者。

二種目的論觀念裡，有理據的行動之目標是追求主觀的目的，選擇進行那一項行動時的最重要考量是找出有效率及有效能的途徑去達到主觀目的，工具理性提供關於實踐理據完整的論說。目的論視理據為行為的指引，讓行動者達至其目的。對奧妮薾而言，目的論之最大問題在於如何就目標的性質提出相對不具爭議的詮釋，但相關的討論難免落入有否客觀的善之爭議中。行動論就似乎可以避免這些爭議，行動論不用透過尋找「客觀的善」以合理化相關的行為，亦不用視個人偏好為可以合理化行為的理據。行動論者認定，某類型的行動之所以是「可合理化的（justifiable）」就只因為它們本身屬於某一種行動（O'Neill, 2000: 19）。據此，行動論的實踐推論之焦點放在行動本身而不是行動帶來的結果。

行動論要闡釋如何分辨「可合理化」及「不可合理化」的行動，奧妮薾提出兩種模型可以選擇。第一種行動論訴諸（1）當下最基本的社會規範或（2）個人最基本的人生規劃及投身。不管是大家尊重的社會規範還是個人規劃，兩者都在一定程度上決定個人身份，亦同時內化於個人的動機性結構中。前者較為傾向集體主義及傳統主義，而後者則是個人主義的。可是，奧妮薾認為，不管是訴諸於社會規範還是個人規劃，都難免傾向保守，亦缺乏批判性。由於這種實踐推論從當下被尊重或被內化的事實推敲出被尊重或被內化的規範性結論，故此無法回應外界的質疑。

奧妮薾提出另一種行動論，目的是以批判性途徑找出用來評斷稱得上有理據的思想或行動之標準。關於行動的推論需要所有人都能領略，若然有人「不能原則上跟隨（cannot in principle follow）」某些用以組織思想或行動的方式，那

麼這些方式就是不具理據的，這是此觀念的批判性所在。奧妮薾提出康德式「理據觀念（conception of reason）」的基本關懷是：採納我們認爲其他人能夠遵從的原則之必要性（O'Neill, 2000: 24）。以康德本人的話來表達：「依據那些您能夠同時願意其成爲普世法則的格言來作出行動」。[4] 爲了方便討論起見，我們大可同意奧妮薾對康德的理解，重點是此理解能否處理康德理論面對的困難。

（二）對康德式理論的批評

奧妮薾認定康德本人以及當代康德式正義論面對三類批評，她嘗試就這些批評作出回應。第一類對康德式理論的批評指摘這些理論太抽象，只爲「抽象個人（abstract individuals）」設計，其抽象結論跟現實生活中之眞實的人並不相關。第二類批評針對康德式理論提倡普世原則或規則，要求對各式各樣的事例一律以劃一的方式處理，批評者認爲這種做法會忽略各項不同事例及所牽涉的人之間的差異性。跟第二類相關的第三類批評指出，康德及康德式理論建基在普世原則之上，忽視眞實生活的多樣性及複雜性，因而沒法提出關於具體判斷或商議的論說。接下來我們先討論奧妮薾如何回應第一類關於抽象化的批評，然後探討奧妮薾對第二、三類批評的反駁。

奧妮薾指出抽象化本身是無可避免的，包括正義原則在內的所有規範性原則都難免是抽象的，但抽象化不會令關於

---

[4]　原文英譯："act in accordance with that maxim through which you can at the same time will that it be a universal law"（Kant, 1996: 421；引自 O'Neill, 2000: 24）。

正義的推論變得不相干或不可能。對康德理論的批評不應該針對其抽象性，反而是要針對關於人及行動的理想化觀念，如「自主意願（autonomous will）」及「本體自我（noumenal self）」（O'Neill, 2000: 67, 68）等，這些都是不能成立的理想化產物，根本就完全跟真實的人及其現實生活脫節。對奧妮薾來說，任何有見地的康德式理論都必須避免理想化，但要清楚表達那些抽象化元素對正義考量有著不可或缺的重要性。奧妮薾自己試圖以「抽象但非理想化（abstraction without idealization）」的方式建立其全球正義論，要更深入評析奧妮薾的理論就必須更深入了解什麼是她所謂的「抽象但非理想化」。

　　奧妮薾提出發展康德式正義論本來就會面對進退維谷的狀況，一方面，要求正義考量抽離個人的特殊性似乎是合理的做法，可以帶來公正性，由此發展出來的是抽象正義論說；另方面，正義原則若無視權力上以及資源上的具體實質差異，只會讓我們選擇及接受偏向特權人士的政策或實踐，由此發展出來的正義論說傾向相對主義（O'Neill, 2000: 144）。奧妮薾聲稱要發展完整的非相對主義理論必須結合抽象原則及關於各種處境中的個案之判斷。當然，很多抽象的理論不單是抽象的（意即提出適用於普世範圍的原則），更理想化特定觀念如行動者、理性、家庭關係或國家主權等等（O'Neill, 2000: 145）。

　　對奧妮薾來說，抽象本身若不帶著理想化，就可以拓展寬闊的應用範圍，但又不會引入既有傳統與實踐而令正義原則相對化。可是，不少自由主義者假設了理想化的理性選擇論說，當中關於各種理性算計中的一致性及能力之宣稱實

際上無人能夠符合，這些理論亦假設了關於個人之間相互獨立及各自有機會追求其個人善觀之理想化論說（O'Neill, 2000: 152）。奧妮薾指出，理想化塑造特定類型行動者及其生活模式，以至設想特定類型社會爲適合所有人，目的是要給予這些類型行動者或社會類型某種特殊地位；「理想化僞裝成抽象化」發展出表面上可以廣泛應用的理論，但實際上排除了各種達不到理想的行動者或社會類型（O'Neill, 2000: 152）。從奧妮薾的角度出發，唯一能讓理論有寬廣的應用範圍之作法是抽離於眾多行動者的特殊性以外；但當「抽象化」被「理想化」取代，所得到的並不是具有寬廣應用範圍的理論，而是只能夠應用在「理想化的行動者」上的理論，這些行動者根本不能亦不會存在，理想化實際上暗中忽視了跟理想不符的事實。

　　在此值得一提的是，我們不能忽略抽象化與普世性的關聯性，一般來說，一套理論愈抽象，其中的原則愈具普世性。不過，對康德式理論之批評並不完全針對其理想性，而是其原則的普世性。從奧妮薾的角度出發，她必須回應前面提到關於對普世性原則的批評，奧妮薾本身似乎有注意這點。

　　針對普世性，奧妮薾提出兩種意涵，第一是形式上的普世性，在特定範圍內適用於所有事例，第二是範圍上的普世性，適用範圍廣闊，甚至觸及世界所有人（O'Neill, 2000: 68）。奧妮薾認爲批評者所針對的並非普世性本身，而是普世原則似乎要求對各個事例採用劃一的方式處理。然而，奧妮薾力言既然普世性原則是抽象的，就不會直接決定行動，亦不會要求劃一的行動，無論普世形式還是普世範圍都不必

然意味劃一的要求。她試圖舉例說明，自由主義社會正義論者要求經濟上的制度安排能支援窮人，因此相關的制度以不同方式對待富人及窮人；放任自由主義則只要求保護私有財產，所提出的相關制度以不同的方式對待有產者及無產者。

　　奧妮薾認為普世性並不意味劃一性，抽象的普世原則只要求在某些層面的劃一對待，但對不同的事例則採取不同的對待方式，在很大程度上容許「非劃一性（non-uniformity）」（O'Neill, 2000: 69; 1993b: 111, 113）。原則不能直接決定行動者要進行某一特定行為，在不同處境中，我們須要具體地作出判斷。據此，原則不會是多餘的，因為作出實際判斷的能力取決於關於行動的推論過程；而具體判斷之所以成為可能是由於原則提供其基礎。

　　奧妮薾所強調的是各式各樣之行動者以及他們之間眾多互動，她認為正義考量要求最基本的正義原則能夠為所有人採納，並進一步提出行為及制度不應該建基在欺騙、暴力及強迫等原則之上，原因是這些原則「不可普世化」。可是，奧妮薾雖同意除了以上的負面表述外，還有其他的正義原則，但並沒有正面提出什麼其他原則。我們稍後會更深入討論此三項原則，在此要注意的是，奧妮薾提出排拒欺騙、暴力及強迫原則在具體場域下會作出何種要求並不能事先確立，抽象原則只是「實踐推論（practical reasoning）」的一部分，所有實踐推論必須透過判斷及商議找出抽象原則如何應用到具體事例（O'Neill, 2000: 158, 159）。

　　「抽象但非理想化」能讓我們一方面可以考量各式各樣的行動者及制度安排，另方面不用依據既有的傳統、制度和意識型態，或個別類型行動者如男人發展出來的能力

（O'Neill, 2000: 155）。我們能夠抽離於現存的社會秩序，個人慾求及行為能力，而考慮到什麼是眾多非理想化行動者所必定接受的行動原則。不過，奧妮薾似乎忽略了批評者（特別是社群主義者）的基本關注點是所謂的普世原則到底一開始為何能適用於不同社群，假如這些原則根本就只適用於某類型的社群，而不適用於其他類型社群，那麼要在這些其他社群作出具體判斷是不能依據所謂的普世原則。

（三）羅爾斯式及康德式建構主義

　　奧妮薾正確地指出，羅爾斯的康德式建構主義嘗試發展現實主義與相對主義以外的第三種可能，他的「反思平衡（reflective equilibrium）」方法試圖找尋「經我們審思過之道德判斷（our considered moral judgments）」與「無知之幕（veil of ignorance）」下所選擇的原則兩者之間的「融貫性（coherence）」（O'Neill, 1989: 206）。奧妮薾援引部分羅爾斯批評者的想法，他們認為在羅爾斯的理論裡同時發現相對主義的痕跡及對「超越的道德理想（transcendent moral ideals）」的堅持。首先必須注意羅爾斯所提到的「審思過之道德判斷」是「我們的」，不管誰是「我們」所指的那些人，建基在這些「審思過之道德判斷」上的正義論似乎都難免受到這些人實際上的道德及文化傳統的影響。另外，訴諸於原初狀態下的理想化行動者之判斷等同於不具有批判性的情況下接受須要運用羅爾斯本人所排斥的形而上辯解之道德理想。奧妮薾認為羅爾斯在某程度上可以回應第一類批評，他提供的「建構式標準（constructive criteria）」可以在不須要透過訴諸於假設的道德現實之情形下挑戰或修改現狀中的

「審思過之道德判斷」（O'Neill, 1989: 207）。

奧妮爾指出羅爾斯形容他的方法有著抽離於真實選擇的特性，這造成他經常被批評為過於抽象。可是，如前所述，她認為抽象化是無可避免的。她特別提到抽象原則是進行寬闊範圍推論所必需的，我們沒有理由反對從抽象前提所推論出的抽象原則，抽象的推論方式在很多領域如物理及數學都是被欣賞的（O'Neill, 1989: 208）。奧妮爾認為羅爾斯的困難反而在於其理想化的元素，《正義論》中的「無知之幕」試圖隱藏典型行動者之慾求及態度的聯動結構。奧妮爾力言一旦行動者的社會關係被遮掩，賦予每個人對劃一的基本好東西之慾求似乎是合理的做法，而羅爾斯正是由此將人與人乃相互獨立的這個理想嵌入正義論裡。相互獨立性是人與人的社會關係之理想化結果，理想化事物在理論上的好處是可以讓論者建構容易操控的理論模型。

對奧妮爾來說，羅爾斯較後期作品中關於「人的康德式理想模型（the Kantian ideal of the person）」是理想化而非抽象化的產物。奧妮爾認為理想化產物需要辯証，更重要的是，關於人的不同理想模型實際上可以用於不同的建構程序來發展不同的正義觀念。奧妮爾指出，既然羅爾斯本人都同意有多種建構主義的可能（Rawls, 1971: 17），他必須為其提出來關於人的理想模型辯護，也就是必須證成他自己提出的關於人之理想模型是唯一合理的理想模型，或者他要提出其他支持此模型的理由（O'Neill, 1989: 211）。

根據奧妮爾的詮釋，羅爾斯較後發展的理論正是要提出其他支持此模型的理由。他所訴諸的是關於人的理想，這些人並非社群主義者所咎病的「抽象個人」（abstract individual），而是作爲西方民主政體下的公民個體。羅爾斯否認要找出民主公民身份的形而上學基礎，而是從西方民主社會自由平等公民身份中找到支持西方公民會同意的正義原則之理據。簡單而言，這是西方的「理想」，西方的「正義」。跟其他批評者一樣，奧妮薾認定羅爾斯較後期的理論傾向相對主義；不過，跟其他批評者不一樣的地方是，奧妮薾嘗試發展她認爲更有說服力的康德式建構主義。她認定這必須避免理想化的前提，但要發展出關於行動者及理性等理論元素之抽象但非理想化論說。

　　奧妮薾提出正義之所以成爲人類生活的課題是由於眾多互動的潛在行動者；沒有互動的行動者，那就沒有衝突的可能，也就沒有考量正義的必要。奧妮薾認爲建構主義須要就行動者的特質作出假設，但這些假設只可以是抽象化而非理想化的。她特別指出「一個更傾向康德式的建構主義（a more Kantian constructivism）」所能假設的是，關於理性及獨立性之「最低程度上具有確定性的觀念（the least determinate conceptions）」。奧妮薾嘗試對此構想進一步作出解釋，首先是關於理性的假設，我們充其量只能假設行動者有能力去理解以及追求某種型式的社會生活，同時有意圖找出能達成既定目的之方式或途徑。奧妮薾強調這是一項工具理性的弱論說，也就是說，當中並沒有假設要去找出「最有效的」方式或途徑。其次是關於行動者身份及獨立性的假設，我們只能假設行動者有各種類型及程度之獨立性與依賴性。否定獨立行動能力會摧毀行動者的眾多性，亦消除正義的場境；否定依賴性會造就一種與人類眞實生活脫節之理想型態（O'Neill, 1989: 212-3）。奧妮薾所發展的基本上是屬於

大同主義全球正義論，我們稍後會更深入討論這一點，在此先探討奧妮薾的建構主義與契約主義的關係。

奧妮薾認爲建構主義沒有必要假設某種關於人的理想，以及其附帶的關於理性與獨立性之論說。建構主義所要尋找的是適合眾多非理想化的行動者之正義原則。奧妮薾並沒有明示何以她的想法比羅爾斯的更傾向屬於康德式，不過，有一點相當清楚的是羅爾斯運用契約主義的元素去發展其理論，因此，我們可以大膽斷言，這是奧妮薾的理論比羅爾斯的理論更傾向屬於康德式的重點。更正確地說，康德在發展其政治道德理論時並不是運用契約論。跟羅爾斯的建構主義相比，奧妮薾的理論排除援用契約主義模型的元素如「無知之幕」及「原初狀態」等，兩人之差別在於基本問題上的差異，羅爾斯式建構主義所要回答的是假設性問題（hypothetical question）：「行動者『會』選擇什麼原則？」奧妮薾的建構主義所回答的是模態式問題（modal question）：「行動者『能』選擇什麼原則？」假設性問題預設了理想化的人，這是爲何所牽涉的是「假設性同意」，而模態式問題預設的是眞實的人之「可能同意」。

羅爾斯式建構主義所牽涉的是假設式同意（hypothetical consent），所要找的是理想化的行動者在理想化的情境下「會」選擇什麼原則。由於奧妮薾沒有假設理想化的行動者，所以沒有須要採用羅爾斯式契約主義方式及元素。可是，奧妮薾必須解釋爲何她提議的建構主義既然不屬於羅爾斯式契約主義，因何仍能稱得上是建構主義？對奧妮薾而言，建構主義並不必然要引用羅爾斯式契約主義元素。

奧妮薾之目的並不單是運用建構主義元素去找出大家可

能同意的原則，更是要對按照原則所推敲的政策、制度及行動作出具體判斷。奧妮爾強調原則在某程度上是抽象的，但原則並不是實踐推論的全部（O'Neill, 1989: 216）。如前所說，奧妮爾的建構主義是建立在康德式實踐推論之上，因此，其正義論必須結合原則及實踐上的判斷。奧妮爾特別指出，除非能確立某一關於人的理想，否則我們沒有理由去期待一切課題之爭議可以平息。可是，如前所說，奧妮爾的建構主義否定任何關於人的理想模型，因此一切爭議都不能單靠訴諸原則就可以得到解決。她以強迫為例做說明並指出，強迫跟威脅有關，但是到底什麼才構成威脅完全取決於受威脅的人之脆弱性，而所謂的脆弱性亦受到多種因素影響，包括理性及獨立性等。強迫者十分清楚威脅若要成功必須考慮受脅迫者的脆弱性，但脆弱性因人而異（O'Neill, 1989: 216）。

奧妮爾的論說本身亦似乎會流於相對主義，不過，她力言要避免相對主義，我們不能單靠眾多行動者可能會接受或拒絕的原則，更要依賴受到影響的人對這些原則的特定之詮釋及接受程度。奧妮爾特別關懷脆弱的人，因為他們較易受害，理想化的正義論傾向漠視實際的脆弱性，相對化的論說則將脆弱性合理化。當行動者之間的關係屬於結構上的依賴，弱者若拒絕同意原有的制度性安排便會冒上很大的風險，除非制度上容許弱者這樣做（O'Neill, 1989: 218）。

奧妮爾訴諸於真實行動者的「可行同意（possible consent）」，若要確保某一原則可能被所有行動者接受，就是要確保包括弱勢的及被蒙蔽的人在內之所有人可以拒絕或重新商議任何按照該原則執行所帶來的後果。某一原則及其

連帶後果（包括政策、制度及行為）的合理性不能建立於真實的人之表面同意或理想化的人之假設性同意（O'Neill, 1989: 217）。

沒有任何眾多行動者的組合能夠選擇那些摧毀或破壞部份成員行動性之原則，若然部份成員按照這些原則行動，就會造成另外的部份行動者不單事實上不依據這些原則行事，更是不可能依據這些原則行事（O'Neill, 1989: 213）。簡單來說，不能被所有成員同時付諸行動的原則必須要被行動者組合所拒絕，這裡所表達的正是「可普世化」。

奧妮薾列出三項不可能普世化的原則，在此我們可以進一步理解其背後的原因。第一項是「欺騙原則（a principle of deception）」，欺騙會破壞信任，若然被普世接受，一切的互信都被摧毀，令任何欺騙都變得不可能。第二項是「強迫原則（a principle of coercion）」，強迫者的壓迫會破壞被強迫者的行動能力及意志，這導致被強迫的受害者根本沒有辦法按照強迫原則行動。第三項是暴力原則（a principle of violence），同樣地，此原則破壞部份人的行動能力以致其不可能按照暴力原則行事（O'Neill, 1989: 215）。

奧妮薾稱以上三項原則為「使受害原則（principles of victimization）」，這些原則都不可能普世化，但並不表示說此三項原則不會有部份人跟從；只是說，若然部份人跟從的話，結果會是不可能所有人都跟從。奧妮薾由此推論，這些原則不應該作為任何行動者組合的規範；值得注意的是，奧妮薾所說的行動者組合並不局限在社團或國家，而是廣泛至全世界。正如奧妮薾自己所說，在考慮誰要納入在「可普世化測試」的成員中時，不能排除與我們可以有互動及具有理

性的人。大家假設了遠在他方的人有能力商議及進行互動，因此不能隨意排除他國之人。對奧妮薾來說，這些人是抽象的，並不在我們眼前，但他們都是眞實的人而非理想化的人。奧妮薾對他國人的關懷指向大同主義的發展進路，接下來我們要更深入了解奧妮薾的大同主義論說。

三、社群主義與「大致上的大同主義」

同樣作爲大同主義者，奧妮薾跟博格及拜斯一樣相信個人主義，不論種族、文化或宗教社群世界上每個人而非單單同國人（compatriots）乃所有其他每個人的最終極關注單位。她亦是樂見以國家爲主體的「威斯伐利亞式」世界秩序被打破，並以個人作爲主體發展出相關的新秩序，這個想像當然跟康德關於全世界乃民主共和國組的設想不同。奧妮薾認同較實際的道德大同主義，沒有假設必須要有一個強而有力的世界政府存在於眞實的世界中，來賦予個體相同地位的權利。奧妮薾所相信道德關係而不是人與人之間的政治和權力關係，堅持在道德意義上無一人例外的自由和尊嚴。我們將會看到奧妮薾的理論比較屬於制度大同主義而不是互動大同主義，關注於制度結構的建置，消除不公平，達到人人享有平等的目的。

義務論的出發點是，人是最終關注的對象，且人與人之間存在著相互尊重的關係，只要是身爲人，我們即有義務去關心世界上其他個體。奧妮薾反對「國家主義（statism）」，認爲國家並不常是其公民的權利之最佳監護人，國家在確保其境內正義上並不十分可靠，對保障境外正義更是缺乏效

能（O'Neill, 2000: 181）。對奧妮薾來說，以制度視角認真探討全球正義並不意味要接受非世界性制度的所謂國家；但奧妮薾不單懷疑國家在有關全球正義實質內容討論上的積極性，更質疑在方法論上是否要先討論國家，她力言假如從國家出發，就要走上一條漫長的路，先談國家正義，再談國際正義，才能談全球正義。這不僅不是思考全球正義的唯一路徑，更有可能會是沒有指望的路徑。奧妮薾的想法與其他大同主義正義論者如博格及拜斯相若，將整個世界看成為是一個整體，而個人是道德考量中最基本的單位。

可是，社群主義論者如瓦瑟會認為我們只能談國家正義，國際主義者如羅爾斯則會認為，除了國家正義外，我們亦只能談國際正義。大同主義者必須跟國際主義者及社群主義者找出一個共同討論的平台，奧妮薾從疆界出發的討論方式似乎提供了一個不錯的切入點。奧妮薾在一定程度上認同康德及羅爾斯對世界政府的保留態度，並認定世界政府在沒有疆界的世界中帶來權力過度集中的威脅，因此，完全廢除疆界會造成風險。建構正義制度必須清楚考慮哪類型的疆界應該對誰及對什麼具有開放的滲透性，而滲透性是可以調節的。然而，只要有眾多的國家存在，就有疆界，只要有疆界，就有排他性；但疆界所設置的排他性並非無可避免地是不正義的（O'Neill, 2000: 200）。

廣義而言，奧妮薾的理論屬於大同主義，大同主義的出發點是全球的每個人，大同主義期待穩定及和平，但是這並不代表一定要以國家作為討論中心。大同主義跟社群主義的最大分歧在於對國與國關係的價值有不同的立場，大同主義否定其價值，短期來說，國與國的關係是無可避免的，但長

遠來說，世界公民彼此互動，不需要透過國家而建立更直接的關係。對於社群主義者來說，國與國之互動可以保持在最低程度，國際互動削弱國內公民與國家或民族的聯繫以及公民對國家或民族的忠誠，當然，他們要論證的是建立國家與國內公民之間的緊密關係的重要性。

為何要從世界整體出發？國家及其相關制度是深植於疆界之內，疆界的限制亦是國家權力的限制。不過，奧妮薾力言，我們不能假設正義之唯一場境及保障者是一組相互獨立並排斥的「疆域性單位（territorial units）」（O'Neill, 2000: 181-2）。非疆域性制度所運作的實質權力是超越疆界的，不少這類型的制度是所謂的「網絡制度（networking institutions）」，當中包括國際銀行系統、跨國公司、國際非政府組織等等，這些制度及組織的權力運作跟國家及其相關制度之權力運作有根本的差異。更重要的是，這些制度並不服膺於某一或某些國家之下，其本身成為不同的網絡。對奧妮薾來說，既然這些網絡在很大程度上能避過國家的掌控，我們應該視它們為造就正義或不正義關係的基本制度；任何正義論說所要關注的並不能完全是正義國家的建構，而是正義的全球制度。要建構世界正義就必須認清不是所有重要制度都是或必須是受限於疆界內的（O'Neill, 2000: 183, 185）。

另外值得注意，奧妮薾認定大同主義與社群主義之間的爭議並不應該以普世主義及特殊主義之間的分歧去理解。奧妮薾提出的道德大同主義認為道德原則一定要有普世形式，也就是說，在某一場域內適用於所有案例而非某些案例而已；普世主義的形式是大同主義與社群主義的共有基礎，讓普世主義顯得不同的是道德原則之適用範圍廣及所有人類

（O'Neill, 2000: 188）。即使事實上國家疆界及國家權力阻礙了某些跨越邊界的行為，道德大同主義者的訴求不能因為這些事實而被駁倒，原因是他們會認為這些阻礙是不正義及錯誤的。

奧妮薾亦指出，社群主義者也可以同意道德原則有普世形式，但是卻認定其範圍只限於國家社群之內，而疆界的不滲透性在一定程度上是正當的（O'Neill, 2000: 189）。遠距的陌生人之間對權利及義務的訴求以至促進或窒礙這些權利及義務的相關制度等議題很難得到完滿解決，除非有關道德原則（特別是正義原則）的爭議先得到平息。可是，奧妮薾聲稱她看不出雙方如何能接受對方的觀點，大同主義者認為所有人類都有權利要求他人滿足其基本需要，也有義務滿足他人的基本需要，但實踐上誰有義務滿足誰的需要？社群主義者不會接受所謂普世人權的「詭辯」，並認定這種抽象的大同主義實質上並沒有認真對待人權。相反的，大同主義者則會認為社群主義只關顧同國人的想法造成非同國人被隨意的排除，這並非十分合理。

奧妮薾認為雙方陣營的爭議實際上取決於不同的人在道德地位上的分歧，大同主義者認定所有人都有平等的道德地位，距離及陌生程度不會產生影響；但社群主義則認為只有同國人才有完整的道德地位（O'Neill, 2000: 190, 191）。除非能解決這些爭議背後的形而上學之不確定性，否則就無法平息紛爭，可惜的是，這等同於要發展出所謂的「人的形而上學（metaphysics of the person）」，但此議題千百年來都得不到完滿的解答。

奧妮薾提出她所謂的「道德地位之實際途徑（a practical

approach to moral standing）」，認為關於道德地位的問題可以被視為是「特定於場境（context-specific）」的實際問題，要問的是什麼假設已經植入我們的行動、習慣、實踐及制度。若然在某一刻的行動中（如跟店員互動），我們假設其他人（即店員）是行動者及主體，那麼我們沒有理由在下一刻否定這假設（O'Neill, 2000: 192）。此「非本質性（non-essentialist）」的論說當然亦對遠距離的互動有非常重要的意涵，在同一社會裡，某人（如飯店經理）的某些行動假設其他會受影響的人（即作為陌生人的顧客）乃抱持複雜偏好及行為能力的行動者及主體（O'Neill, 2000: 192）。很顯然，對奧妮薾而言，同樣的想法適用在全球範圍內，我們可以設想某人（如廚房用品出口商）的某些行動假設其他會受影響的人（即作為陌生人的外國買家）亦是抱持複雜偏好及行為能力的行動者及主體。

　　奧妮薾認為，按照這個論說途徑，行動者透過其自身行為顯示她們同意賦予眾多遠和近、同國和非同國的陌生人一樣的道德地位；此途徑不須要像某些道德大同主義論說中提出任何道德地位之本質性的基礎，它的目標只是要展示那些人對於某些行動者來說擁有道德地位（O'Neill, 2000: 194）。奧妮薾強調實際途徑就道德地位所提出的答案，這跟具有形而上基礎的完整論說所提出的答案也許會有很大差別，但實際途徑之目的是提供行動所需的基礎。奧妮薾提出，我們要回答以下的問題：「當我們（或我）必須進行此行動、支持此實踐、採納此政策或建構此等制度時，誰被認定是行動者或主體？」（O'Neill, 2000: 195）。我們一旦參與行動、投入實踐、採納政策或建構制度就假定其他人是行

動者及主體，而她們有能力作出行動、獲取經驗及受苦。奧妮薾認爲，如果我們對那些具備行動能力、能獲取經驗及受苦的人在正義上有義務的話，那麼我們對全世界不同的人在正義上都有義務，陌生的也好，熟悉的也罷，遙遠的也好，相近的也罷，全都是一樣的（O'Neill, 2000: 196）[5]。奧妮薾認定此途徑讓大同主義者及社群主義者同意我們會認同道德原則或正義原則是屬於「大致上的大同主義（more or less cosmopolitan）」（O'Neill, 2000: 192）。

奧妮薾並沒有更詳細的解釋什麼是「大致上的大同主義」，然而，我們可以設想，按照她的立場，跟全世界接近隔絕的國家如北韓在很大程度上不受全球制度的影響，當中的國民之行動沒有亦不用假設他國人是類似的行動者，外國人亦不用假設北韓人是類似的行動者，如此說來，這是否意味道德原則或正義原則並不適用於北韓人與他國人之間的關係？所謂「大致上大同主義式」似乎是指道德原則或正義原則並不必然適用於全世界所有人，即使大致上與世隔絕的人可能同意某些原則，但由於事實上沒有跟其他人接觸，這些原則是沒有實質上的規範能力。當然，隨著全球化進一步擴展，當原來隔絕的人跟他國人互動，普世性原則的規範就會發揮效力。不過，爲何要全球化？奧妮薾的大同主義並不能處理是否應該擴大全球化等各種相關的規範性問題。

以上的申論可以令奧妮薾進一步提出去改變全球制度的

---

[5] 原文：" if we owe justice (or other forms of moral concern) to all whose capacities to act, experience and suffer we take for granted in acting, we will owe it to strangers as well as to familiars, and to distant strangers as well as to those who are near at hand."

理由，在全球化的情勢下，無時無刻的行動令我們視本土疆界外的陌生人具有道德地位；因此，大家有理由以正義方式對待遙遠的陌生人，要讓排除她們的疆界更具有可滲透性，或補償因不合理地排除她們所導致的傷害。道德大同主義或大致上道德大同主義並不是要建立無國界的世界，而是各種形式的制度大同主義，目的是要讓更多的邊界更具有可滲透性（O'Neill, 2000: 202）。奧妮薾並沒有解釋為何應該要讓更多的邊界更具有可滲透性，很顯然，她似乎假設但沒有論證全球化的正面價值。

值得注意，即使大家認同全球化的正面價值，對某些論說而言，這並不意味實質的「正義義務（obligations of justice）」必然要跨越國界，原因是有論者會認為正義義務可以全部分配給各國制度，由各國各自負責，正義並不要求超越國界的義務。不過，奧妮薾力言，一套有說服力的正義論不可以假設正義下的義務能夠全然地在國家內得到實踐，亦不能預設目前國界的正義性，關於正義的考量必須「抽離於現存的制度」（O'Neill, 2000: 198）。

正義原則的焦點既非放在理想化的理性及相互獨立的行動者會（would）同意的制度安排，亦非放在目前可能在受壓迫狀況下的人所確實（do）同意的安排，而是在可能（could）同意的制度安排（O'Neill, 2000: 162）。前述的三項「使受害原則」原則是用以改革制度，而並非直接用以分配資源，然而奧妮薾並沒有詳細探討應該如何改革全球制度。

奧妮薾深知她要面對的難題是，如何從抽象原則推論出特定原則（specific principles），從而找出與具體場域的相關性及適用程度？她的作法是訴諸人的脆弱性，所要問的是那

些影響脆弱生命的制度安排在多大程度上是可以被拒絕及重新協商的。假如那些受到原則上（in principle）可以被改變的制度安排所影響的人可以事實上拒絕或再商議目前的制度安排，那麼他們對相關制度的同意就不是表面而是眞實的，並能同時賦予該些制度正當性；相反的，則他們對相關制度的「同意」就不會賦予該些制度正當性，表面的「同意」並不表示制度安排的正義性（O'Neill, 2000: 163）。[6]

　　如前所說，奧妮薾認為理想化的正義論說傾向不顧及脆弱性，而相對化的正義論說則傾向合理化脆弱性。透過將市場參與者的能力以及其相互獨立性同時理想化，理想化的論說模糊了「弱者不能對強者所建構的制度安排有所異議」的事實。另外，理想化的論說刻意地區分所謂「有意的」及「無意的」結果，並視後者為不能避免的「力量」；可是，這些力量本身實際上是制度安排的結果，並可以被改變的（O'Neill, 2000: 163-4）。弱者不斷承受重覆的不正義之風險，除非制度的建構能確保弱者有可能拒絕或再商議不同的安排。弱者若是要得到正義的對待，其他人必須避免乘著弱者的有限能力及機會來強加其意志在弱者之上。正義判斷中關於實際狀況之最重要元素是那些決定民眾是否能夠拒絕或改變制度安排的不安全性及脆弱性（O'Neill, 2000: 167）。對奧妮薾而言，正義的目的是消除或儘量減低弱勢者的脆弱性及不安全性，這跟權利論者及效益論者如辛格的目標是一

---

[6]　原文：'If those affected by a given set of arrangements that could in principle be changed can in fact refuse or renegotiate what affects them, their consent is no mere formality, but genuine, legitimating consent. If they cannot but 'accept' those arrangements, their 'consent' will not legitimate… Apparent 'consent' to such arrangements does not show that they are just.'

致的，衹是奧妮爾採用義務論途徑。

四、本分／義務的優先性

（一）對羅爾斯的批評及權利的次要性

　　奧妮爾正確地指出羅爾斯所建立的是「該得原則（principles of entitlement）」，根據她的說法，羅爾斯提出的正義第一原則是關於自由的分配，第二原則關注社會機會及經濟資源的分配，這些都是屬於所謂「該得」的考量，更狹義地說，是有關權利的考量。奧妮爾無意討論大家都十分熟悉的羅爾斯之原則，在此我們亦沒有必要深入討論該兩項原則，而是要注意，奧妮爾並不認為我們必須從「該得」去發展建構主義，反而應該從「義務」出發（O'Neill, 1989: 214）。在發展正義論說時，採用行動者／義務的視角跟採用接受者／該得的視角表面上來看似乎沒有太大的差別，原因是不少論者認為，權利及義務可以相互定義，也就是說，相對於每一項權利都會有一項義務。奧妮爾認為即使我們同意這一點，從該得或權利出發去構築正義論會遇到棘手的問題。

　　以「該得」或「權利」為基礎的建構主義必須找出所有人都可以一致地擁有之「該得集合（a set of entitle-ments）」，當中的作法是找出「最大化之該得集合（the maxi-mal set of entitlements）」（O'Neill, 1989: 214）。奧妮爾認定這是羅爾斯提出的兩項原則實際上所要達到的目的，若要找出「最大化之該得集合」就必須有量度方式（metric），但（1）由於自由沒有客觀的量度方式，因此，「最大化之該得集合」是「不可確定的」，（2）社會及經濟利益的最大化只

有建基在效益主義之上，而羅爾斯本人是反對效益主義的。若然接受效益主義，「最大化之該得集合」是「不可確定的」（O'Neill, 1989: 214）。

關於（1），我們可以接受奧妮薾的想法，羅爾斯本人所說的是「跟他人類似的自由相融之最廣泛基本自由的平等權利（an equal right to the most extensive basic liberty compatible with like liberty for all）」，毋庸置疑，這是頗爲含糊的表達方式，若然重點是「最廣泛基本自由」，那麼羅爾斯的確似乎假設了自由的量度方式。若然重點是「平等權利」，那麼就會流於形式主義，除非他能詳細解釋什麼是「最廣泛基本自由」以及如何量度，如果羅爾斯沒有合理的解答，奧妮薾指摘的「不可確定性」是有道理的。

關於（2），我們不必同意奧妮薾認爲羅爾斯必須對效益主義讓步的看法，原因是羅爾斯所關注的是最弱勢的人之狀況有否改善。當然這並不表示我們就不能指出其「不可確定性」，若要了解這一點，我們可以設想兩種在時間上從 T1 到 T2 的社會轉變。爲了方便討論起見，我們假設收入是零和遊戲，另亦只假設 A，B，C，D 等四個人的所得改變，A 屬於最高收入的一群，B 屬於中產階級（收入介於 100 到 5000），C 及 D 都屬於最弱勢（收入低於 100）。

（I）

	A	B	C	D
T1	10000	1000	30	30
T2	9950	950	90	70

（II）

	A	B	C	D
T1	10000	1000	30	30
T2	9950	950	70	90

在案例（Ｉ）及（II）中，從 T1 到 T2，C 及 D 的狀況都有得到改善，但兩人在兩個案例中的改善幅度不一，雖然如此，從羅爾斯的角度看，由於 C 及 D 改善幅度相加起來都一樣是 100，因此，兩種轉變都可以被接受，同樣是正義的，更重要的是，我們不能說上述那一個狀況比較正義。在這個意義上，羅爾斯的理論亦隱含一定程度上的「不可確定性」，所謂的「不可確定性」是結果上而言的，也就是說，在確保制度及程序安排上的公平下，多種可能的結果都是可以接受的。作為反結果論者，羅爾斯根本就不用煩惱以上的「不可確定性」，他的目的是要確保基本結構裡的制度安排能讓最弱勢的受惠，至於如何受惠可以容許各種可能性，奧妮薾若是以結果上的「不可確定性」為由批評羅爾斯的理論有欠公道。

事實上，奧妮薾本人意欲以「義務」為基礎發展的理論，亦反對結果論，我們同樣不能以「不可確定性」為由批評其理論。從奧妮薾的錯誤批評看來，羅爾斯理論的問題似乎是沒有完全以權利來呈現其理論。既然以權利為基礎及以義務為基礎的兩種理論同樣反對結果論，我們的質疑是，奧妮薾能否具體地論證以義務為基礎的理論何以優於以權利為基礎的理論？

奧妮薾承認自由、財產及安全這些傳統上大家比較熟悉的權利具有「規範性」；相對而言，後來也被納入為普世權利的一些關於「抽象益品及服務」的權利如食物權和健保權等等只是「有抱負的（aspirational）」想像，原因是找不到具體要履行跟這些權利相關義務的義務承載者（O'Neill, 2016: 196-8）。

　　奧妮薾的批評在兩點上是值得商榷的。首先，我們不清楚奧妮薾特別將福利權描述為抽象權利的目的是不是想暗示，正是由於這些權利的抽象特質，所以導致「找不到具體要履行跟這些權利相關義務的義務承載者」。可是，食物權和健保權這些統稱為福利權的權利相對於自由權及安全權而言，一點都不抽象，反而更因接近生活而顯得具體。一般來說，自由、財產及安全屬於消極權利，福利權屬於積極權利，表面上她不是反對積極權利，而是認為由於找不到具體要履行跟積極權利相關義務的義務承載者，相關的福利權因此缺乏「規範性」，而只是「有抱負的」想像。在反對權利主導性的時候，她其實反對福利權論者如格蘭斯東的進路，食物權和健保權的問題不是其衍生積極義務，又或是需索過度，而是找不到明確的義務承載者。「找不到具體要履行跟積極權利相關義務的義務承載者」正是反對積極權利在實際上無效的一個理由。跟格蘭斯東直接反對福利權乃人權的做法不一樣，奧妮薾只是反對福利權具有「規範性」。

　　拜斯在較後期關於權利意念的著作中對奧妮薾的觀點提出反駁，根據拜斯的理解，奧妮薾的陳述方式似乎意味大家不可能為那些權利找到相關義務的義務承載者，但他指出這似乎是一個經驗性問題，不能排除其可能性，另外，奧

妮薾的意思似乎是任何用以賦予義務的原則都太抽象以至不切實際，但拜斯認爲有難度不代表不切實際（Beitz, 2009: 164-5）。博格對奧妮薾的反駁跟拜斯不一樣，他認爲很多義務都「找不到具體要履行義務的具體對象」，本分／義務論跟權利論遇到類似的問題（Pogge, 1992）。不過，我們不難發現，對著重權利的論者而言，先有權利才有本分／義務，然而，權利論若要具有行爲指引的功能就必須提出相關的義務，最終仍是要依賴義務，畢竟義務履行者才是行動者，在這個意義上，本分／義務處於優先地位，我們稍後再回到這一點。

（二）義務與跨國經濟正義

　　權利論者建構其分配正義論時都認定所有人都接受平等的基本權利，這些是攸關正義的權利，奧妮薾認爲她自己亦可以類似地提出，要確認「正義義務（obligations of justice）」必須找尋「可以被所有人接受（can be held by all）」之「義務原則（principles of obligation）」（O'Neill, 2000: 136）。在此必須強調的是奧妮薾觀點是康德式的，所謂「可以會被所有人接受」是指「可以普世地被採納的（universally adoptable）」。根據奧妮薾的詮釋，康德認爲讓「不能普世化」的原則作爲制度或生命的基本原則，就等於是假設了特權的存在。按照康德的論說，不正義是源自於將政治和其他公共制度建基在不能普世化的原則之上，正義要求這些制度建基在所有人會接受的基本原則之上。奧妮薾聲稱康德式途徑的目標是找出能用以規範生活及制度的基本原則，繼而用之以指導我們在眾多特定原則中選擇能夠應用在

法律、政策或社會生活的原則（O'Neill, 2000: 136-7）。

　　奧妮爾指出康德式的正義論假設兩項重要元素，第一，人有行為及自主能力，也就是說人是行動者；第二，人是有限的，須要依靠物質資源，而且彼此之間不是常常好好相待。假如人並不脆弱及沒有物質需要，又假如人沒有能力損害、摧毀、強迫、欺騙，就不會需要正義（O'Neill, 2000: 138）。對康德及康德式論者而言，正義考量的背景是脆弱的及能力有限的行動者不斷在互動。奧妮爾認定，若要從「可普世化標準（universalizability criterion）」中確立正義下的義務，此背景是必須要預先假設的。

　　奧妮爾認為我們要做的是先找出那一些是不能普世化的原則。如前所述，奧妮爾指出，對康德論者而言，傷害、暴力、強迫及欺騙等原則是不能普世化的，可是，我們憑什麼斷定這些是不能普世化的原則？奧妮爾提出，假設以上其中任何一項原則被普遍採納，如果大家按照其行動的話，只要有些微程度的成功率，就會產生一些受害者，而這些人就不能採納該原則。

　　康德式論者所關注的是「尊重其他人的外在自由（respect others' external freedom）」，傷害、暴力、強迫及欺騙等等侵害外在自由，這並不單是透過個別的傷害而是透過支撐一個充滿恐嚇、不安、盲從、欺詐的文化對個人之能力造成損害。什麼東西構成傷害、恐嚇、欺騙視乎不正義的人及受不正義對待的人之間權力上的差異。正義要求建設能「強迫去限制強迫（coerce to limit coercion）」的制度，相互緊扣在一起的政治及經濟制度共同提供最廣大及具效能的對外在自由的保障（O'Neill, 2000: 139）。按照這種思路，正

義要求建設能「拒絕損害」的原則及制度。

　　奧妮薾的另外一個困難是如何從前述的那些消極原則推敲出分配正義的結論，既然康德及康德式論者所關注的是外在自由，那麼我們的本分就只有不防礙他人自由即可，要尊重的是放任自由主義論者所謂的自由權利（liberty rights）。奧妮薾承認這是其中一條發展途徑，但堅持這忽略康德對人類的脆弱性及需索性的重視。對康德式論者來說，追求正義須要雙管齊下，一方面規管有權勢者的行為，另方面強化弱者以減低其脆弱性。正義的經濟系統必須支援脆弱行動者的能力，最少要讓她們的基本需要得到保障（O'Neill, 2000: 140）。然而，奧妮薾強調這並不是說康德式的經濟正義論只是將福利權加在自由權之上，福利權只是保障基本需要的其中一種方式。其他方式如就業、土地或其他生產工具之擁有權、一間公司的成員身份、堅強的家庭本分等等都可以保障相關的所得。多種多樣的制度性結構可以實現經濟正義。

　　以上的考量對全球經濟正義有重要的意涵，窮國跟窮困的個人一樣都會是脆弱的。建立一個正義的跨國經濟秩序須要努力限制某些行動者的能力及減低國與國之間在脆弱性上的差異幅度，否則個別國家或制度以至牽涉在內的個人就會成為受害者，這要透過追求正義的改革及正義的交易（O'Neill, 2000: 141）。正義制度改革須要規管國際市場、交易及關係，以保証本土市場、交易及關係中的弱者得到更大的保障。另外亦要為了經濟安全及聯繫而強化區域及國際組織，改善其問責性，避免國家或非國家力量去壓迫、剝削或支配較弱勢的人。

　　至於交易正義，奧妮薾指出在任何制度改革之前或過程

中或之後都有必要確保交易正義，交易正義並不是單單尊重契約或談判過程，因為弱勢者常常被不當地驅使或誘導作出承諾。假若弱勢者不被壓迫或剝削，亦即是其外在自由並沒有被不正義地限制，那麼她們就不會承受不當及不可抵抗的壓力（O'Neill, 2000: 141）。

奧妮薾並沒有清楚說明正義制度與正義交易之間的關係，只提到在制度仍然是不正義時，我們更需要正義的交易，這似乎意味交易的正義性與制度的正義性沒有理論上的關係。若要更深入闡釋兩者的關係，奧妮薾必須提出是否有判斷交易正義性之標準。如果有獨立於制度運作以外的標準，那麼不管制度運作如何，我們只須考慮交易結果是否正義；但如果沒有獨立於制度運作以外的標準，那麼交易正義視乎制度運作。

行動者在行動時必須免受強迫或蒙騙所影響，這意味各人有「完美義務（perfect obligations）」不去強迫或蒙騙他人。另外，要避免任何人受強迫或蒙騙，所有人的基本需要都必須得到滿足，這意味不完美的義務。奧妮薾的理論建基於完美及不完美義務上，完美義務是任何人在任何時間都必須遵守；而不完美義務則沒有具體時間或具體得益對象。問題是為何我們不強迫或蒙騙其他人的完美義務意味我們須要提供其他人基本需要之不完美義務？奧妮薾提出有必要拒絕任何要求大家永遠不要幫助有需要的人之規則。可是，這並非意味我們有義務幫助其他人。以康德式的觀點嘗試避開以福利權為基礎的全球分配正義論所衍生出來的困難，認為人人都應該是道德人，而成為道德人的前提是要成為行動者，行動者在行動時必須免受強迫或蒙騙所影響，這意味各人有

完美義務不強迫或蒙騙，要避免任何人受強迫或蒙騙，所有人的基本需要都必須得到滿足，這意味不完美的義務。

　　鍾斯注意到奧妮薾提出另外一項所謂的「拒絕損害原則（the principle of the rejection of injury）」，他認爲這項原則跟他本人從積極權利所推敲出來對保障基本利益的訴求具有一樣的涵意（Jones, 1999: 107）。不過，奧妮薾認爲國與國之間的損害如果是過去帝國主義造成的話，那就可以訴諸糾正性正義，但這是困難的，重點是防止國家之間現在及未來的強迫及欺騙（O'Neill, 1988: 80）。可是，鍾斯關心的是個體必不可少的利益是否得到保護，他背後的假設是「殺人」及「任由死去」的道德意涵是一樣的，任由貧者處於窮苦及捱餓的狀況跟將其置於那種狀況在道德上都一大樣是錯的，因此，我們有義務去爲窮人解困。不過，奧妮薾支持以滿足需要爲由去再分配的原因比較間接，她認定由於人天生是「脆弱的及匱乏的」，要令道德能動者能依可普世化原則行動也等於是要令她們去發展其能力或要協助那些身處困境而無法發展其能力的人。然而，協助有需要的人是一項不完美義務，沒有被指定要協助的人，義務承擔者也不可能協助所有需要的人。我們若只有「拒絕傷害的義務」，就不一定有積極義務去幫助他國的人。

　　鍾斯多次運用「基本利益」並視之與「基本需要」等同（Jones, 1999: 53, 55, 73），如果他所說的「基本利益」或「必不可少的利益」不單包括攸關饑餓及死亡的「基本需要」，還涵括其他福利的話，奧妮薾是不會接受的。有關需要的最主要論說都運用「傷害」概念來定義「需要」。論者米勒提出比較簡單的定義。兩人的想法相同，若說 A 君需要 x 就

等於是說，假如她沒有 x，那麼就會受傷害（Miller, 1976: 130, 1999: 206-7）。

我們將指出，雖然表面上由於需要的定義中包涵「傷害」一詞，何謂傷害似乎有一定的客觀性，因此訴諸需要能提供較客觀的可判準性。文化相對主義的確對需要的普世性產生衝擊，需要論者必須提出有力的反駁。在回應需要的時空相對性時，韋捷斯（Wiggins）提出，「某一個人（絕對地）需要 x，若且唯若，無論在道德及社會上（經濟的、技術的、政治的、歷史的……等等）可接受的改變如何，都有可能設想在一定的時間內，此人若沒有 x 則將會受到傷害」（Wiggins, 1991: 14）。韋捷斯的意圖是找出在任何人為因素改變的情況下都依然是需要的事物，他將「需要」與「傷害」在定義上掛勾，並提及判斷傷害的標準，可是，他沒有具體提出如何定出這標準的方法。有關需要的最主要論說都運用「傷害」概念來定義「需要」，要了解何謂需要就要了解什麼是傷害，需要論者面對的困難是在需要定義中所運用的「傷害」是十分難以處理的概念。

奧妮薾的目的是找出有別於現實主義及相對主義的另一條理路，她認為羅爾斯的建構主義提供了一個十分獨特的範型，可是，羅爾斯早期的理論建立在理想化的假設之上，引發不少的批評，他後期的理論卻傾向相對主義，亦遭論者們咎病。奧妮薾認定「抽象化但非理想化」才是發展合理及更傾向康德式建構主義理論的出路，她提出我們不能接受的暴力、欺騙及強迫三項原則，原因是它們不可能被普世採用。從奧妮薾的角度出發，推出這三項原則的過程屬於行動論的實踐推論，當中並沒有假設目的論中的客觀的善或主觀的

利，重點不在於暴力、欺騙及強迫對人所造成的惡或害，而是這三項原則不可能由全部行動者所接受。另外，這些原則的抽象性並不會影響其實用性，實踐推論要求行動者作出審議。奧妮爾所問的問題是行動者「可能同意」的而非「會同意」的原則以避免理想化，亦非「事實上同意」的原則以避免相對主義。

奧妮爾認為雖然康德關於制度正義的論說在多方面都不合時宜，但其關於正義的「大同主義視野（cosmopolitan scope）」在當代有著重要的相關性（O'Neill, 2000: 139）。奧妮爾所面對的困難是康德本人沒有提出大同主義式的全球正義原則，所謂正義的「大同主義視野」並不意味大同主義全球正義觀。在某程度上而言，奧妮爾必須就康德的想法作出重構，我們在前面討論過奧妮爾分析道德地位時所提出的實際途徑正是對康德的想法之重構，在全球化的情勢下，我們的行動假設其他本土疆界外的人亦同為行動者，這些行動者與本土行動者一樣都是脆弱的，因此，正義考量必須具有世界性視野。對奧妮爾來說，任何康德論者提出的原則必須能夠嵌入全球政治與經濟系統內的制度、實踐及政策。

拒絕傷害的義務似乎並不意味要去協助的積極義務，亦不意味訴求者有積極權利要求其他人的援助。奧妮爾理論之規範能力似乎太弱，也就是說，她無法證成因為我們有完美義務不去傷害他國的人，所以亦有不完美義務去幫助他們。另外，即使她能證成我們有不完美義務去幫助他國的人，誰的義務比較多？誰應該優先獲取資源？這些都是有待進一步探討的問題。

我們不難看出嚴格來說，奧妮爾所建構的是一種義務為

本的道德理論而非分配正義論，相對而言，基本人權論即使
有爭議，至少可以提出一系列的基本人權底線以做為分配正
義論的基礎。基於以上的分析，奧妮薾的理論充滿內在張
力，一方面，如果她只接受「拒絕傷害原則」，那麼由此衍
生出來的就只是拒絕對他人作出傷害的消極義務，卻無法衍
生去協助他人的積極義務，但另一方面，她亦同時表示要讓
脆弱的人之基本需要得到保障，但這樣就必然衍生積極義
務。要解決此問題，義務論者或許可以援引梳爾關於本分的
論說。

五、多重本分論、消極本分及責任的分擔

由於單純著重權利或義務的理論存在不少的理論問題，
梳爾意圖建立具有特色的權利／義務緊密相連的理論，如上
一章所說，他宣稱所有人都有至少三項：安全權利、維生權
利及自由權利，這意味貧窮國家的人民可以對富裕國家的人
民提出合理的訴求（Shue, 1996: 18-34; 65-87）。梳爾認為跟
每種基本權利都伴隨三個相關的基本義務，且人人都有以下
這些本分（Shue, 1996: 52）：

（I）有本分避免去剝奪他人（duties to avoid
depriving）；

（II）有本分保護被剝奪的人（duties to protect from
deprivation）；

（III）有本分去協助被剝奪的人（duties to aid the
deprived）。

在上述的概念延伸下，梳爾認為所有維生權利、基本權

利及大部分的道德權利都意涵三重的相關本分。相同地，梳爾賦予維生權利三個相關的本分：

（I-2）有本分不消除個體僅有的維生工具（duties not to eliminate a person's only available means of subsistence）；

（II-2）有本分去防止他人對僅有的維生方式作出剝奪（duties to protect people against deprivation of the only available means of subsistence by other people）；

（III-2）對於無法為自己提供維持元素的個體，有本分對其提供基本的維生元素（duties to provide for the subsistence of those unable to provide for their own）。

梳爾之所以要提出三項義務是要反駁所謂消極權利及積極權利的區別，反對維生權利甚至所有其他福利權的論者認為人權必然是消極權利而非積極權利，包含維生權利在內的福利權是積極權利，故非人權。梳爾則認定任何權利都會意味消極及積極義務，因此並沒有所謂的消極與積極權利之分，反對維生權利的人不能以福利權乃積極權利為由而否定其作為人權的地位。

然而，到底要如何去達成梳爾所說的這些義務？其認為想要達成基本權利的方式，必須至少牽涉到下述的本分（Shue, 1996: 60）：

（I）必須避免剝奪；

（II）必須防止剝奪，（II-1）藉由實行義務（1）的方式，以及（II-2）設計制度，預防產生任何可能侵犯義務的強烈誘因；

（III）去幫助受剝奪的人，（III-1）但必須知道「誰」特別需要對被剝奪的人負責，（III-2）幫助那些在社會失敗

地行使義務下【包含行使上述（1）、（2-1）、（2-2）】所產生的受難者，（III-3）幫助受自然災害的犧牲者。

　　梳爾提出的本分比較具體，「避免剝奪」的本分是普世的，不過，大家相當清楚很多的剝奪是由於眾多因素集合在一起的系統性影響所至，或許沒有辦法特別歸咎於某一因素乃被剝奪的原因，若只針對某跨國企業的作為帶來了影響可能是不合理的，因為這些影響部分源於政府的作為，而政府所作的帶來的影響又可能跟他國政府的作為有關，因此，既然所有能動者都有責任，那麼就不是任何特定行動者的責任（Shue, 1996: 113）。或許有人會認為，在釐清所有利害關係者的義務前，根本就不可能指摘任何能動者，並要求他們負上責任。梳爾的回應是，即使狀況非常複雜，可能被剝奪的人之政府總是有責任去面對及處理。然而，此回應似乎跟第二種「防止剝奪」義務有關，這等於是將「避免剝奪」的責任也間接轉嫁該國政府，並不合理。

　　梳爾當初提出此看法的時候是 1980 年前後，是在全球化進程仍未大步邁進之前，很多國際組織如 WTO 仍未成立，而已經存在的如世界銀行也比較被動或保守，跨國企業的規模及影響力有限，情況並沒有太複雜；但及後全球化蓬勃發展後，「被剝奪」的問題本身變得更嚴重，相關因素也更多而且不同因素之間的互為影響也變大，要處理的面向相當多。

　　當時梳爾除了提出如前所述比較被動的「避免剝奪」及「防止剝奪」兩項本分，還提出「援助本分」。不過，雖然他認為國家在外交上應該履行「避免剝奪」及「防止剝奪」的本分，但是他認為國家不一定有明確的「援助本分」。由

於梳爾相信大同主義，所以他認為國家對外的本分是本自廣大公民個體。公民個體作為人類的成員，有「避免剝奪」及「防止剝奪」的普世本分，因此會同意國家在國際間應「避免剝奪」及「防止剝奪」。不過，梳爾認為個人也有「援助本分」，而且同國人不應因為是同國人的緣故而得到優先對待，但他也不同意國外需要援助的人可以得到優先對待，因此，他對國家無條件援外是有保留的。令梳爾對國家援外有保留的原因是援外乃積極本分須要動用資源，可是對其他大同主義者來說，如果個人有援外本分，國家就有此本分，國家不是超越個人的行動主體。不過，梳爾寫於 1980 年前的著作認定國家跟個人在世界性場境都乃行動主體這樣的做法是可以理解的。梳爾雖沒有明說，但我們可以推斷，由於援外需要資源，但國內貧困者也需要資源，所以國家不能只看到國外的需求。由於國家有雙重本分，所以就援外部分不可能是無條件的。

　　梳爾在之後的著作中將扶貧本分擴大至全球範圍，或許是受到奧妮薾對權利論批評的壓力，梳爾認為不管採取什麼正義觀念，若不將具體本分訂定清楚，權利是無法完全具體化的。他指出，如果要將「正義本分擴展至全地球」，對「我的實際要求」是比只涉及自己所屬社會的話來得大。不過，「我不能幫助那麼多窮人」不是拒絕履行義務的藉口，梳爾建議區分正義本分的範圍及強度（Shue, 1983: 602-3）。權利的實踐牽涉多種不同強度的本分，範圍擴大不必然意味強度也變大，當中可能涉及本分的重新配置，先應付比較有緊迫性的情況。

　　正義本分會否被履行畢竟要視乎每人想不想去做，梳爾

認為是推動力是重要的實際問題，他認為必須考慮三個因素：平權、承壓能力及強制執行的代價，第一、沒有理由期待有人願意因為承擔幫助其他人的義務而令自己反而享受不了「最低度的經濟權利」。第二、正義可以要求的是一般人而非聖人會被說服去行動；第三、如果遇到完全不願貢獻的自私者，強制是必需的。故此，大家要找的「正義原則」是能得到廣泛接受而民眾有高度意願配合相關稅收，最重要的是，對不服從者的強制措施不會催生專制政府（Shue, 1983: 608）。關於承壓能力及推動力的問題，早在 1977 年的文章梳爾就提出優渥的人之位置必需有足夠多的相對好處才能令大家有動力處於這些位置（Shue, 1977: 317）。

　　另外，我們不確定梳爾所說的正義原則是否就是正義本分，如果是另外的正義原則，那會是什麼？綜合梳爾的著作都沒有發現他有提出獨立於權利與義務以外的正義原則，他只提及有關「國際正義的判斷」可以基於不同的理論：「分配正義論」、「補償正義論」、「關於人權（包括基本經濟權利）的理論」、「關於天然資源擁有權的理論」等等（Shue, 1989: 15）。大家不妨假設他的正義論就是「關於人權（包括基本經濟權利）的理論」，而的正義原則之內容就是權利及本分所規範的。問題是什麼權利及本分乃正義權利及本分？有趣的是，梳爾在基本權利一書中完全沒有討論正義及正義本分，但在討論「人道援助」時卻認定某些人道援助本分如提供維生所需的糧食是正義本分（*ibid.*: 16）。對梳爾而言，提供這些維生所需不是送禮，所以不是可有可無又或是非關正義的善行而已。職是之故，富裕國家及其中有能力的民眾有正義本分去援助窮國及其貧民。

道德有三個面向：限制（constraints）、指令（mandates）及理想（ideals）（Shue, 1989: 13），包括梳爾在內的自由大同正義者都不會反對正義及善行都是道德的一部分，梳爾指出，「有關正義的指令」是關於滿足正義要求的資金或資源轉移，這種「人道主義」帶有強迫性，跟裁量性的「人道主義」不同。可是，為何帶有強迫性的「人道主義」是攸關正義？如果重點是「強迫性」，「強迫性」的來源在哪？既然梳爾並沒有解釋，我們只能認定他以基本權利建構正義論，什麼跟基本權利有關的就是跟正義有關，所以相關的本分就是正義本分。相對來說，奧妮薾以「可普世化」來劃出正義考量的範圍之做法將扶貧排除在外，扶貧是不完美本分是屬於善行的本分，人道歸人道，正義歸正義。

　　博格提出的一個從本分出發的看法或許能給本分論者多一些能回應全球化下再分配問題的啟發，他提出兩種本分：（1）「積極本分去幫助身處嚴重苦痛（acute distress）的人」，（2）「消極本分不去支持不正義及不去貢獻他人面對的不正義貧困或從中得利」（Pogge, 2002a: 203）。對梳爾而言，博格的消極本分跟他的「避免剝奪」及「防止剝奪」本分相似。另外，如果將「不去支持不正義」理解為「拒絕傷害」，那麼博格所說的也跟奧妮薾的信念相融；但博格所說「不正義」是否跟剝奪或傷害有關？

　　我們使人對傷害負責有兩個方式：有意的傷害及無意的傷害。博格認為富者一起合作將制度秩序加諸於受到「人權赤字（human rights deficit）」影響的人，所謂「人權赤字」就是基本人權有系統地得不到體現的狀態，這構成一種傷害（Pogge, 2005b: 60-1）。現在的制度是經過設計而可以預

見會做成「人權赤字」，而其他能避免「人權赤字」的設計是可行的。博格這個關於富者有意造成傷害的指控似乎相當嚴厲，相對而言，梳爾則傾向認為富者無意造成傷害都要負責，要負上該有照顧責任（responsibility to take due care），對有需要者的狀況不夠敏銳到了一個程度連自己已經造成傷害都不知道，也是要負責的（Shue, 1984: 92）。面對這些有需要的陌生人，我們有積極義務去幫助他們，不能以疆界為藉口，異國的陌生人跟同國的陌生人都該得協助（Shue, 1988: 691-3）。

對於如何透過制度來履行本分，二人都有一些分歧。博格的理論不是要建立新的制度而是針對目前的制度性秩序及將這些制度加諸大家身上的制度性秩序（Pogge, 2005b: 60 note 7）。既然他聲稱不排除可以這樣做，制度改革及創建新制度都是積極本分。為什麼極度貧窮只是一種消極本分的踐踏而不是一種積極本分的踐踏？梳爾傾向主張創建制度，他明確表示創建制度是保護本分，我們可以將此本分理解為積極本分。

由於博格關於消極本分的陳述直接納入「不正義」作為考量，他當然就要有標準去評斷什麼是他說的不正義及什麼事物或狀況他認為是不正義的。博格似乎認為不正義的來源有三種（Pogge, 2008a: 205-10），第一是共同的社會制度帶來的效果，首先，目前全球共有的制度是優渥的人所加諸於潦倒的人之上的，其次，此制度秩序不斷延續「極度不平等」，而能令嚴峻及廣泛的貧窮不再持續的另類可行安排是存在的，最後，那些極端不平等不能歸咎於非社會性因素（如天災或天生身體缺憾）。博格似乎是在提出一種規管性

正義（regulative justice）考量，是要阻止及改善目前「不正義」的情況，目前情況之所以不正義是由於可以避免的極端不平等乃既得利益者透過扶植目前制度而共同製造的。

第二種不正義來源是世界上潦倒者在未有補償的狀況下被排除自然資源的使用之外。富足者單向地大量使用自然資源而沒有為那種不成比例消耗給予貧困者任何補償。博格似乎是在訴諸於補償性正義（compensatory justice），富足的人用了不該完全屬於他們的資源，所以應作出補償。不過，對保守右派來說，天然資源本來就不屬於任何人也不能說是屬於大家的，所以沒有補償問題。

第三種不正義來源是過去共同及充滿暴力的人類歷史所帶來的影響。目前全球貧者的處境大多是由過去被侵略及被殖民的歷史所塑造的，很多人生下來的起跑點就處於不利的狀況，這種不平等的起跑點源自於充滿道德及法律被破壞的歷史，所以不該支持這種情況。博格強調他不是要求參與過去罪行的人之後代負責，所以不是要報復，他的確不是要訴諸報復性正義（restitutive justice），畢竟犯錯的人不是現存的人，但他似乎是訴諸糾正性正義（rectificatory justice），糾正由歷史帶來的起跑點不平等的狀況。我們必須指出，博格如果使用規管性正義、補償性正義及糾正性正義這些觀念，其理論會更清楚，不過，這就不能純粹以分配正義來考量。

在此先談談博格從消極本分可以推導出什麼積極作為。他具體地提出一個他認為是符合中庸之道的構想：全球資源紅利（global resources dividend）。他提出任何類似的建議都是要容易理解及運用、不會額外衍生太大運作成本、不影響

基本需要的供給，幫助鼓勵保存重要但有限的天然資源及有助環境保護。我們大可同意這些限制，他的主要構想是對原油的使用收取紅利。按照其設想，大概等於全球總產出的千分之七左右，或許有人質疑他的構想太溫和，不過，他當年的建議所得已經等於 2004 年西方國家對外援助的總和的接近 40 倍，而且他認為這是足夠消除全球絕對貧困的情形。

正如我們上一章所說，博格所謂的「極度不平等」其實是貧窮問題，他表面似乎熱切地關心不平等，但實際上只是想扶貧而不是特別針對不平等，因此，他只關心上述第二種不正義的來源，若真是要糾正不平等，他更要探討的是如何處理第一種不正義來源。上述三種不正義來源明顯地牽涉剝奪或傷害，博格雖然訴諸消極本分，但是認為以上述的方式鋪陳能衍生積極的作為，這樣似乎比奧妮爾及梳爾的做法優勝。不過，為什麼他能做到這點？

我們要先瞭解一點，從本分論視角看，「不正義」的規範性內容意味有本分去消除極度不平等，所以「不去支持不正義」的消極本分其實可以被理解為不去否定「消除極度不平等的本分」的消極本分（a duty not to deny a duty to reduce inequality）。消除極度不平等的本分其實是一項積極本分，若說已經有消極本分不去否定這項積極本分，不就意味我們要履行它？職是之故，博格能從表面上是消極的「不去支持不正義的本分」最終推導出積極作為。不過，大家難免會質疑訴諸於「不去支持不正義」的消極本分根本是多此一舉，博格不須以本分用語來強化「不正義」的規範性能量。如果我們前述的分析是合理的話，博格大可以直接指摘目前的資源分配狀況不正義，我們必須實現規管性正義、補償性正義

及糾正性正義，本分論者只須構思履行什麼樣的本分可以實現這三種正義。

值得注意的是，博格強調我們要支持全球制度改革，但我們不禁要問，進行制度改革豈不就是一項積極義務嗎？假如「不去參與將蔑視人權的國際制度秩序加諸他人的行為」是一項消極義務，那麼進行相關的制度改革亦應該算是一項積極義務，支持全球制度改革形同是積極行動，不能基在消極義務之上。博格也許會認為這項所謂的積極義務的影響是間接的，可是他所說的消極義務的影響也是間接的，積極義務的間接性並不否定其作為義務的地位。

博格不是反對以更直接的方式扶助極貧者，如前所說，他同意我們有「積極本分去幫助身處嚴重苦痛（acute distress）的人」，可是，為何他的論述重點放在所謂的消極本分上？這極有可能是由於博格認為積極本分是跟貧者的積極權利互相呼應，而以個人行動去履行義務是非關正義。要了解這一點，就要明白博格如何區分制度性及互動性兩種道德分析，前者跟正義有關，後者跟倫理有關，這樣的區分其實跟他所理解的康德正義論有關，早在 1988 年，博格將康德道德論中的本分區分為正義本分及德性本分，兩者分別跟法律及倫理有關（Pogge, 1988b）。博格後期的理論只是將當代的制度取代康德的法律，先假設這樣的做法恰當，我們就可以理解為何他不去談積極本分，在個人層面直接援助他國貧者屬於履行倫理要求的德性本分，不屬於制度層面的事務，故此跟正義無關。可是，即使我們接受他對正義及倫理的區分方式，為什麼不能透過制度去援助他國貧者？如果這樣是可以的話，不單符合正義要求，也是更直接的做法。

這樣對照下來，其實博格跟奧妮薾兩人的看法比大家想像中更為接近，或許是由於兩人都受到康德的道德論之影響；另外，梳爾的做法或許比較具有一致性，他認為不用區分積極及消極權利，每種權利都有相對應的多種本分，由於履行跟基本維生權利的本分帶有強制性，所以是出自正義考量，履行的方式可以透過制度也可以直接透過捐助援助機構。

透過分析博格及梳爾有關本分及義務的論述，我們或許可以確立奧妮薾關於本分／義務考量優先於權利考量的想法。第一，本分論者奧妮薾直接透過康德的普世道德理論推導出普世原則，然後從普世原則推導出普世本分，根本不用依靠權利，對著重本分的論者而言，本分的考量勢過權利的考量。第二，對著重權利的論者而言，先有權利才有本分或義務，然而，權利論若要具有行為指引的功能就必須提出相關的本分或義務，最終仍是要依賴本分或義務，第三，本分或義務的優勢在於不管是人道還是正義問題，也不論是個人善行還是制度改革，所有關於具體要怎麼做的討論結果都可以用本分及義務來表達。第四，如果我們對博格理論重構是合理的話，既然目前的再分配牽涉不同種類的正義（糾正性、補償性、規管性）問題而非「正義」概念本身，那麼大家就有處理這些不正義的本分或義務，包括改善制度或建立徵收全球資源稅的機制等等。糾正性、補償性、規管性這幾種正義考量跟分配正義不同，不過，它們跟分配正義都是經濟正義的一環，這些本分及義務可以從本分／義務論推導出來。

當然，不管是偏向使用權利語言或是本分／義務語言，

論者不一定會訴諸本分概念來談再分配。拜斯的再分配論就沒有訴諸本分和義務，而是在談責任。如果扶貧是一種負擔的分攤，以責任出發去實踐權利的保障或許更有可能提出具體及合理的方案。拜斯區分兩層的國家責任，國家有責任（a）尊重個體利益、（b）保護這些利益免受威脅以及（c）協助那些利益被剝奪者，由國家及非國家組織構成的國際社群（a）透過政治制度使得各國履行上述第一層次的責任，（b）協助個別能力有限的國家滿足人權標準，（c）以有效方式去干預無保障人權的國家以保護人權（Beitz, 2009: 109）。

拜斯將原來適用於西方國家的社會常規道德推廣至國際社會的做法依然會受到其他文化的質疑，或許他可以再次用建立第三章討論過契約全球分配正義論之類比論證方式，當然這樣做的話會面對該章我們談到的理論問題。對拜斯而言，對人權的保障跟正義有必然關係，最重要的是透過一些全球人權機制來保障人權。但受制於威斯伐利亞的架構，拜斯似乎認為國家是世界性場境中的基本行動者，他甚至沒有討論全球制度改革的問題。這樣是低估責任論的潛力，相對本分及義務，責任提供一些論述上的優勢，大家甚至少會提出要分擔本分或義務，但分擔責任是我們慣用的說法，另外，我們也會比較常用制度責任或公司責任，而非制度或公司本分或義務。

五、結論

在權利概念大致上宰制了規範性政治理論全球主義轉向

那二、三十年間，奧妮薾是少數著名的理論家嘗試從本分／義務概念出發來建構全球分配正義論。由於目前絕大部份的論者都是以權利為討論重點，奧妮薾以義務／本分為基礎的理論別樹一幟，可是，亦是由於這個原因，她的想法甚少得到重視。回顧了理論構築的過程，奧妮薾及其他論者會如何回答以下的問題？（1）「在什麼處境下，誰為了什麼理由運用什麼原則及透過什麼安排將什麼益品分配給誰？」（2）所倡議的再分配問題真的是正義問題，還是只是人道問題？

先總結對（1）的可能回應，義務論者一般認為，在全球不平等下出現嚴重貧窮情況的時候須要再分配。奧妮薾以「正義即可普世化（justice as universalizability）」為由主張透過制度改革來令有需要的人得到協助。即使義務論能夠成為全球再分配的理論基礎，其規範性能力是否出自正義考量是值得商榷的，我們所得出的結論是，訴諸「正義即可普世化」跟訴諸「正義即平等權利」觀念只能建立形式正義，重要的是實質正義，也就是本分／義務訴求的合理性，可是無法證明訴諸拒絕傷害來處理全球再分配是出自正義的考量。

如果我們上一章討論過的梳爾的看法是有理的話，消極權利與積極權利之間的分野其實不大，每項權利都有相關的所謂消極及積極義務作對應，若應用在全球分配正義的考量上，將義務的範圍縮少至基本的生存必需品，其推論大致上採取梳爾的理論進路，可是，如何界定生存所需是富有爭議的。更重要的問題是，不管如何稱呼這種本分，如果其內容只是維持生命或維持安全的必需品，基本上這都是人道考量的扶貧而非關正義考量，新右派不致於會反對出人道關懷去扶貧，他們亦不會反對各國政府以人道名義去募集人民自願

的捐款，轉交國際組織去進行人道援助。

不過，新右派會反對政府強制人民繳交類似博格所提出的全球資源稅。權利論者會認為人權跨越國界，國家疆界不能妨礙人民對其天賦權利的訴求；相對而言，義務論者似乎面對更多的理論問題，首先要論證義務跨越國界，其次，即使義務跨越國界，亦要回答「大家是否對本國人比外國人有更多的義務，又或是說，本國人是否必須優先對同國人履行義務？」。建構主義不必然是大同主義，羅爾斯本人對大同主義顯得相對保留，奧妮爾的本分／義務論的確提供了一套有別於羅爾斯的建構主義正義論。

受到康德的影響，博格在 1980 年代末對宣稱具有很強康德式理論色彩的羅爾斯正義論進行研究及思考其對全球正義的意義，於是提出我們在第三章討論過的羅爾斯式契約論，後來決定以權利為出發點去探討全球再分配的正當性，嚴格來說，由於康德沒有提出英美分析哲學下的人權論，故此，大家沒有在博格關於權利的論述中看到康德的影響，反而是在仔細分析他關於本分義務的論述中發現他關於正義本分及德行本分的想法跟同受康德影響的奧妮爾十分類似，但結論不同。對博格而言，跟制度有關的就是跟正義有關，個人層次的捐助非關正義，但對奧妮爾而言，扶貧義務是不完美義務，所以不管用什麼方式扶貧，都是德行本分非關正義。拜斯則認為跟人權有關的就跟正義有關，梳爾則認為只有跟保障基本權利有關的才跟正義有關。

大同主義者透過鼓吹全球制度改革、全球社會運動及跨國的市民組織去建立新世界秩序，以反抗壓迫及消滅不義。不過，奧妮爾的理論並不是徹頭徹尾的大同主義，而是屬於

她自己所謂的「大致上大同主義」，根據我們以上的詮釋，奧妮薾並不認爲要打造沒有疆界的世界，而是要找出適度的滲透性。可是，爲何國家疆界一定要具有滲透性？換句話說，所有國家爲何要服膺在全球化的趨勢下？奧妮薾並沒有解釋，這不單是奧妮薾所要面對的問題，也是其他大同主義者要面對的問題。相對來說，接下來一章要討論的辛格設想由同一「大氣」、同一「經濟」、同一「法律」、同一「社群」所呈現的「一個世界」，這是一種顯得更徹底的大同主義。

第六章

苦難、需要的匱乏與消極效益主義

From the moral point of view, pain cannot be outweighed
by pleasure, and especially not one man's pain
by another man's pleasure.
Instead of the greatest happiness for the greatest number,
one should demand, more modestly,
the least amount of avoidable suffering for all.

Open Society and its Enemies, 1950, p.571, note 2.

Karl Popper

一、前言

　　現代效益主義源自於十八世紀英國思想家邊沁（Bentham）的思想，他提倡的效益原則「最大多數人最大快樂」影響深遠，並於後來由占士穆勒及其兒子約翰穆勒發揚光大。身處在當年的保守英國，他們被視為基進分子，但效益主義對後來英國的社會改革及民主化的確起了推波助瀾的效果。效益主義一向被認為是主導十九世紀及二十世紀的主要學說之一，不過，相關論述在當代得到相對較少關注，其原因在於當中的思維早已容入西方公共政策裡（Goodin, 1995），這是為何自由左派如羅爾斯要發展出契約論來為福利主義提供另一套理論基礎。

　　不過，古典效益主義認為愉悅及痛苦可以互相共量（commensurable）的假設在二次大戰後受到了質疑，波柏（Popper）在 1945 年出版的《開放社會及其敵人》（如上引文）中提出痛苦是無法被愉悅凌駕的，一個人的愉悅跟另一人的痛苦更是不能比較的，與其去追求最大多數人最大快樂，不如追求所有人最少的苦難。或許是由於兩次世界大戰帶來的苦難令波柏認清十八及十九世紀啟蒙思想所鼓吹的進步主義及享樂主義之缺陷。遺憾的是，波柏關於效益主義的革新建議只是點到為止，並沒有在書中詳細討論。即使西方學界後來有零星的哲學討論，類似波柏的建議沒有得到認真

對待，也許這是由於西方社會很快就走出二次大戰的陰霾，而且有關效益主義正義論的討論一般都只關注西方社會內的分配正義。

當然效益主義所關注的範圍不必然只局限在個別社會，而是可以擴大至全球，並探討如全球再分配的議題。可是，由於羅爾斯理論及保守右派的崛起，效益主義在當代政治哲學的討論被忽略，在國際政治理論中亦然。效益主義有其國際倫理的傳統（Ellis, 1992），從全球倫理的角度出發，埃夫斯朗嘗試回應各方對效益主義的批評（Elfstrom, 1990）。然而，這些討論都只假設古典效益主義須要改良，而不須要革新，直至 1970 年代初當代全球化開始孕育，西方學界準備將效益主義在全球範圍應用之時發現外面的世界原來充滿苦難。辛格是當時極少數關心世界苦難的西方學者，在目前最具影響力的政治哲學期刊《哲學與公共事務》創刊年中發表《饑荒、富裕及道德》一文。他後來將這篇非常有影響力的文章之想法在《實踐倫理》、《一個世界》及《你能拯救的生命》加以擴展，我們將會比較他早期及後期的立場。

古典效益主義是建基在「不管是誰跟誰，所有人的快樂都同樣重要」這樣的「公正性」之上，任何達到全球整體快樂最大化的分配都是可以接受的。因此，只要全球快樂達到最大化的水平，即便是有人長期受苦，亦不是不能接受的；這是將古典效益主義延伸至全球層面，相信大同主義的效益論者如辛格若接受這樣的延伸則就很難在原則上否認，讓貧者受苦可能會在某些場境下獲得正當性。我們會指出，由於極端貧窮的祛減是辛格的目標，比較有說服力的詮釋是用所謂的消極效益主義去理解其理論。

本章第二節探討古典效益論如何被修正爲優化式、滿足式及純量式效益論，並指出若辛格以「正義即公正」觀念關心的是極端貧窮，那麼就不必討論不平等議題。第三節討論兩種世界觀跟效益主義的關係，並從快樂最大化及苦難最少化兩個截然不同的切入點分析積極效益主義跟消極效益主義的區別，我們發現辛格的再分配論可以用「相對消極效益主義」來理解。第四節展示以苦難的袪減擁有絕對優先性的基進效益主義之理論基礎，並提出應用在全球範圍的消極效益論可以將苦難的袪減跟降低需要的匱乏掛勾，使得最弱勢的人能受到最大的協助。第五節則提出辛格的主張符合滿足式消極效益論，而此理論算不上正義論。

二、效益原則、公正與全球不平等

古典效益主義提出「最大多數人的最大快樂」原則（或稱效益原則），根據此原則，只要能夠達到社會整體的最大多數人最大快樂的結果都是道德上對的（morally right）。由於快樂是一種精神狀態，古典效益主義要將快樂最大化的想法被認爲是不太合理，當代效益主義一般會將最大化的目標修正爲利益或欲求的滿足、偏好的成全等等，如能達至這些目標，快樂就可以間接地得到最大化。原則上，效益主義作爲一種倫理觀可以應用在個人操守的導引上，亦能在政策制訂上，高迪（Goodin）認定效益主義乃一種公共哲學。

效益主義傾向只談論後果而忽略過程，招來了不少批評（Bailey, 1997），但大部分的批評都是針對所謂的行爲效益主義（act-utilitarianism）（Sen and Williams, 1982），行爲

效益主義以行為及政策所帶出的結果是否符合效益原則來判斷其對與錯，古典效益主義屬於最大式（maximizing）行為效益主義，道德上正確的行為或政策是能將達到匯聚大效益的行為或政策。在討論效益主義能否用於處理貧窮問題時，奧妮薾將邊沁的古典效益主義稱為「科學效益主義（scientific）」，並批評邊沁的效益論中最大化要求須要我們去做似乎經常缺乏足夠資料的計算。大家充其量找出幾個可能滿足要求的行為及政策，即使能列出一些行為或政策，也很難確知某行為或政策能帶來多少快樂及不快樂。奧妮薾訴諸約瀚穆勒的「人性效益主義（humane utilitarianism）」想法：行為如果傾向帶來快樂就是對的，傾向帶來快樂的反面就是錯的（O'Neill, 1993: 248-50）。的確以最大化為目標的古典效益原則被認為是難以達成，因此，當代效益主義論者對效益主義進行修正，其中大致上可以分為三種：優化式（optimal）、滿足式（satisficing）（Slote, 1984; Petit, 1984）及純量式（scalar）（Lang, 2013）。雖然奧妮薾沒有提到這些修正，但此三種修正可以被視為「人性效益主義」的延伸。

根據優化式行為效益主義，道德上允許的政策是必然要比其它行為或政策帶來更多的匯聚效益。道德上不允許的行為或政策是一定不會比任何其它行為或政策帶來更多的匯聚效益。根據滿足式行為效益主義，道德上允許的道德上允許的行為或政策是能滿足某個事先設定的標準之政策，但這不一定要比其它可能發展出來的行為或政策帶來更多的匯聚效益。道德上不允許的行為或政策是不能滿足某個事先設定的標準之政策。

純量式行為效益主義是運用比較方式將不同行為或政策的可能影響互相做比較，假設在某一個特定時空，A 要做行為及政策決定，他有三個選擇 x、y 及 z，每次只能比較兩個可能，他先比較 y 及 z 兩個選擇，發現 y 比 z 帶來更多的匯聚效益，將 x 納入比較，如果 x 比 y 帶來多一點點匯聚效益，x 比 z 帶來非常多匯聚效益，A 選擇 x 比較好，但如果他選擇 y，這決定是道德上允許的。純量式效益主義建立一個量表，只要行為或政策帶來的匯聚效益是正數，都是允許的。所以純量式效益主義沒有具體的導引效力，似乎就是什麼都可以。

　　辛格批評純量式效益主義，即使「好」是有程度之分，「對」跟「錯」沒有程度之分，當然我們要做到能帶來最好效果的事，這是對的事（De Lazari-Radek and Singer, 2014: 333-5）。不過，他在《一個世界》中認為，即使我們要求自己要做到能帶來最好結果的事，但我們可以要求他人做的事可以不是帶來最好結果的事，關於這一點之後會再在討論全球再分配的時候深入探討。

　　行為效益主義以結果好壞來判斷其對與錯，而程序是次要的，這跟強調規則的本務論（deontological theory）為基礎的道德觀大相徑庭。效益主義者後來發展出規則效益主義（rule-utilitarianism），強調透過制度及程序以達至效益主義的理想結果（Harsanyi, 1977, 1985）。有關這兩種效益主義應用在社會再分配的討論相當之多，但我們所關注的是效益主義如何應用在全球再分配的考量上。埃夫斯朗提出類似制度效益主義的考量，但他的理論雖並非只針對全球再分配，但亦包括國際關係其他議題（Elfstrom, 1990）。不過，他的

效益主義視角對全球再分配的意涵有待進一步的發展。效益主義者當中最先關心全球再分配的是，他從行為效益主義的觀點嘗試論證全球再分配的正當性。

對效益主義者辛格來說，羅爾斯《正義論》本身的問題在於完全漠視「存在於不同社會之間在財富及貧窮上極大差異所展示的不正義」（Singer, 2016b: 9），或許這間接催促他出版了影響力甚廣的一篇文章《饑荒、富裕與道德》（1972），該文之寫作背景是 1971 年在印度發生導至成千上萬的人死亡的饑荒。

辛格假設由於缺乏食物、住房及醫療而受苦跟死亡都是壞的，他力言富裕國家並非沒有能力提供足夠的援助以減少當地人民的苦難。當時他用了一個例子，我們稱之為「對比一」：「我經過一個小水池見到一個小孩溺水，如果踏進去救她，衣服一定會弄髒，但這意義並不重大，反而小孩的死就會是非常壞的事情」（Singer, 1972: 231）。之所以稱這例子為一種對比是因為辛格是在比較小孩溺水及弄髒衣服所帶來的損害。對辛格來說，很顯然任何人遇到這種情況，都應該去救她。辛格是從行為效益主義的角度出發作出判斷，在此不必深入討論這個例子，重點是如何從行為效益主義的角度論證全球再分配。在 1971 年激發辛格關注的是饑荒所帶來的苦難，三十年後激發辛格的是全球化所帶來的世界貧窮。

辛格引用 2001 年美國遭受恐怖攻擊的慘況與同年的世界貧窮狀況相互對比，稱之為「對比二」：「在恐怖攻擊後的三個月內，全美國人共捐出三億五千多萬美金給受難者家庭，平均每個家庭有 $880000 美金，與此同時，根據聯合國

公佈的一份報告指出,每天都有大概三萬名五歲以下的兒童死於營養不良、不潔食用水或缺乏醫療照顧,單單這個數目就是911遇難者人數的十倍」(Singer, 2016b: 174)。

辛格運用這對比的用意是要質疑在這些例子中美國人對同國人的關心爲何要比對他國極爲匱乏的人大上了那麼多。他意識到不少人會認爲「慈善始於本土」,而「我們要先照顧本國人的貧窮,才去處理國外貧窮」。不過,他同時指出很多人都毫無疑問地認同「所有人類都有一些權利,而所有人的生命都具有相同的價值」(ibid.: 176)。令他感到困惑的是爲何大家會同時抱有這兩種態度,其疑問是:假如作爲我們行善對象的那些本國人本來就可以滿足自己的基本需要,只是他們比起我們的高生活水平算是貧窮而已,那麼單純作爲我們同國人的事實是否足夠讓我們給予他們比其他更有需要的人較優先的地位?

可是,有人或許會質疑,辛格在上面所運用的「對比二」不能被簡單化成爲「是否能滿足需要」的議題,美國人捐款給911受害者家屬的主要動機應該不是爲了滿足受害者家屬的基本需要,換句話,當決定捐款時,捐助人大概不會認爲,如果沒有人捐款,受害者家庭連基本需要都得不到滿足。捐助的動機很有可能是出自對賓拉登及蓋達組織的憤恨,也就是出自民族主義高漲下的動機。

針對1971年饑荒,辛格批評在個人層次上沒有人曾提供大量的援助,各國政府也沒有代表人民提供足夠的援助。二十一世紀面對的世界貧窮並非天災所引起的突發事件,而是全球發展長期不均衡所累積的問題。不過,辛格似乎認爲兩種問題都可以透過行爲效益主義的立場處理。

辛格認爲我們要考慮在多大的程度上「我們眞正能夠或應該令『同一世界（one world）』成爲超越族國（nation-state）的道德原則」（Singer, 2016: 177）。我們不大清楚爲何「同一世界」是一項道德原則，辛格本人亦沒有進一步闡述。不過，辛格所設想的應該是類似博格及拜斯所說的「道德大同主義」。相對於博格及拜斯而言，辛格更深入地剖析他認爲是大同主義的最重要元素，那就是上面提到的「公正」。雖然前述的對比並不能非常準確的反映辛格想要帶出有關「公正」的重點，但是這並不代表辛格對「公正」的重視並不合理，而所謂的「一個世界」或許就是強調大家在全球範圍應該體現「公正」的道德考量。事實上，他在後期著作中重新詮釋塞德威克的效益論時指出，效益主義應該要採用「普世的觀點（the point of view of the universe）」，這是「理性行動者」而非「利己主義」的觀點（De Lazari-Radek and Singer, 2014: 378）。

從效益主義發展出來的全球再分配理論廣義來說屬於普世大同主義，其特點是以全球的每個人作爲正義或道德考量的出發點。若然將行爲效益主義應用於全球再分配，我們可以想像，其所面對的困難不會比應用在個別社會中時變得更少。對效益主義的一項批評是其無法認眞對待每一個人的區別性（separateness），不過，不少正義論都遇到同樣的問題，原因是任何方式的再分配都無可避免地要作出取捨，某些人會被分配比較多，另些人比較少，就連執意批評積極效益論的羅爾斯所提出的正義論也無法眞正認眞對待所有個體。對效益論者而言，重點是公正地對待每一個人。

行爲效益主義被視爲是實質上公正的原因是任何行爲要

是正確的話必須符合效益原則，每位受影響的人都要納入考量，任何行為對人的影響之評估不能因人而異。某人的愉悅或痛苦跟另外一人的相等愉悅或痛苦必須得到相同對待，即使這個某人是負責計算的人本身或是跟她相熟的人，做法都必須一樣，任何特定關係都不可影響公正的效益計算（比較 Gruen, 1999: 134）。

辛格承認以公正為基礎的倫理體系會遇到批評，有人會質疑，由於公正意味不能因為感情因素而做出有所偏頗的行為及決定，嚴守公正性會傷害帶有深厚感情的關係。按照公正要求去實現效益原則，親情、友情及鄰居情誼都有可能被摧毀。在宗教盛行的台灣，假設有一位退休志工在她服務的老人照護中心有兩位她熟悉的長者跟她家中的父親需要同樣及同等程度的照顧，如果她要公正行事，就要花雙倍時間在照護中心，但這似乎有違一般倫理的要求。

關於效益主義公正論的探討在於其能否納入偏頗的喜好（partial preferences），辛格認為效益主義不會反對納入偏頗的喜好，原因是若這些情誼被毀的話，一般而言是不會符合效益原則的。辛格訴諸於赫爾（Hare）的道德雙層論，在日常生活層次大家可以採用生活累積下來的直覺性原則，在反省性層次則建立具批判性的道德，看看從公正的角度出發，那些直覺性道德是否能帶來「最大的善（the greatest good）」（Singer, 2016b: 184）。由於辛格和赫爾都是效益主義者，所謂「最大的善」就是「最大多數人的最大快樂」。

先假設辛格回應是合理的，我們比較關心的是偏頗的喜好中包不包括對其他國民的關係？辛格認為國民關係不構成可接受的偏頗喜好，具體來說，P 及 Q 一樣窮，P 跟我是同

國人而 Q 是窮國的人，P 跟我的國民關係不能構成我無該優先協助 P 的理由。雖然辛格沒有用「陌生人」這個字眼，但是他的意思是 P 及 Q 同為陌生人，我必須公正地對待。

面對另一位效益論者高迪為「對本國人有特定義務」辯護的做法，辛格雖沒有明說，但高迪正是在反省性層次中缺乏深思。高迪認為國家擁有對國民的特定責任的，原因是這些責任能有效地履行大家「普遍本分（general duties）」的行政規制，重點國家被賦予的責任能有效地保護國人（Goodin, 1995: 286）。辛格的回應是，國家也許是更有效率地照顧國內的公民，但在全球財富分配如此不平等下，若效率是指應該將每塊錢的最大效益發揮出來的話，那麼支援窮國貧者可以帶來更大的善（Singer, 2016b: 197-8）。

從辛格的回應中看出，他沒有明確處理三方面的問題，第一是所謂效率問題，高迪談的效率問題是實際操作上如何履行從效益原則衍生的普遍本分，如果每個國家都有足夠資源處理，那就完全沒有問題，但高迪承認可能有國家負擔不起的話，其他國家可以協助。辛格所談的是如何最有效地使每分資源的效益最大化，這牽涉第二方面的問題，也就是國家的功能。

辛格似乎認為不要靠國家作為媒介，靠每位負擔得起的人履行扶貧責任便可，這似乎有違他自己的經驗，如他自己所說，他在跟西方先進國家的人們接觸後發現，很多人的確為了自己給予窮者不夠多而內疚，而他們都嘗試找理由來降低自己的罪疚感（Singer 1999: 304）。例如，說服自己認為捐給海外的扶貧組織的錢很多都到不了真正有需要的人手裡，但不正是反映在個人行為的層面上遇到實際困難。高迪

雖沒有明說，但按照他的進路，大家只要對自己身處的生活比較充裕的國家施壓，要求政府代表他們協助其他有需要的國家，不是更能滿足效益原則？如果說，由於富國政府捐助窮國政府的錢很有可能到不了有需要的人之手而否定這個做法，那麼為什麼大家擔心捐給國際組織的資源到不了窮者手裡就只是用來減低罪疚感的藉口？

第三，或許辛格反駁在財富不平等的程度那麼嚴重的情況下，國與國之間的援助即使是可靠的，也是緩不濟急，所以他才呼籲大家不要拖延，必須立刻行動。辛格似乎將財富不平等跟貧窮視同一硬幣的兩個面，但這也帶出了另外一個問題，如果國內不平等現象反映苦難正在發生，我們應將資源放在國內，還是也該將資源送給窮國來降低不平等？透過批評另一論者韋民（Wellman）的看法，辛格似乎是想回應這個問題（Wellman, 2000: 545-9, Singer, 2016b: 198-202）。

韋民認為國內經濟不平等對政治不平等有負面影響，但在全球範圍國與國之間的經濟不平等不會有這種影響，辛格的回應是在全球化下出現的問題須要各國有機會共同參與解決，國家之間的政治平等是大家應該追求的。不過，韋民的意思是不改善國際經濟不平等狀況也不會影響國際之間的政治平等，辛格根本抓錯重點。另外，韋民認為經濟不平等本身不是問題，令人擔心的是不平等帶來的壓迫性關係，辛格的回應是全球化下存在壓迫性關係。然而，他沒有說明這些壓迫性關係是否源自經濟不平等，舉例來說，南北韓之間的壓迫關係不是經濟問題，而改善南北韓之間的經濟不平等不會改善因為北韓擁有核武造成的壓迫性關係。辛格對韋民的兩點反駁都欠缺說服力，因此，他反對將「降低國內不平

等」置於比「降低國與國間不平等」更優先的位置上的嘗試是失敗的。

辛格參與有關國與國間不平等的討論令其理論出現失焦的狀況，韋民關心的是不平等而不是貧窮，辛格關心的本來就不是不平等本身而是跟不平等同時出現的極端貧窮，硬要將不平等帶入討論迫使他承認富國可以同時嘗試減少國內及國與國之間的經濟不平等。為了勉強回到他的立場，辛格採取奇怪的推論進路。步驟一，他將大家的關注從國際層次拉回個人行為的層次。他認為，「我作為美國人如果能在降低肯亞不平等的事情上比在降低美國不平等上做得更多，那麼韋民沒有給我任何理由去優先降低美國的不平等」（Singer, 2016b: 201）。對韋民而言，常識告訴我們由於就近性的關係，不管是在個人或國家層次，降低本國不平等會比降低他國不平等簡單多了。辛格另外提到，對窮國提供協助同時可以降低該國不平等又可降低國與國之間的不平等，應該是最佳選擇。此說法當然可以討好非效益論的自由左派，然而，正如前面已經提到，他對韋民的兩點批評欠缺說服力，所以即使能同時降低兩種不平等，也依然沒法成功證明「降低窮國國內的不平等」之優先性。

步驟二，減少在陷入絕對貧窮狀況的人數毋庸置疑地要比減少富國內的相對貧窮要來得優先。可是，此立場幾乎沒有任何論者會反對，即使保守右派也會同意從人道主義出發去提供協助。就此看來，辛格其實只關心貧窮。問題是對效益論者而言，為什麼只有絕對貧窮而非相對貧窮才能建立優先性？我們之後再討論這點，在此只須指出，既然辛格認同不平等本身不是問題，他根本就沒有必要討論國與國之間的

經濟不平等，他其實只應關心貧窮。

　　辛格跟非效益論者韋民及同為效益論者高迪之間的分歧實際上是關乎國家於再分配上之角色，所以辛格要集中討論的應該是羅爾斯的國際正義本分論，事實上他亦對此論作出批評。不過，關於他對羅爾斯如何在全球範圍內應用契約論方法的批評，跟我們第三章討論過的批評類似，在此不必重複。辛格比較在意的是，羅爾斯國際正義論的核心道德要求「協助本分」不是用來直接援助窮國的貧者，而是必須透過國家對國家的協助的間接方式。在實際運作上，羅爾斯理論跟高迪的「指定責任模式」有相若的效果。

　　辛格本人提出兩個要應用在全球範圍的效益主義道德考量（Singer, 1972: 231）：

　　U1：「假如我們有能力阻止壞的事情發生，而不會因此犧牲任何具有*相若*道德顯要性的東西，我們在道德上應該如此做。」[1]

　　U2：「假如我們有能力阻止*非常壞*的事情發生，而不會因此犧牲任何具有道德顯要性的東西，我們在道德上應該如此做。」[2]

　　廣義而言，這兩項都屬於效益主義的考量，U1 及 U2 考慮付出者的損失及要阻止什麼壞的事情發生，但辛格沒有提到另外兩個可能：

---

[1]　"If it is in our power to prevent something bad from happening, without thereby sacrificing anything of comparable moral importance, we ought, morally, to do it."

[2]　"If it is in our power to prevent something very bad from happening, without thereby sacrificing anything morally significant, we ought, morally, to do it."

U3：「假如我們有能力阻止*非常壞*的事情發生，而不會因此犧牲任何具有*相若*道德顯要性的東西。」

U4：「假如我們有能力阻止壞的事情發生，而不會因此犧牲任何具有道德顯要性的東西，我們在道德上應該如此做。」

試比較付出者在哪種狀況下付出最多，U1 的要求面對的是壞的事情而不是*非常壞*的事情，只要不犧牲任何具有*相若*道德顯要性的東西，就應該要做，付出者犧牲的程度最高。U2 只針對*非常壞*的事情，而且只要不會犧牲任何具有道德顯要性的東西，就應該要做，付出者犧牲的程度最低。U3 只針對*非常壞*的事情，但可以到了犧牲*相若*道德顯要性的東西，所以比 U1 的要求低，但比 U4 的高。

U1 及 U2 是否源自效益考量？辛格在回應不同的批評時，一方面承認他的目的是要說服大家「不去紓緩窮者的苦難」乃一項「嚴重道德敗筆」，另一方面指出他當初之所以用比較空泛的「道德顯要性」是要說服除了後果論者以外的大多數人（Singer, 1999: 302-5）。辛格的理論假設由於缺乏食物、住房及醫療而受苦都是壞的事情。從效益主義的立場出發，論者其實可以訴諸消極效益論，以「最大多數人最少的苦難」來代替「最大多數人最大的快樂」。苦難的祛減可以成為效益主義的基本目標，當全世界眾多人民都在承受苦難、飢餓的時候，如果減少苦難都辦不到，遑論要去增加快樂。我們將會指出在某種假設下，辛格的立場應該要朝消極效益主義發展，並嘗試以消極效益主義的觀點來詮釋他就全球再分配所提出來的原則。之後我們嘗試從概念上區分兩種消極效益主義：相對消極效益主義及基進消極效益主義，並

指出兩者的理論困難。[3]

三、悲慘世界觀、苦難的祛減和消極效益主義

古典效益主義假設一種相對積極的人生觀，人總是遇到快樂比遇到苦難為多，平均來說，每個人的快樂會比苦難多。不管是支持或反對，大部分效益論的討論都假設全球總快樂值一直都處於正數，而且是（除了如世界大戰的期間）不斷增加中，這樣的樂觀立場源自啓蒙思潮及西方中心主義，西方啓蒙運動最重要的兩個元素是：進步主義及理性主義，人透過運用理性會不斷進步，人的物質生活水準會一直提升。由於社會進步集中在西方，而非西方民族不是身處他國殖民地，就是在固步自封的封建帝制被奴役。不少西方效益主義者似乎認為財富增加就是效益增加，而他們所看到的是自己的國家不斷進步而財富不斷增加，以西方中心的角度出發，相信快樂值多屬正數是可以理解的。

效益主義者如辛格在全球再分配的議題上參與經濟不平等的討論對效益論最大的傷害在於不經不覺把金錢等同效益來看待，原因是大部分關於全球不平等的討論都是以財富或收入作為比較基準。不過，財富或收入的增加不等同於快樂值增加，全球總財富增加不等同於全球總快樂值增加。事實上，如能擺脫西方中心主義，或許大家不能太樂觀。我們不

---

[3] 格菲對消極效益主義提出批評，他將消極效益主義區分成弱版本及強版本，前者比較像我們說的相對消極效益主義，後者則像基進消極效益主義，但他沒有深入探討快樂與苦難之關係及其他論者的看法（Griffin, 1979）。我們不是要為消極效益主義辯護，而是要指出辛格的理論是一種消極效益主義。

妨採取悲觀立場，繼而探討對全球再分配有什麼理論意涵，之後會看到悲觀立場再加上消極效益主義比較能讓辛格發展出完整的理論。

關於全球化的討論幾乎都不會談到世界觀，全球正義論述也大多不涉及不同世界觀的鋪陳。不過，如果大家不排除效益論可以成為可靠的全球再分配理論的話，就不難發現在全球範圍內探討效益主義的合理性會引起關於世界觀的聯想。以往將效益原則「最大多數人最大快樂」應用在個別西方社會似乎沒有問題，這是由於效益原則似乎假設在其應用範圍內（即西方社會），大多數人都處於快樂狀態。想要將傳統效益主義直接應用在世界性場境的論者會遇到一個困難，這個世界裡大多數人是處於快樂狀態嗎？簡單來說，到底這個世界是充滿快樂的璀璨世界，還是充滿苦難的悲慘世界？

我們大可將璀璨世界觀及悲慘世界觀各分為兩種：

F(S)：堅定的璀璨世界觀全世界的大多數人都是處於快樂中，而未來依舊會是這樣。

F(M)：柔弱的璀璨世界觀認為全世界偶然會出現大多數人處於苦難中，但比較多時間處於快樂中，而未來亦會是如此。

M(S)：堅定的悲慘世界觀認為全世界的大多數人都是處於苦難中，而未來依舊會是這樣。

M(M)：柔弱的悲慘世界觀認為全世界偶然會出現大多數人處於快樂中，但比較多時間是處於苦難中，而未來亦會是如此。

古典效益主義者如邊沁及約翰穆勒大概是接受柔弱的璀

璨世界觀，不管是其追隨者還是批評者，都假設了快樂而非苦難是重點，邊沁認定快樂就是愉悅，是一種感覺，關心的是如何實現「最大多數人最大快樂」。自約翰穆勒提出高等愉悅概念後，大家對什麼是快樂有不一樣的解讀，一個相對忠於效益主義的理解是快樂由各種愉悅共同構成，自此延伸出來的是，苦難乃各種痛苦共同構成。

古典效益主義隱含著兩個非常重要的假設：

P1：快樂與苦難是可以相互共量的，快樂與苦難是可以互相抵消。

P2：快樂與苦難在道德上互相對稱，快樂與苦難同樣重要，等值苦難要以等值的快樂才能抵消。

P1 所指的個人內在的快樂與苦難是可以相互共量的，而不同個人之間的快樂與苦難也是可以相互共量的。P2 所指的是從道德角度出發，祛減苦難及避免導致苦難跟促進快樂及避免減少快樂具有相同的道德意義。到底將效益主義應用在全球範圍的話是否要接受古典效益主義的這兩項假設呢？哲學家關於這一點的討論並不多，或許是受到波柏的啟發，厄頓（Acton）及獲加（Walker）是少數有真正觸及這個議題的消極主義者，他們對 P2 提出異議。厄頓提及一個非常重要的論說，也就是幫助受苦者的道德緊迫性要遠大於增加任何不是在受苦的人之快樂所引發出來的道德要求（Acton, 1963），這很顯然跟波柏的看法類似。

消極效益主義者認為祛減苦難比增加快樂來得重要，雖然他們沒有提到積極效主義，但我們推斷積極效益主義者認為增加快樂比減少苦難來得優先。積極效益主義及消極效益主義認同～P2：

～P2：快樂及苦難在道德上互不對稱

我們大可進一步假設積極效益主義者接受璀璨世界觀而消極效益主義者接受悲慘世界觀。按照古典效益主義，「最大多數人最大快樂」意思是先把個人的各種愉悅儘可能增加，然後將能得到最大快樂的人數盡量增多。按照消極效益主義，「最大多數人最少苦難」意思是先把個人的各種痛苦盡可能減少，然後將能達到最少苦難的人數盡量增多。為了跟古典效益主義作出區分，消極效益主義者必須成功論證～P2。但只有～P2 是不夠的，為了方便討論起見，我們可以替消極效益主義提出 Pr3：**苦難考量*相對地*比快樂考量要來得重要**。接受～P2 不必然意味 Pr3，我們可以替積極效益主義提出 Pr4：**快樂考量*相對地*比苦難考量要來得重要**。值得注意，積極效益主義接受～P2 及 Pr4，故此跟古典效益主義不同。

獲加要證成 Pr3，他認為古典效益主義無法處理四個快樂與苦難不相稱的情況（Walker, 1974），第一點，當我們要決定在將來為某人帶來快樂還是為另一個人避免苦難時，避免苦難似乎應該比較優先。不過，獲加認為，假如是要透過減少 L 現在的快樂來祛減 K 現在的苦難，那麼就比較複雜。他認為最理想的狀況是 L 被說服自願犧牲其現在快樂來抒解 K 的苦難。可是，為何獲加認為以減少 L 現在的快樂來祛減 K 現在的苦難產生猶豫？如果消極效益主義是成立的話，我們應該要認定祛減 K 現在的苦難比減少 L 現在的快樂來得重要。獲加似乎意識到古典效益原則在應用上會面對的類似問題，對古典效益主義者而言，假如把苦難加諸於 L 而讓 K 更快樂能將快樂最大化，那麼這也是可以接受

的。古典效益主義被批評者所詬病的並非快樂的增加是不好的，而是其有侵犯自由或權利的傾向。問題是剝奪能在將來為 L 帶來快樂的資源，跟剝奪現在能為 L 帶來快樂的資源實質上是等同的。重點是 L 現在得到的及將要得到的資源是否她所應得，若答案是肯定的，剝奪應該屬她的資源同樣是違反其權利，這個問題牽涉比較深層次的問題，在此不會深入討論，只須提出若要具體化消極效益論就必須訴諸基本需要及區分需要及應得在再分配論中應有的角色。

對消極效益主義者來說，現在的苦難跟將來的苦難在道德意義上應該是一樣的才對，可是，由於將來的苦難目前不可能被納入計算，所以根本無可估量。當然，相對於將來的苦難而言，祛減現在的苦難具有心理上的優先性，但這並不意味道德上的優先性。舉例來說，戒毒是要祛減將來的苦難，讓剛開始戒毒的人重新吸毒可以解除他當下的某種「痛苦」，但這會為他在以後繼續帶來苦難。

或許獲加會贊同這個想法，並指出他自己的另外一個重點是在於區分痛苦的施加（the infliction of pain）及祛減痛苦的失敗（the failure to relieve pain）。他似乎認為兩者的道德意義是不同的，但並沒有進一步解釋。這個議題跟「謀殺與讓人死（murder or letting die）」的爭論相類似，不同的消極效益主義者可能會有不同的看法，在此不必深究。我們的討論重點反而是消極效益主義者的共同立場：苦難的考量是優先於快樂的考量。獲加引用路斯（Ross）的想法：對某人加諸的苦難，只能透過對另一個人提供更大值的快樂才得以抵消（Walker, 1974: 425）。很顯然，這跟前面提到的另一古典效益主義假設相若：快樂與苦難是可相互共量的。問題是

多少的苦難才可以抵消多少的快樂？我們稍後會回到這一點。

獲加提出的**第二點**是古典效益主義無法讓我們處理不同義務的迫切性（stringency of obligations）。他認為道德上我們必須隨時準備祛減他人苦難及隨時注意避免導致苦難。相對而言，若說我們必須隨時準備為別人帶來快樂，這似乎並沒有那麼合理。值得注意的是，他沒有用減少他人快樂來做對比。比較合理的做法其實是，一方面去比較祛減他人苦難及增加別人快樂，另一方面則比對避免導致他人苦難及避免減少別人快樂。

假如快樂與苦難是可以相互共量的，為何我們有更迫切的義務去祛減他人苦難而不是增加別人的快樂？又為何我們有更迫切的義務去避免導致他人苦難而不是避免減少別人快樂？獲加的可能回應是義務的迫切性視乎相關苦難及快樂的多少，那麼我們又回到前述的問題，也就是，多少的苦難可以抵消多少的快樂？

獲加的**第三點**指出大部份人相信說謊或違反承諾有時候具有道德正當性。他認為只要最簡單的思考都可以說服我們同意：「不守承諾會祛減苦難」跟「不守承諾會帶來快樂」兩者在「合理化不守承諾」這件事上並不具有相同的份量。獲加的例子當然假設了後果主義的合理性，也就是說，結果考量在原則上可以壓倒義務考量，不守承諾即使違反了義務，也是可以接受的。他的意思是在考慮違反義務是否合理時，如果不守承諾是為了祛減苦難，這要比起是為了增加快樂來得有力。不過，對古典效益主義者而言，祛減苦難及增加同值的快樂兩者在道德考量上是等同的。獲加沒有指出他

所說的苦難是誰的苦難，快樂是誰的快樂。接下來，我們可以探討一下此問題的複雜性。

假設 A 及 B 是承諾雙方，C 是受承諾影響的第三者。我們可以用四個例子來說明：

（一）破壞承諾減少 A 的苦難卻增加 B 的苦難，C 不受影響；對 A 而言，當然希望破壞承諾，B 則當然不願承諾被破壞。

（二）破壞承諾增加 A 的快樂卻減少 B 的快樂，C 不受影響；對 A 而言，當然希望破壞承諾，B 則當然不願承諾被破壞。

（三）破壞承諾減少 A 的苦難卻增加 B 的快樂，C 不受影響；A 及 B 當然都希望破壞承諾。

（四）破壞承諾減少 A 的快樂卻增加 B 的苦難，C 不受影響；A 及 B 當然都不希望破壞承諾。

在例（三）及例（四）中如何處理都沒有多大的爭議，不管是從效益論還是從本務論出發，都不應該破壞承諾。對效益論者而言，最重要的是總體苦難與總體快樂而不是誰的苦難或誰的快樂。在例（一）中，效益論者要看的是破壞承諾為 A 所減少的苦難是否大於令 B 增加的苦難；若答案是肯定的，則應該破壞承諾，若答案是否定的，則不應該破壞承諾。在例（二）中，效益論者要看的是破壞承諾為 A 所增加的快樂是否大於令 B 減少的快樂；若答案是肯定的，則應該破壞承諾，若答案是否定的，則不應該破壞承諾。當然，對本務論者而言，在這兩個例子中，我們都不應該破壞承諾。

以上述的例子作說明，獲加所說的其實是，當考慮是否

破壞承諾時，若牽涉的是如例（一）中的苦難增減，那麼我們就要認真對待。可是，大家不清楚的是，獲加是否認為：若牽涉的是如例（二）中的快樂增減，那是否就不必認真對待？如果獲加是這麼認為，這是否意味即使總體快樂會因承諾被破壞而提昇，我們亦不能破壞承諾。若答案是肯定的話，效益論不就是對本務論讓步了嗎？這有違行為效益論的基本信條，也就是後果考量重於程序考量。如果獲加不是這麼認為，這是否意味假如總體快樂會因承諾被破壞而提昇，我們也就可以破壞承諾。若答案是肯定的話，這跟古典效益主義的考量有何區別？獲加似乎無形中放棄消極效益主義的優越性。

獲加在他提出的**第四點**（即最後一點）中要求我們設想以下的一個狀況，假如某人向我們尋求如何解決道德疑難，大家會很容易發現若我們在考慮建議他的行為時，跟導致或袪減苦難有關的考量在大多數情況下都會被納入考慮，但相對而言，若是跟促進快樂有關的考量則並不會常常被納入考慮。獲加特別強調，他本人並不認為苦難考量必然具有決定性的份量，只認定有關苦難的考量在實際的道德審議場境中都具有相關性。

獲加接受 P1（快樂與苦難是可相互共量的），但不同意 P2，獲加提出的是，相對於能產生快樂的 Y 行為，能袪減同等絕對值苦難的 X 行為產生更強而有力的規範性考量。同樣地，相對於會減少快樂的行為，帶來同等絕對值苦難的行為產生更強而有力的規範性考量。由於獲加所提出的消極效益主義仍然接受古典效益主義裡的 P1（也就是，快樂與苦難是可以相互共量的），在這個情況下，他要反駁 P2（也

就是，快樂與苦難在道德上的互相對稱的）而證成 Pr3 是相當困難的。

以上獲加所提出的第一、二兩點似乎犯了乞題的謬誤，他的目的是要論證苦難考量比快樂考量要來得重要，可是，他在上述兩點中實際上就只是對此說法的再一次宣稱，並沒有提出獨立的論據，因此，「苦難考量比快樂考量要來得重要」就似乎是等同於自明原則（self-evident principle）。可是，假如我們接受這個自明原則，為何不能接受相反的想法，也就是「快樂考量比苦難考量要來得重要」？

同時接受（P1）及（Pr3）的話就必須提出苦難與快樂的共量比例，也就是多少絕對值的苦難可以抵消多少絕對值的快樂。有論者也許會提出兩個單位的苦難抵消一個單位的快樂，另外的論者有可能會提出三個單位的苦難抵消一個單位的快樂，可是，不管比例多少都必然引起爭議，獲加本人並沒有提出具體的比例。更重要的是，不管比例最後訂定在多少，苦難在原則上是可以被抵消快樂的。

以上是獲加的消極效益主義遇到的內在問題，或許先不管獲加是否能有力回應我們的質疑，只須注意在他的論說中，消極效益主義是合理的，袪減苦難只擁有相對優先性，而非絕對優先性。我們可以稱獲加的消極效益主義為「相對消極效益主義（relative negative utilitarianism）」，另外我們可以提出「基進消極效益主義（radical negative utilitarianism）」，跟相對消極效益主義一樣，基進消極效益主義反對（P2）（快樂與苦難在道德上互相對稱），但跟古典效益主義及相對消極效益主義不同的是，基進消極效益主義也反對（P1）（快樂與苦難是可以相互共量的），認為快

樂與苦難是不能相互抵消的。

傳統效益論過去一直面對一項批評，就是假設「最大多數人最大的快樂」乃至高原則，如果一個社會在奴隸制中能達到最大多數人最大的快樂，那麼，奴隸制不單是合理的，更是必須要維持的。不管是保守右派還是自由左派，他們都對傳統效益主義提出類似的批評，消極效益論則能避免這種批評，在「最大多數人最少的苦難」主導下，袪減苦難具有優先性，奴隸制中的奴隸每天都在面對苦難，所以消極主義者不能也不須接受奴隸制。另外，要仔細地按照行為效益主義的要求必須了解每個人的具體狀況，這似乎是過於困難。

從效益主義的立場去合理化全球再分配，辛格的兩項原則實際上是仰賴某種消極效益主義。相對於要求體現「最大多數人最大快樂」的傳統效益原則，消極效益原則要求「最大多數人最少苦難」。我們可以將 U1 及 U2 修改為以下兩項考量：

U1'：假如我們有能力阻止帶來苦難的事情發生，而不會因此帶來犧牲任何具有相若道德顯要性的東西，我們在道德上應該如此做。

U2'：假如我們有能力阻止帶來非常大苦難的事情發生，而不會因此犧牲任何具有道德顯要性，我們在道德上應該如此做。

快樂與苦難在道德上的互相不對稱的，這似乎亦是辛格的看法。當辛格說有能力卻不去袪減世界貧窮者的苦難之做法是一項嚴重的道德敗筆時，他似乎認定袪減苦難比避免減少快樂重要。在前述的對比中，辛格希望帶出的訊息正是雖然部份美國人相對於其他大部份同胞是貧窮的，但是與極

度匱乏的非洲貧民相比，很顯然減少非洲饑民的苦難要比增加美國同胞的快樂來得重要，這正是 U1、U2 或修改後的 U1'、U2' 中隱含的想法。

辛格比較接受 U2 及我們修改後得的 U2'。按照 U2'，如果犧牲一點快樂可以抵消苦難，那麼美國人應該犧牲一點自己的快樂來優先幫助減少非洲饑民的苦難。依靠道德直覺的話，這似乎是有其道理的，這牽涉一個更深層次但很少西方學者會問的問題：全世界人類的總快樂值是正數還是負數？古典效益主義或積極效益主義似乎都假設是正數，而消極效益主義者雖在理論上應該對世界抱持悲觀的看法，但其實不必然認定是負數。辛格似乎認為總快樂值是正數，而每位有能力的西方人士只要付出一點點便可以令很多落後國家窮人的苦難大大減少。

辛格後期的理論明顯地展示消極效益主義傾向，（1）當我們只須付出一點代價但卻不去祛減世界貧窮者的苦難之做法是一項嚴重的道德敗筆（Singer, 1999: 302），（2）「減少世界上生活在絕對貧窮狀況下人數」毋庸置疑是比「減少相對貧窮」處於更緊急優先地位（Singer, 2016b: 201）。問題是我們可以將辛格的理論理解為基進消極效主益主義嗎？

四、需要的匱乏與基進消極效益主義

對基進消極效益主義者而言，愉悅與痛苦雖同樣是感覺所致，但卻屬於截然不同的類別。試用一個類比來闡釋兩者的差別，粗麻布所造的衣服及絲質衣服同是衣服，但卻是不同類別的衣服，再者，粗麻布與絲綢似乎是不能混合在一起

成為布料，這跟快樂與苦難的感覺是不能調和是一樣的。有趣的是，直接穿上粗麻布所造的衣服帶來不自在的感覺，直接穿上絲質衣服會帶來自在的感覺，這兩種感覺為何可以互相抵消呢？古典效益主義者會質疑這個類比的合理性，可是，我們設想愉悅與痛苦可以同一時間存在某一個人的感官世界裡，有被虐狂的人在被虐待時雖受到的某種痛苦，但卻同時感到某種愉悅。由此可見，愉悅與痛苦同時存在確實是可能出現的，但如果兩者是可以相互抵消的話，這是不可能出現的。

或許有人會認為被虐狂被虐時所受的痛苦是肉體上的痛苦，享受的卻是精神上的愉悅。為了方便討論起見，我們大可以假設能夠區分肉體上及精神上的愉悅與痛苦，然而，假如他們認同精神上的愉悅與肉體上的痛苦是可以同時並存，為何肉體上的愉悅與痛苦不可以並存，又或者是精神上的愉悅與痛苦不可以並存？舉例而言，在寒冬中，左腳泡在冰水裡所帶來的痛苦以及右腳泡在溫水裡所帶來的愉悅是同時可以存在的。另一派的基進消極效益主義者可能不接受帶來愉悅的感覺及帶來痛苦的感覺可以同時存在，他們關心的是大家到底是處於快樂的時日比較多還是處於苦難的時日比較多。

古典效益主義者的回應會是 P1 裡的「可相互共量」並不意味「可相互抵消」。可是，此論點十分值得商榷，若不能相互抵消，那又如何可能相互共量？即使快樂及苦難是可以量化的，亦不意味兩者可以相互抵消，如果兩者不能相互抵消，則亦不能相互共量。

基進消極效益主義反對愉悅與痛苦是可以相互共量的，

但同意相對消極效益主義認定愉悅與痛苦考量是不相稱的看法。基進消極效益主義進一步認為

Pa3：*苦難考量絕對地比快樂考量要來得重要*。

換句話說，相對於快樂而言，苦難擁有絕對優先性，這意味我們必須先減少及預防苦難，才考慮促進快樂及防止快樂的消減。有趣的是，我們可以設想基進積極效益主義的立場

Pa4：*快樂考量絕對地比苦難考量要來得重要*。

前面討論獲加的想法時，我們就提到獲加的論點無法證成 Pr3，Pr3 只能被視為自明原則。同樣地，基進消極效益主義亦無法證成 Pa3，更不能證成 Pa3 比 Pa4 合理，Pa3 亦只能被視為自明原則。當然，這並不是說 Pr3 或 Pa3 都完全沒有基礎，事實上兩者都假設了倫理自然主義，人類的自然構造是要趨樂避苦，因此，趨樂避苦乃道德倫理的基礎。Pa3 進一步假設苦難在人類動機性構造中擁有更重要的地位。可是，單從個人的趨樂避苦所發展出來的是利己主義，效益主義與利己主義最大的差別在於前者隱含了前述的公正性，也就是

P5：我個人的快樂與其他人的快樂同樣重要，應該受到公正對待

P6：我個人的苦難與其他人的苦難同樣重要，亦應該受到公正對待。

P5 及 P6 所展現的就是前述辛格所說的「普世的觀點」，理性行動者期盼公正的對待。

相對消極效益主義者的問題是在於接受 P1 的同時反對 P2，這導致他們必須找出快樂與苦難相互抵消的比例。基

進消極效益主義則同時反對 P1 及 P2，因而避免了這個問題。讓我們先以下表總結古典效益主義、相對消極效益主義及基進消極效益主義。

古典效益主義	相對消極效益主義	基進消極效益主義
P1	P1	~P1
P2	~P2	~P2
~Pr3 及 ~Pa3	Pr3	Pa3
~Pr4 及 ~Pa4	~Pr4 及 ~Pa4	~P4 及 ~Pa4
P5 及 P6	P5 及 P6	P5 及 P6

　　基進消極效益主義的最基本原則是：最大多數人最少的苦難，先袪減當下苦難及避免將來的苦難。在達到這個目標前，不應該在意快樂的多少。

　　值得注意的是，辛格背後的想法是苦難考量比快樂考量來得重要。若果我們每一個生活比較充裕的人貢獻收入中的 0.4% 就足夠將全球貧窮減少一半，要完全解決也只需少於 1%（Singer, 2002: 192-3）。根據辛格的立場，若果所有生活比較充裕的人都這樣做，缺乏食物、住房及醫療而受苦跟死亡的悲劇就可以避免了。既然是這樣，我們就應該作出如此的貢獻。當然，假若只有一個人這樣做，影響力實在是微不足道。可是，辛格聲稱若我們任何人不能貢獻最少 1% 的收入，就表示沒有盡上各人所分到的公平份額的全球責任（fair share of a global responsibility）（Singer, 2002: 194）。

　　如前所述，辛格提出兩個版本的效益原則，U1 及 U2，

接下來要指出的是我們可以將 U1 及 U2 理解爲屬於相對消極效益主義。按照 U1 的要求，「假如我們有能力阻止壞的事情發生，而不會因此犧牲任何具有相若道德重要性的東西，我們應該如此做」。從效益主義的觀點看，U1 牽涉比較付出者本來可以享受的快樂及接受者的苦難消減甚至祛減。U1 意味的似乎是：即使貢獻者本來可以享受的快樂與接受者被消減的苦難的絕對值相同，兩者的道德重要性並不相同，也就是說快樂與苦難的抵消比例並非一比一。假如大家不同意相同絕對值的苦難與快樂擁有不同的道德重要性，那麼爲何我要犧牲 1% 收入可以帶來的快樂，去祛減他人所受相同絕對值的苦難？

相對消極效益主義所面對的最重要困難是要提出大家都能同意的快樂與苦難相互抵消之比例。另外，在應用到全球再分配上，原則上比較充裕的人之快樂與貧乏的人之苦難是可以抵消的；祛減苦難在某些情況下難以佔有絕對優先性，這是基進消極效益主義比較優勢的地方。

U5 的要求是：「假如我們有能力阻止壞的事情發生，而導致我們不能增加已經擁有的任何具有道德意義之東西，我們應該如此做」。

U5 並不比較付出者本來可以享受的快樂及接受者的苦難消減甚至祛減，重點是苦難的祛減有著絕對的優先性。當富裕國家的大部份人可以花費在奢侈品的同時，每天都有人因全球貧窮而受苦甚至死亡，這是辛格所嚴厲批評的（Singer, 2002: 157）。按照基進消極效益主義來詮釋 U5，即使任何由奢侈品所帶來的快樂是「任何具有道德意義的東西」，但亦不須考慮增加。

消極效益主義認定苦難考量比快樂考量要來得重要，U1 及 U2 都反對快樂與苦難在道德上是互相對稱的，U1 及 U2 意味快樂與苦難是可以相互共量的，但接受 U5 意味反對快樂與苦難是可以相互共量的。也許辛格不一定接受我們以消極效益主義的角度對 U1 及 U2 作出詮釋，可是，我們很難想像從古典效益主義的立場如何能接受苦難與快樂考量互不對稱。

獲加認為古典效益主義者會嘗試以四種方式解釋苦難與快樂的不對稱。第一種是類似厄頓所提出的對比，也就是說，我們所關注的如果是比較祛減當下的苦難及促進將來的快樂，那麼很顯然是不對稱的，而祛減當下的苦難要比促進將來的快樂來得迫切。獲加認為這種思考方式無法解釋「祛減將來的苦難」及「促進當下的快樂」之間的不對稱，亦無法解釋「祛減當下的苦難」及「促進當下的快樂」之間或「祛減將來的苦難」及「促進當下的快樂」之間的不對稱。

	祛減當下的苦難	祛減將來的苦難
促進當下的快樂	S1	S3
促進將來的快樂	S2	S4

問題是對古典效益主義者而言，他們並不覺得 S1，S2，S3 及 S4 之間有道德考量上的差異。為了進一步的分析，在此必須區分動機及道德考量，從動機考量出發，我們有理由相信，對於大部分人而言，當下的苦難或快樂比將來的苦難或快樂具有更大的推動力。但從道德考量出發，對於

古典效益主義所設想的公正觀察者而言，不管是當下的還是將來的，在道德考量上都是一樣的，不管是苦難還是快樂，在道德考量上也是一樣的。

要去解釋 Pr3 就必須訴諸動機理由，而不是道德理由。獲加的問題應該是：先假設 Pr3 的合理性，我們如何改變古典效益主義。事實上，他所提到的另外三種解釋苦難與快樂不對稱之方式根本就是討論如何改變古典效益主義。其中一種方式是引入規則效益主義考量，獲加認為規則效益主義可以將「我們應該袪減苦難而非促進快樂」視為道德原則或第二層次原則，這樣的話就可以包容消極效益主義的考量（Walker, 1974: 426-7）。

獲加對規則效益主義的理解有別於一般的理解，在古典效益主義的框架底下，按照規則效益主義，我們要找出最能夠達到最大多數人最大快樂之規則，然後以這些規則導引行為，按照規則行事則趨向成就最大多數人的最大快樂。若然接受獲加所說的消極效益主義，我們要面對的問題是決定要發展行為消極效益主義還是規則消極效益主義，獲加本人似乎假設了行為消極效益主義，而沒有考慮規則消極效益主義的可能。事實上，規則相對消極效益主義以及規則基進消極效益主義在理論上有一定的發展空間，可是這並不是本章的重點。

獲加另外一種解釋 Pr3 方式是，認定苦難的持續存在會易於產生更大的苦難，而長期阻礙體驗快樂的可能，但快樂缺乏持久性，可能會隨時失去；因此，袪減苦難及促進快樂兩者的隱藏有利後果是不同的，兩者的道德不對稱性源自於所造成的後果的不對稱性（Walker, 1974: 427）。不過，獲加

亦指出，任何行為都不能只關注當下的後果，因此，個別袪減苦難或促進快樂的行為之持續後果本來就應該要納入考量。獲加所說的不也就是古典效益主義對消極效益主義的反駁嗎？按照古典效益主義的看法，我們就個別行為對快樂及苦難的可能影響都須要計算在內。對消極效益主義者而言，他們要論證的是在所有合理預估的快樂及苦難都計算在內的情況下，袪減苦難的行為 A1 及促進擁有相同絕對值的快樂之行為 A2，為何從道德考量的角度看我們應該選擇 A1？獲加並沒有進一步解釋。

獲加提出最後一種方式去解釋 Pr3，也就是訴諸於公平，古典效益主義若要包容消極效益主義的主張，就必須考慮到公平性而不能單單考慮總體快樂的最大化。簡單來說，我們要縮小所謂的「福樂差距（felicific gap）」，這並不是說 A 在苦難中而 B 在快樂中是不公平的，這裡所說的是 A 與 B 的差距不應該擴大。獲加所說的公平性實際上是平等化 A 及 B 的差異。當然，對古典效益主義者而言，個別人士之間的「福樂差距」並非重點，重要的是總體快樂。

值得注意，對很多政治哲學家如羅爾斯而言，公平化並不意味平等化。根據羅爾斯的理論立場，只要最低受益者（the least advantaged）得到改善，即使不平等差距有所增加，也是可以接受的；巴斐特（Parfit）用「優先立場（Priority View）」來形容這個看法。

我們可以用一個例子來顯示引入公平及平等考量的差別。在國家 X 及 T1 這個時間點，三個收入類別 A、B 及 C 分別的收入是 100、5000 及 10000，經濟發展順利，選擇政策 G 的話在 T2 的收入分別是 180，5000 及 10200，選擇政

策 H 的話分別是 150，5000 及 10100，選擇政策 I 的話分別
是 90，5000 及 10100。

UV－效益觀點，PV－優先立場，EV－平等觀點

【原初分配（100, 5000, 10000）】在 T1	UV	PV	EV
在 T1 選擇政策 G，在 T2 時的分配 （180, 5000, 10100）	O	O （best）	O
在 T1 選擇政策 H，在 T2 時的分配 （150, 5000, 10200）	O （best）	O	X
在 T1 選擇政策 I，在 T2 時的分配 （90, 5000, 10100）	O	X	X

　　在國家 Y 及 T1 這個時間點，三個收入類別 P、Q 及 R
分別的收入是 100、5000 及 10000，經濟逐漸衰退，選擇政
策 J 的話在 T2 的收入分別是 80，5000 及 7000，選擇政策
K 的話分別是 110，5000 及 9000，選擇政策 L 的話分別是
50，5000 及 10000。

【原初分配（100, 5000, 10000）】在 T1	UV	PV	EV
在 T1 選擇政策 J，在 T2 時的分配 （80, 5000, 7000）	X	X	O （best）
在 T1 選擇政策 K，在 T2 時的分配 （110, 5000, 9000）	X	O	O
在 T1 選擇政策 L，在 T2 時的分配 （50, 5000, 10000）	X （best）	X	X

　　從以上的例子可以看出，效益、公平與平等是三種不同
的考量。不過，若引入公平或平等考量，都會在一定程度上

修正古典效益主義。

　　前面的幾種分析顯示，不管我們實質上如何修正都仍然停留在古典效益主義的框架內。古典效益主義與相對消極效益主義之主要分歧在於苦難與快樂在道德考量上是否對稱。古典效益主義者認定快樂與苦難具有同質性，可以相互共量；相對消極效益主義者同意這個觀點，在這個前提下，相對消極效益主義在一定程度上是可以被修正後的古典效益主義所包容的，這是獲加自己承認的。

　　基進消極效益主義與古典效益主義的主要分歧，在於基進消極效益主義認為快樂與苦難並不具有同質性，不可相互共量。基進消極效益主義認定苦難考量具有絕對的優先性，在這個前提下，古典效益主義不管如何修正都無法包容基進消極效益主義，兩者是不相容的。在應用上，基進消極效益主義要求先祛減受苦的人之苦難，再考慮快樂的促進。對於辛格而言，如何處理全球貧窮有著非常大的緊迫性。可是，古典效益主義所提供的道德考量不一定可以滿足此緊迫性的要求。

　　例一：假設全球整體中可能出現的最大快樂值是 10000 單元，任何達到 10000 單元的狀態都是可以接受的。為了簡單起見，假設兩個國家 X 及 Y，其人口數分別是 3 及 6。在 D_1 狀態中，全球快樂值合共是 10000 單元，而 X 國家擁有 200 個單元，Y 國家擁有 100 個單元。現在從 D_1 狀態轉到 D_2 狀態，在 D_2 狀態中，全球快樂值合共仍然是 10000 單元，而 X 國家現在擁有 200 個單元，Y 國家則只擁有 100 個單元，其他國家所擁有的值保持不變。以古典效益主義的立場作判斷，D_1 及 D_2 都是可以接受的。

D_1 狀態──X：200；Y：100

X：200

A	B	C
60	100	40

Y：100

R	S	T	U	V	W
35	15	15	15	10	10

D_2 狀態──X：100；Y：200

X：100

A	B	C
10	20	70

Y：200

R	S	T	U	V	W
70	30	30	30	20	20

　　假設快樂與苦難是可以量化的，但是不可相互共量的，因此兩者的量化標準不同。假如從 D_1 狀態轉到 D_2' 狀態，在 D_2' 狀態中，X 的人民的苦難值是 <u>100</u>，快樂值是 50，Y 的人民之快樂值是 200。從基進消極效益主義的立場出發，我們必須先進行資源再分配直到 X 的人民 B 及 C 之苦難值降至最低，再考慮促進 A 的快樂或國家 Y 中人民的快樂。

D_2' 狀態——X：苦難值 <u>100</u>，快樂值 200；Y：快樂值 200

X：（200，<u>100</u>）

A	B	C
<u>70</u>	<u>30</u>	200

Y：200

R	S	T	U	V	W
70	30	30	30	20	20

從全球資源分配的角度看，我們可以用一個例子來闡述以國家為基本單位的考量。我們大概可以稱以國家為基本單位所發展出來的效益主義為國家效益主義，以國家為基本單位的公正性意味不管 X 或 Y 是什麼國家，亦不管變更後 X 或 Y 所得到的是多少，只要全球整體的快樂值能維持原來的最高值 10000，那就都可以符合效益主義的要求。以國家為基本單位的公正性並不在意個別國家實際上拿到多少，更不在意個別人士實際上拿到多少，再分配的合理性在於最大化國際之間的效益。

有人會質疑，我們不能以國家為單位，除非是按人口數的比例來分配，否則是不合理的，所以只有趨向 D_2 才合理。此看法實際上是保障國家集體的利益，背後的原則是平等對待國家集體利益（equal consideration of national collective interests），平等地對待集體利益並非意味平等滿足國家集體利益而是比例式滿足（proportional satisfaction），也就是按國家人口比例分佈。值得注意，在

個別國家裡的分配可以有很大的差異性。不過，不管個別國家裡的分配如何，按照比例式滿足國家集體利益方式下的全球分配大大限制的可能的分配型態，亦很大程度上改變了效益主義，我們可以稱之為國際比例效益主義（international proportionate utilitarianism）。

以個人為基本單位的考量當然跟以國家為基本單位的考量不一樣，不過，其形態是類似的。

例二：假設全球整體中可能出現跟例一相同的最大快樂值是 10000 單元，任何達到 10000 單元的狀態都是可以接受的。跟例一相同，在 D_2 狀態中，全球快樂值合共是 10000 單元，而在 X 國家裡，A 君擁有 10 單元，B 君擁有 20 單元。現在從 D_2 狀態轉到 D_3 狀態，全球快樂值合共同樣是 10000 單元，X 國家仍有 100 單元，其他國家所擁有的亦保持不變。在 D_3 狀態中，而 A 君現在擁有 20 單元，B 君則只擁有 10 單元。以古典效益原則作判斷，D_2 及 D_3 都是可以接受的。

D_2 狀態

X：100

A	B	C
10	20	70

Y：200

R	S	T	U	V	W
70	30	30	30	20	20

從 D_2 到 D_3：X 國家內的快樂分佈改變，Y 國家內的快樂分佈沒有改變。[4]

D_3 狀態

X：100 − A：20，B：10

A	B	C
20	10	70

Y：200 − R：70，S：30

R	S	T	U	V	W
70	30	30	30	20	20

另外，假如從狀態 D_2 轉到狀態 D_4，國家 Y 內的快樂分佈改變，R 及 S 君的快樂值分別從 70 及 30 改變為 50，國家 X 內的快樂分佈則沒有改變。

D_4 狀態

X：100 − A：10，B：20

A	B	C
10	20	70

第六章 苦難、需要的匱乏與消極效益主義

---

[4] 值得注意，這裡所說的是快樂分佈，為了方便討論起見，我們假設同樣的資源可以造就同值的快樂。

Y：200 – R：50，S：50

R	S	T	U	V	W
50	50	30	30	20	20

　　在此必須注意，辛格所說的「公正」是個人層次的「公正」，而非國與國之間的「公正」。在個人層次的公正性在於每個人的利益都十分重要，平等對待個人利益並不意味每個人的利益都得到同等的滿足，意思是說，如果在每個人都得到同等滿足的情況下，總體快樂沒得到提昇，反而下降的話，當然這從古典效益主義的角度來看是不可以接受的。古典效益主義對任何國家的任何人都一視同仁，不管個別人士的快樂值及苦難值是多少，公正性指定只要是能達到最大多數人最大的快樂之分配就是可以接受的。

　　當然「公正」跟基進消極效益主義的理論關係有待進一步釐清，基進消極效益主義認定雖然快樂及苦難都是可以量化的，但是由於兩者不具有同質性，所以有兩套不同的評量標準。基進消極效益主義認為每個人相同值的苦難都有等同的負面道德價值，而每個人相同值的快樂都有等同的正面道德價值。基進消極效益主義在計算所有人的總苦難值時，都要對大家一視同仁，目標是最大數人最少苦難。

　　假如從 D_2 狀態轉到 D_5 狀態，國家 X 仍有 100 單元，但苦難值則有 30（A：苦難值 20，B：苦難值 10）。從基進消極效益主義的角度去比較 D_5 及前述的 D_2'，D_5 比較優勝，原因是其 30 的苦難值比 D_2' 的 100 苦難值為低。

D_5 狀態

X：100－A：苦難值 <u>20</u>，B：苦難值 <u>10</u>，C：100

A	B	C
<u>20</u>	<u>10</u>	100

D_2' 狀態

X：苦難值 <u>100</u>，快樂值 200；Y：快樂值 200

A	B	C
<u>70</u>	<u>30</u>	200

　　從基進消極效益主義的角度看，國家 X 若在 D_2' 狀態的話，更需要資源再分配，當然由於其中的 C 君擁有特別多的資源，其他國家不必然需要提供資源以紓緩 A 及 B 的苦難。

五、滿足式消極效益主義

　　積極效益主義建立在快樂的獲得之上，論者們就如何獲得快樂有不同的見解，其一是欲求（wants）得到滿足（satisfaction），其二是利益（interests）得到實現（realization），其三是偏好（preferences）得到成全（accomplishment）。前者被認爲是相對主觀的理論，原因是欲求是個人對某種情景出現的一種投射，後兩者被認爲乃相對客觀的理論，原因是一個人的利益或偏好是可以被相對客觀地判斷的。巴利雖不是效益論者，但他都同意人們實實在

在擁有的欲求得到滿足比得不到滿足好（Barry, 2008）。欲求的滿足帶來快樂但不等同於快樂，使欲求的滿足最大化等於是間接地將快樂最大化，所以我們大可將積極效益原則修正為「最大多數人最大程度的欲求滿足」，並稱之為間接的積極效益原則。

消極效益主義建立在苦難的袪減之上，要達到苦難的袪減就要盡可能降低帶來苦難的生活匱乏之程度，生活匱乏源自基本需要得不到充實（fulfillment），所以愈能降低基本需要得不到充實的程度就愈能減少苦難。需要匱乏的紓緩會減少苦難但不等同於完全消除苦難，令需要匱乏最少化等於是間接地使得苦難最少化，所以我們大可將消極效益原則修正為「最大多數人最低程度的需要匱乏」，並稱之為間接的消極效益原則。

辛格在較後期的著作中比較像在提出支持間接的消極效益主義的論證，他以一些思考實驗來建議大家應該協助有需要的人（we ought to help others in need）。他聲稱，如果可以避免只依賴「道德直覺（moral intuitions）」，而是用邏輯推論，支持協助那些處於極端貧窮的人之想法就會變得更強。他提出的論證如下（Singer, 2009: 15-6）：

第一前提：來自於缺乏食物、遮蔽所及醫療照護的苦難與死亡是壞的，

第二前提：如果在你的能力範圍內可以防止壞事發生，而不會導致犧牲相若重要的東西，不去行動的話是錯的，

第三前提：透過捐款給援助機構，你可以防止來自於缺乏食物、遮蔽所及醫療照護的苦難與死亡，而

不會導致犧牲相若重要的東西，

結論：因此，如果你不去捐款給援助機構，你是在
做錯的事。

大家必須注意的是辛格的論證似乎只關心極端貧窮，第一前
提中的各種生活所需正是在極端貧窮狀況下所缺乏的，如果
辛格只關心極貧者，那麼他是不打算處理相對貧窮的人，也
即是沒打算處理不平等問題，然而，第二前提要求有能力的
人，在不會導致犧牲相若重要的東西的情況下捐出能力範圍
內的所有，故此，第二前提是要最大化相對富者的捐獻，若
然是這樣，不單可以解決極端貧窮的問題，不平等的情況也
會大幅改善，而相對貧窮的人也可以得到很大的幫助。試將
辛格其實持在支持以下面方式表示：

U3：「假如我們有能力阻止*非常*壞的事情發生，而不會
因此犧牲任何具有*相若*道德顯要性的東西，我們在道德上應
該如此做。」

U3'：「假如我們有能力阻止帶來*非常*大苦難的事情發
生，而不會因此帶來犧牲任何具有*相若*道德顯要性的東西，
我們在道德上應該如此做。」

令人疑惑的是，他後來提出建議時只建議其他有能力的
人只須付出年收入的百分之五，他強調，我們相信自己應該
怎麼做跟我們認為大家應該怎麼做可以不同，公開支持大家
該怎麼做的可以是低於我們對自己的要求。

簡單來說，相對低的標準是可以接受的，大家可以採納
U2 及 U2'：

U2：「假如我們有能力阻止非常壞的事情發生，而不會
因此犧牲任何具有道德顯要性的東西，我們在道德上應該如

此做。」

　　U2'：「假如我們有能力阻止帶來*非常*大苦難的事情發生，而不會因此犧牲任何具有道德顯要性的東西（只捐出5%收入），我們在道德上應該如此做。」

　　現實上，辛格之所以能將第二前提中的標準降低至非常具體的5%，原因是他只期待我們協助消除極端貧窮而非降低相對貧窮或減少不平等。值得注意，辛格在較早期的著作中所提的是0.4%。他沒有告訴我們為何會有那麼大的差距，但他相信客觀數據已經告訴大家如果世上有能力的人都捐出些許的收入，要解決極端貧窮是綽綽有餘的。不過，既然若按照第二前提的原有要求可以大大降低相對貧窮或減少不平等，那麼為何要將第一前提中的期待限縮在消除**極端**貧窮之上而不是擴大至降低**相對**貧窮或減少不平等？簡單來說，為什麼不接受U1'而要用U3'？U1'及U3'都是優化式效益主義考量，它們之間的差別在於U1'的目標不只是U3'中的極端貧窮，而是相對貧窮。

　　U2'是滿足式消極效益主義考量，要達到令世界所有極貧者脫離極貧狀況之標準，有能力的人只須貢獻一個低百分比（如百分之五）的收入。辛格認為我們要求自己做對的事，所以要用U3'，但若是要求世界各國其他有能力的人，只要用U2'。這樣的訴求在某程度上違反的公正原則，為何對別人的要求低於對自己的要求？辛格基本的想法是對其他人的要求定得比較低可以帶來恰當的推動力，如果有人貢獻超過百分之五的收入，那就更是值得稱許的。或許我們可以稱辛格這種理論為雙面論，對人對己存在兩種不同的要求。經過我們的重構，以間接的消極效益主義來詮釋辛格的理論

是恰當的做法。

辛格花了不少篇幅在第三前提上，探討捐款給援助機構是否好的方式。不過，更根本的問題是他所倡議的是博格不認同的互動大同主義。辛格想要說服生活在西方的民眾，要過一個倫理生活，就應該要捐款協助世上有需要的人。他反對部分放任自由主義者認爲我們有權利任意使用自己的錢，但這不是說，人的財產權可以隨意被剝奪，而是人在使用財富時受到道德掣肘，辛格提供的道德限制可以是我們消極效益主義。

辛格眼中的「應該」不是跟基本權利或福利權相扣緊的積極義務，而是消極效益主義的後果論，但只有具備能力的人才有責任。人愈有錢代表愈有助人的能力，助人的責任緊扣的是能力而不是跟窮人基本權利或福利權環環相扣的積極義務。以上的鋪陳沒有把欲求得不到滿足或偏好得不到成全也可能帶來苦難的可能性納入考量，事實上，消極效益論可以有另外一個版本，也就是所謂的消極偏好效益主義，當中的原則是「最大多數人最少的偏好落空」。這個版本被認爲是跟我們一直談論的消極享樂效益主義有區別，可是，在某種意義上，如果有人認定偏好得不到成全愈少就令苦難愈不會增加的話，消極偏好效益主義其實就可以化約一種享樂效益主義。況且我們傾向認爲雖然欲求得不到滿足或偏好得不到成全也可能帶來苦難，但是比較好的做法是將之視爲是令快樂沒有增加。因此，以偏好得不到成全之考量爲基礎的所謂消極偏好效益主義，其實也是一種間接的享樂效益主義。無論如何，即使消極偏好效益主義可以在學理上站得住腳，若要用效益主義來處理全球貧窮的問題，只能訴諸以減少匱

乏爲基礎之間接的消極享樂效益主義。

　　建構完整的全球消極效益主義分配正義論會遇到不少困難，由於苦難如同快樂一樣是一種精神狀況，任何人都無法去直接分配快樂或減少苦難，只能減少帶來苦難的直接源頭或減低因物質匱乏所受到的苦難，消極效益論關注的是因缺乏生活基本需要造成的苦難，要達到最大多數人的最少苦難就要儘量滿足所有人的基本需要。如果消極效益論要成爲可操作的理論，納入關於需要的考量作爲苦難的互爲主觀性（intersubjective）標準，有助於發展出合理的再分配理論。消極效益論要做到的是將整體苦難降到最低，如果我們製訂一個跟基本需要掛鉤的苦難指數，若是不能滿足某種基本需要，那麼就會產生一些苦難，若是能使得相關減少苦難的制度建立起來，那就可以發展出制度消極效益論。

　　有論者可能會認爲基進消極主義特別關心受苦難窮人的做法有違一般效益主義堅持公正的立場，基進論者會反駁，並堅持苦難跟快樂在本質上是不一樣的，置苦難的祛減優先於快樂的增加並非不公正，重點正是要先盡量把苦難祛減，所有人的苦難必須受到同樣的對待。不過，基進論要面對比較嚴重的問題是當部分人苦難的祛減必將涉及另一部分人快樂的減少，那麼若快樂跟苦難是不能相互共量的話，大家就不能判斷被減少的快樂是值得的嗎？快樂被減少的程度是公平的嗎？基進論者的可能回應是，大家根本不用關心快樂的增加或減少，只要苦難有祛減就可以了。按照此邏輯，間接基進論只要求需要匱乏得到改善便可。如果是這樣，那麼基進論在實際操作上似乎跟大同契約論要求最低受益者（the least advantaged）狀況必須得到改善十分相似。

基進消極效益主義要求祛減苦難，但在具體操作上，我們要運用間接消極享樂效益原則「最大多數人最少的需要匱乏」以盡量降低人們的苦難。消極效益論者要思考透過什麼機制來達到目標。制度效益主義論者如拜利關於效益主義的制度性構想不是針對全球範圍的再分配，但他的理論並非消極效益論。假如接受基進消極效益主義的話，以減少苦難爲基礎的再分配論不必然是一種行爲效益主義，可以考慮發展出某種制度主義以迴避一般對行爲效益主義的批評。

　　間接消極效益論的要求可能比想像中高，「最大多數人的最少苦難」要求再分配的程度相當高，最終甚至趨於平等的分配。辛格談過的 U1' 比較接近此論，但他本人並沒詳細解釋爲何不接受 U1'。從效益主義的立場出發區別人道與正義是十分重要的議題，對能否眞正可以發展出合理的效益主義全球正義論有著非常重要的意涵。從效益主義角度討論全球再分配不必然是出自於對分配正義的考慮，事實上，辛格在早期的著作裡所談論的似乎是基於人道考量而並非正義，但是他在近期的著作內亦談到國與國之間的分配正義，特別是在他批評羅爾斯在《萬民法》中並非提出「全球正義」的看法，似乎是想要談正義。

　　假如我們認定處理不平等問題才能稱得上是分配正義論，那麼由於辛格要處理的並非不平等問題，所以他不是在發展分配正義論。假如我們認定牽涉制度及其改革才能稱得上是正義論，那麼辛格的理論專注個人行爲，故不是正義論。辛格在回應批評者認爲他用「道德義務」乃過高的要求時，他承認其目的是要將協助極端貧者的行爲跟慈善區分，善行乃好事，但不做的話也沒錯。如果大家認定不是慈善就

是正義，那麼辛格就等於是認為他的理論是正義論。不過，為何慈善義務不可以是道德義務？正如奧妮薾所說，一般而言，效益論無法清楚區分善行的要求與正義的要求。

五、結論

　　1960 年代是全球動盪的年代，去殖民化加上天災造成了相當多飢荒及赤貧問題，當時有不少論說認為世界人口過剩導致飢荒連連及落後國家裡的長期貧窮問題。效益主義者如辛格到了 1970 年代開始關注世界貧窮問題，辛格的構思傾向某種消極享樂效益主義，旨在袪減貧窮帶來的苦難，消極享樂效益主義雖可避免不少對積極享樂效樂主義的批評，但卻遇到自己本身的問題：如果人所感受到的苦難是惡而要盡量袪減，那麼一個再沒有人生存的地球就必須是大家的理想，然而，令所有人死光是違反人類共有道德（common morality）的。從這個角度看，支持減少人口的政策其實是符合消極效益主義的。不過，辛格嘗試從正面的方向走，不是要殺了窮人來減少世界的苦難而是要求大家作出些許的捐獻去幫助極貧者。

　　回顧了全球主義轉向期間辛格的效益論，我們要問的是他如何回答以下的問題（1）「在什麼處境下，誰為了什麼理由運用什麼原則及透過什麼安排將什麼益品分配給誰？」（2）所倡議的再分配問題真的是正義問題，還是只是人道問題？

　　對效益主義者來說，由於苦難的存在是道德問題，長期貧窮帶來持續的苦難，世界貧窮人口非常大，減少貧窮乃迫

切的道德問題，再分配當然也是道德問題，由於不少關於協助遠方他者的討論都從仁慈的角度出發，再分配問題似乎就只是人道問題。不過，或許由於羅爾斯《正義論》的影響，辛格在批評羅爾斯在早期及較後期的著作中都不談全球正義之時，似乎意味再分配可以被視爲正義問題。

有趣的是，奧妮薾假設辛格的理論是一種全球正義論，她在批評辛格的效益論進路時指出「效益主義及其他後果主義全球正義途徑」都面對一些類似的實際操作問題，道德要求基於實證計算，但當證據、資料及相關計算都是模糊的話，具體的要求即使不是完全具「不確定性」也是充滿「彈性的」，因此，效益論或可成爲一種「大同正義的詭辯」，但無法決定「誰該爲誰做什麼」（O'Neill, 2016: 162-3）。其實辛格非常明確的說是生活富足的人（特別是住在西方國家的）應該援助遠方的貧困者，但他在較後期的理論中依然沒有具體的說透過什麼機制可以滿足他自己設定的道德要求。

假設辛格是以正義角度處理全球不平等及貧窮的問題，按照我們以上的討論，他只以「正義即公正」出發認定全球物質資源相對充裕的國家中的人民有義務協助窮國內極端貧窮的人。全球效益論實際上是在發展某種消極效益原則，但遺憾的是，辛格沒有討論消極效益主義。若將納入基本需要作爲衡量苦難的標準，消極效益主義會認真對待每一個因缺乏基本需要而深陷苦難的個體。廣義來說，這樣的理論並非單純的分配正義論或人道援助論。祛減因基本需要的匱乏所帶來的苦難具有普世性意涵，原因是世界上曾經出現過的、現在活著的或未來會生下來的人的共通點就是會感受苦難，而所有人都會避免苦難，祛減苦難是最高道德原則。

以消極效益主義原則爲指引對基本需要的再分配，到底是屬於人道還是正義考量？若將基本需要觀念應用在消極效益論，就要將資源優先再分配至最缺乏基本需要的窮人，以減低最多窮人的苦難。按照我們的重構，他的理論所帶來的啓發是以基本需要爲基礎的再分配論不會是來自純粹的正義考量，或至少可以跳脫人道主義者與正義論者之爭，不同的基本需要可以同時被視爲是跟人道和正義考量有關，所以重點不是要建立正義論或人道論，而是探究如何按照基本需要來作出分配。

第七章

結論

A new world will emerge,

the contours of which are for us to both imagine and draw.

Covid-19: the Great Reset, 2020, p.12

Schwab and Malleret

一、前言——後武漢肺炎的全球「大重整」

　　當代全球化曾經遇到三次不同性質的重大危機：2001年的9/11恐怖攻擊展示的全球恐怖主義、2008年美國次貸危機引起的全球金融海嘯及2019年開始引爆的武漢肺炎全球大流行。這些危機的影響深遠，9/11恐怖攻擊引發美國報復，間接導致被認為是不義的伊拉克戰爭，反全球化以反美國主義的型態出現，伊拉克戰爭造成的區域動盪間接導致伊斯蘭國的崛起及敘利亞內戰，後來難民潮的衝擊波及歐洲。2008年全球金融海嘯起於美國次貸危機大地震，海嘯導致冰島破產及部分歐洲國家經濟癱瘓，世界各國經濟嚴重衰退，全球金融體系瀕臨崩潰。

　　2020年人類遭到前所未見的中共病毒攻擊，這種達到生化武器級別的病毒已經導致超過一億人感染及200萬人死於其引發的武漢肺炎，全球化令疫情擴散致包括南極及亞馬遜森林在內的世界每一個角落。武漢肺炎大流行導致各國失業率大增，大量商店倒閉，全球經濟受創空前嚴重。正當病毒不斷變種，並持續影響全球經濟的同時，世界經濟論壇由主席施瓦布（Klaus Schwab）倡議所謂的「大重整」。《新冠－19：大重整（*Covid-19: the Great Reset*)》書中指出，目前的世界由於「全球化及科技進步」帶來了三大特性（Schwab and Malleret, 2020: 22-36）：互相倚賴、速度及

複雜性。

　　互相倚賴是指國家不是孤島，他們引用一個比喻：地球上的人類不再住在超過一百多艘輪船上，而是在同一條船上的一百多個船艙裡。第二是速度，所有人、事、物改變及轉化的速度相當高，當危機出現，風險增加也相當之快。諷刺的是，他們以武漢肺炎的傳播作爲例子呈現風險散發的速度，事實上，金融海嘯亦顯示即使只是在某國發生的危機，在高度互賴的程度下，很快就成了全球金融危機。第三是複雜性，他們以「量子政治」一詞來形容，簡言之，就是不確定性。毫無疑問，當局部危機迅速地轉化成全球危機時，不確定性更是明顯，要處理全球危機或許已經超越已有的知識及能力，傳染病對「全球治理的失敗」有直接影響（Schwab and Malleret, 2020: 24）。

　　全球主義者視以上三種特性爲正面價值，可是，金融海嘯及武漢肺炎大危機難免令人質疑這種特性的價值。在某種程度上，世界經濟論壇作爲全球化的死忠分子是須要爲全球化帶來的禍害負責的。不過，他們依然假設上述三個特性是好的，所以解決危機的方式是要更多及更緊密的合作（*ibid.*: 248）。爲何降低各國之間的互賴、放慢所謂全球發展的速度及減少複雜性是不好的呢？簡單來說，爲何全球化轉向被逆轉是不好的？全球主義者不會想像全球化可以被逆轉，而且不應該被逆轉，原因是人類別無選擇，取代全球化的將會是分裂、本位主義及憤怒（*ibid.*: 105），而這樣的態勢本身就是一種危機（*ibid.*: 248）。全球社會除了須要在經濟、社會、地緣政治、環境及科技等宏觀層次進行大重整，亦要在工業及公司層次進行微觀大重構，及在個人層次進行大重整。

世界經濟論壇邀請英國查爾斯王子等世界名人為全球主義「大重整」背書，他們認為包括武漢肺炎等問題之所以愈來愈嚴重，正是由於全球化不夠徹底，世界政府會不會就是這些全球主義者設想的目標？有了它，人類的問題可以得到更有效的處理？然而，這樣的一個世界政府如何產生？會不會是個全球中央政府？會否成為權力高度集中的巨靈？

在大重整下，只要大家更充分地合作，一旦經濟重新啟動，更扎實的平等及永續發展就會有新機會，追求「2030年永續發展目標」的速度只會增加，而人類將會迎接「新一階段的繁榮」（Schwab and Malleret, 2020: 248）。可惜的是，大家對這次武漢肺炎帶來的影響仍未能夠準確掌握；在全球不平等及貧窮的問題上，世界經濟論壇領導人自已很清楚武漢肺炎對弱勢及中低收入人士的影響非常大（ibid.: 79-80）。事實上，國際著名投資機構瑞士信貸在 2020 年 10 月出版的《全球財富報告 2020》中承認短期內雖無法準確估計疫情的影響，但從資料中發現直至 6 月底，全球財富減少 7.2 兆美元。在企業倒閉及失業潮的衝擊下，疫情對收入分配會有負面影響。不過，在相對富裕國家的民眾因為有政府的紓困援助，受到的衝擊比較少，而在低收入國家，民眾所受到的衝擊卻比較大（Credit Sussie, 2020: 39）。樂施會在 2020 年 12 月出版的報告得出類似的觀察，他們指出，若沒有緊急行動，全球貧窮及不平等會加速惡化，並建議富國為窮國提供援助及取消債務（Oxfam, 2020: 11, 2-3）。不過，全球貧窮及不平等加速惡化又有什麼問題？

作為全球主義的支持者，自由大同主義者都將世界性場境描述為全球社會，辛格甚至認為人類已經成了一個社群

（one community）（Singer, 2016）。不過，對羅爾斯而言，即使人與人之間的聯繫愈來愈緊密，整體世界談不上是一個社會。既然傳統意義上的社會在整個世界性場境根本不存在，如果找方法來合理化全球不平等的目的是要防範社會崩解，那就沒有什麼緊迫性。不過，在全球主義者推動下，聯合國近年的確從只關注貧窮擴至祛減不平等。

全球不平等的議題在 2010 年代初金融海嘯消退後正式登上國際組織的舞台，歷經數年的草擬階段，《改變我們的世界（*Transforming our World*）》於 2015 年 9 月 25 日正式成爲聯合國通過的決議案文件，展望 2015 後的未來 15 年之「永續發展」，訂定「2030 年永續發展目標」。從決議文件開宗明義使用治癒及復原等字眼就能明顯看出聯合國意識到地球受到傷害的嚴重性；雖然沒有明確針對全球資本主義，但是在過去政治上的放任自由主義及經濟上的新古典自由主義所催生的保守右派思維主導下，自由資本主義全球化步伐加速，加上中國國家資本主義的擴張，對社會及生態帶來相當大的負面影響。聯合國此次的決議算是延續 15 年前《聯合國千禧年宣言》所發展出來的「千禧年發展目標（*Millennium Development Goals*）」，值得注意的是，當年只有八項目標，最主要關注的問題包括赤貧、飢餓、基礎教育、性別平等、小童夭折率、孕婦健康、愛滋等各種疾病，當提及「永續性」時只提及環境永續。及後這些目標因爲中國和印度的發展而大幅改善外，但其他很多國家得到的改善有限，主要原因是資本主義在當代全球化中大肆擴張，這可從全球貧富差距嚴重惡化看出端倪（梁文韜，2016）。

《改變我們的世界》是在金融海嘯及歐債危機之後的

2013 年初開始起草的決議文件，處處顯示全球經濟在踏入二十一世紀的十多年來加速去管制化的惡果帶來的疑慮。可是，目前這個去管制化的趨勢沒有被逆轉，同時各國爭相使用寬鬆的貨幣政策來刺激經濟而造就更大一波的經濟泡沫，跨國企業對全球經濟的操控依然毫無節制的跡象。既然 2015 決議是正式決議，那就是非常重要的國際承諾，國際社會一直以來所談的「發展」正式出現「永續轉向」，當中的具體目標增加至 17 項。過去所謂的「永續發展」大多只針對生態及環境，這次不單將各國一直以來追求的「發展」定性為永續發展，更將永續發展的內涵大幅增加，最備受關注的應該是跟全球經濟有關的幾項：永續經濟成長及全面就業（目標八）、耐用基礎建設、永續工業化及創新（目標九）、不平等的減少（目標十），負責任的消費及永續的生產形態（目標十二）。

　　上述的新增目標中最重要的改變之一就是關於不平等的問題，這正是要回應財富愈發集中的現象。部分全球主義者會認為不平等不是問題，比較基進的放任自由主義者認定不平等根本從來就不是問題，所有利害關係人遵守全球資本主義規則去參與全球化競爭下產生不平等是正常的，即使不平等愈來愈嚴重也是可以接受的；由於競爭一定有勝利者和失敗者，若認為競爭帶來的不平等有問題而用強制方式懲罰勝利者，那才是不公平的。作為另一派全球主義者的自由大同主義者會反駁，跟全球貿易有關的規則及制度之不公平帶來的不平等也是不公平的，所以必須制度改革。另外再有一派全球主義者會以現實數據來否定全球不平等愈來愈嚴重的指控，由於不平等是一個相對的概念，不平等的程度及不平等

有否比較嚴重要看相關分析是拿哪一個比例的富人跟哪一個比例的窮人作比較，正如第二章的分析呈現，這派全球主義者總是有辦法去證明全球不平等並沒有愈來愈嚴重。

　　最後一派比較基進的全球主義者承認不平等愈來愈嚴重而且這是不妥的，但他們不同意自由大同主義的制度改革建議，不是太瑣碎就是根本不會有效。基進全球主義者會倡議類似「世界政府」的最高權威，他們會認為目前全球化之所以出現那麼愈來愈嚴重的問題正是由於全球範圍沒有至高權力負責去處理；不管未來全球社會長怎麼樣，是全球聯邦還是成為一個地球國，中央政府是不可或缺的。全球中央政府的存在並非必然可以解決所有問題，但沒有中央政府就解決不了問題。或許他們甚至會認為被指摘得最嚴厲的全球資本主義金融體系所帶來的泡沫問題是有可能解決的，如果全球中央政府早就存在，類似 2008 年發生的金融海嘯是可以避免，未來也不會發生。

二、全球再分配與大理論（Grand Theory）

　　全球主義者對全球化的態度是積極的及樂觀的，任何對全球化的負面影響都被視為是短暫及可以克服的，自由大同主義者亦同意負面影響是可以克服的，但不贊同任何形式的世界政府。本書作為一種「當代」政治思想史，正是找出這種思想在全球化轉向中如何孕育，書中主要探討了契約論、權利論、義務論及效益論四種被認為自由大同主義全球分配正義論經典。就思想脈絡而言，上述四種大同主義全球分配論都在 1970 年代後期開始孕育，這跟政治哲學的復興有非

常密切的關係。在 1970 年代最具影響力的政治哲學家如羅爾斯及諾錫克的理論都以正義為討論重點，而都接受某種普遍主義及個人主義的形式出現，大同主義全球分配正義論在一定程度上認定普遍主義及個人主義可引伸至全球範圍的正義討論。

就歷史系絡而言，大同主義者將再分配的議題從人道考量轉為正義考量受到歷史因素的影響，論者當初關心的是貧窮問題，特別是完成去西方殖民化的國家的飢餓及赤貧。除了天災外，貧窮問題大多由於去殖民化遺留下來的問題。作為前殖民國，即使這些貧窮問題不是源於西方國家的繼續剝削，西方國家有道義責任去抒緩貧窮問題，但這是一種人道關懷。不過，全球化的推進催生各種原有制度之強化及新制度的創建，大同主義分配正義論者普遍認為若是不平等源自制度問題，而制度是可以改變的話，那麼不平等問題就是正義問題。

在寫作意圖上，全球分配正義論者希望建構出來的規範性理論可以影響全球制度的改變。然而，四種理論停留在相對抽象的層次，在我們的分析中，若要成就各自的理論，難以避免要訴諸可操作化的所謂「人的需要」。大同主義分配正義論者或許都排斥這樣的做法，原因是由於滿足基本需要容易被認為是人道主義的做法，這樣做的話，很容易令正義關懷回到人道關懷。

在 1980 年代到 2010 年代中期，雖然在學理上佔領主導性的自由大同主義分配正義論面對來自馬克思主義、女性主義及文化多元主義零星的批判，但他們的真正競爭者是某種意義上的國際主義者及群社主義者。誠然，全球主義、國際

主義及群社主義是影響未來世界走向的三大意識形態。全球主義分爲基進全球主義、自由大同主義及基進全球主義，跨國企業通常支持基進全球主義，世界經濟論壇等組織支持基進全球主義，正在施加壓力希望世界繼續往全球化方向走，但如果基進全球主義支持中央集權的強政府，進行嚴厲規管，那就必定跟崇尚自由化及去規管化的基進自由主義相互衝突。

從宏觀的角度看，全球主義、國際主義及群社主義三者之差別在於所設想的世界秩序。基進全球主義者設想的是徹底推翻十七世紀以降國際法所接受的「威斯伐利亞秩序」，此世界秩序乃國家組成的系統，其主要行動者是國家。基進全球主義者期待國家權力的削弱，取而代之的是權力集中的全球中央政府。

自由大同主義者的基本立場是積極鼓吹打破「威斯伐利亞秩序」，但做法朝著以個人作爲主體的方向走。群社主義可以分爲傳統的現實主義及社群主義，他們意圖維護「威斯伐利亞秩序」，強調國家自決及主權獨立。對國際主義者來說，全球主義太理想化，群社主義又太保守。國際主義嘗試發展所謂「後威斯伐利亞式」世界秩序，意圖同時強調國與國之間的關係的及全球人與人的關係，並以人權規範國與人的關係。

國家及個人是不同的主體，但重點不應單單放在主體本身，亦要包括主體之間的關係及其價值。爲了簡單起見，我們以國家代表社群來設想四種關係，（1）國家與該國公民的關係，（2）國家與國家的互動關係，（3）國家與別國人民的關係及（4）不分國籍下的全球人類的人與人關係。全球

主義跟國際主義及群社主義的最大分歧在於對國與國關係的
價值有不同的立場，全球主義否定其價值，短期來說，國與
國的關係是無可避免的，但長遠來說，世界公民彼此互動，
不需要透過國家而建立更直接的關係。

對於群社主義者來說，國與國之互動可以保持在最低程
度，國際互動削弱國內公民與國家或民族的聯繫以及公民對
國家或民族的忠誠，當然，他們要論證的是建立國家與國內
公民之間的緊密關係的重要性。群社主義反對普遍主義及個
人主義，強調社會正義不能忽略個人身處的社群。由此立場
延伸，在全球範圍的正義考量亦必須認真對待國家或民族的
差異性，這產生對全球再分配的保留態度。對他們而言，各
國必須先顧好自己的國民。

至於國際主義者，他們必須提出國際關係本身的價值。
若然國際關係並沒有太大的價值，那麼我們沒有理由反對群
社主義或全球主義。國際主義的流派相當多，其中羅爾斯的
自由邦聯主義與赫德的自由國際主義比較接近自由大同主
義。

羅爾斯的本分論所關注的實際上是國家在國際上履行
人道本份，也許在某種意義上，羅爾斯之「協助他國的本
分」是間接跟正義考量有關。首先，受到康德的所謂「永久
和平」的世界的啓發，康德的終極目的是要建立「良序世
界（well-ordered world）」，良序世界是一個穩定而和平的
世界，良序世界由眾多良序社會組成。其次，良序社會不一
定需要是自由民主社會，只要是得體社會便成，得體社會有
能力追求其人民所信守的正義觀念。最後，承受負擔的社會
不能單靠自己的處境成為追求正義的得體社會，良序社會有

義務提供協助，目的就是讓承受負擔的社會能成爲追求正義的社會，世界最終由不同的正義社會組成。由此亦可以解釋爲何羅爾斯認爲，良序社會可以適度干預肆意踐踏民衆基本人權的國家，對羅爾斯而言，踐踏民衆基本人權的國家不可能是得體社會。

值得比較的是赫德（Held）用以推廣全球社會民主的全球盟約，此乃一種「新的國際主義」，弔詭的是，赫德宣稱這種國際主義是以大同主義原則打造（Held, 2004: 170），這其實容易跟自由國際主義混淆。以社會民主考量爲出發點提出的全球盟約，的確能提出比較完整的全球經濟改革。以福利權爲基礎的全球分配正義論亦要面對來自放任自由主義從私有財產權推演出來的挑戰：假如我的財產屬我所有，即使是本地的窮苦大衆都沒有權利去將屬於我的拿走，更何況是遠在天邊的別國民衆。問題的關鍵在於財產權，以權利爲本的全球分配正義論不能迴避產權的爭議。雖然以福利權爲基礎的全球分配正義論沒有處理這個議題，但是這並不等於他們無法處理，只是如何處理有待進一步的發展。保守右派的批評者認爲維生權乃積極權利，不應被視爲人權。

然而，從堅持全球資本主義的立場看，這些社會民主構想不會成立，一方面，跟一般實施社會民主的前提有相當大的落差，要落實社會民主必須有政府的積極作爲，沒有強有力的世界政府，根本就不可能糾正所謂的全球市場失靈，況且赫德及其跟隨者根本就不贊成世界政府的存在，另方面，既然沒有世界政府，那又能如何實施社會民主中的財富再配置？西方國家的社會民主都依靠相當高比例的稅率，特別是入息稅，即使空喊所有人都是世界公民，但卻又沒有世界政

府，任何稅制都是很難落實的。現實世界距離自由大同主義者的理想確實相當之大，博格近年就花上比較多時間在處理目前包括稅務公平在內的制度問題（Pogge and Mehta, 2016）。

自由大同主義將再分配視爲攸關正義的議題之做法受到三種批評，首先，我們可以設想一種來自基進全球主義者，他們認爲再分配不是正義議題而是人道議題。辛格、拜斯、博格及奧妮蕭的論述中雖有提及正義或可被詮釋爲假設了某種觀念，但其實都是衍生自人道關懷，論者想藉基本權利論、基礎義務論或效益論將人道關懷轉化成正義上的關懷。另外，基進全球主義者會批評有關全球分配正義的討論在某程度上只不過是將有關西方國家內部有關社會正義的討論在全球範圍內重覆一遍，既然場境改變了，要推敲出正義考量的方法也有可能改變。

基本權利乃道德權利，這些權利在個別國家之所以得到保障是由於有政府的機制，可以順利轉化爲公民權利，這是正義的考量。可是，將基本權利理論置於沒有世界政府的全球範圍只是模糊了人道與正義之間的界線，沒有世界政府的所謂世界公民根本沒有眞正的公民權來反映正義的訴求。貧窮的所謂世界公民只有要求人道關懷的道德權利，提供協助的能動者則也只是出於人道關懷做出相關支援行動。自由大同主義者會反駁說，他們關心的是制度改革而不是單純的人道援助，而制度改革牽涉正義考量。不過，由於自由大同主義者提出的制度改革的範圍不大而且深度不夠，仍然會被質疑他們只是披著正義的外衣。爲什麼總是要披著正義的外衣或彷彿披著正義的外衣？關於再分配的討論一定要訴諸正義

概念嗎？

　　我們要從正義概念的霸權談起，並提出更深層次的質疑，在回顧全球主義轉向的頭三十多年當中我們發現另外一個有趣的現象，五十年前出版的《正義論》在政治理論或政治哲學界中確立了正義概念霸權，此霸權藉透過影響全球再分配的主要論著來主宰全球化規範性理論的發展。一方面，大家被《正義論》展示的構築主義所吸引，或許是因為大理論的建構被認為是分析哲學的最高境界，分析哲學講求運用理性去分析及構築理論，大理論展示龐大的邏輯推論系統，理論愈「大」愈厲害；另一方面，羅爾斯將正義概念做為規範力來源，並以公平概念來詮釋，令後來的論者不少遵循這種方式去著書立說，巴利直接以「正義即公正」來做為書名（Barry, 1995）。當然，不是所有論者都成功構築大理論，但將正義視為規範力來源成了十分普遍的做法，有關全球化議題的規範性討論不少都把正義作為標題。

　　為什麼在這段期間愈來愈論者用正義來包裝他們論著中規範力來源？消極效益論內的規範力來源是痛苦的最少化，契約論內的是假設性公平，權利論內的是平權，而義務論內的是可普世性。這樣的做法令有關全球化正義論述泛濫。2010 年代排山倒海跟全球化或大同主義有關的書都出現正義的字眼，而西方一些商業出版社或許為了銷路也樂見這種盛況。舉例來說，Routledge 出版社於 2011 年同時出版的 *Global Social Justice* 及 *Cosmopolitan Justice and its Discontent* 兩本論文集之內容可以說是包羅萬象，前者將環境、虐待、公共衛生、性別及人口販運與移民等議題都納入討論，後者則納入了國際刑法、戰爭、經濟法、國際投資、

挪威的政府退休基金及土耳其如何接受歐盟憲法等題目。換句話說，任何值得討論的規範性甚至非規範議題都可以跟正義扯上關係。

令人擔心的是確立正義概念的霸權反而使其到了被濫用的地步，這樣對規範性政治理論的發展是一種傷害。規範性理論須要立論，立論須要一層又一層的邏輯推論，必然展示某種構築過程，大家不必也不會反對系統地構築理論的做法，但不必倚賴正義概念，若認定「正義即公平」乃再分配論的規範力來源，那麼是正義還是公平乃規範力來源？要建立一個正義的世界不等於是要建立一個公平的世界？若以「正義即公正」建立一個正義的世界，不就是要建立一個公正的世界？訴諸正義不是就變得沒有什麼特別意義？

三、自由大同主義正義美夢的時空限制

全球化轉向會不會被逆轉，我們不敢斷定，如果全球化速度大幅降低，自由大同主義仍然會有很大的影響力。事實上，我們不難發現近年出現相當多關於如何在全球範圍保障經濟及社會權利的理論及政策建議。如果全球化轉向持續，世界各國變得比現在更加密切，那麼自由大同主義者的訴求可能變得愈來愈不合時宜，原因是赤貧人口會繼續減少，但極富者階層跟其他階層的不平等會加劇，平等大同主義或許會成為主流。有趣的是，大部分相對年輕一點的論者如肯尼都是平等大同主義者，目標是改善不平等，而不只是扶貧。

自由大同主義有其時空限制，論者們大多是戰後嬰兒潮世代，在東西冷戰下成長的他們打從心底就必須強調西方資

本主義陣營的優越性，面對馬克思主義強大的影響力，論者們提出契約論、權利論、義務論及效益論的原始出發點是爲西方自由民主社會打造能令國家富強的政治哲學。在現實主義主宰的冷戰中，後來以不同流派政治哲學發展出來的規範性理論主要處理國家內部問題，價值判斷及規範性考量被認爲是不適用在全球範圍。

全球化帶來的契機亦引發難題，論者們急於找出規範性理論去處理，西方社會逐漸確立的規範模式如何適用於全球範圍，於是有關社會正義的考量放在全球範圍，大家一窩蜂去探討所謂的全球正義，於是有關社會正義的爭論又在全球正義的層次再演出一次。不過，由於世界性場境的複雜程度遠遠大於個別社會裡的場境，關於全球正義的種種爭議之問題意識至今都沒有得到釐清，本書希望對此作出一點貢獻。

根據書中的重構及分析，自由大同主義者有一個共識：消除極端貧窮，個別論者如博格以爲他的權利論是在處理或可以處理不平等，但實際上是在處理極端貧窮，博格宣稱他在處理不平等的目的其實是想要回應平等大同主義者的質疑。自由大同主義者想要說服越多人越好，所以提出要求相對低的理論，一方面，如辛格及梳爾要說服富國一般民衆願意對他國貧者提供援助，辛格選用一個要求最低的效益主義原則，我們用間接的滿足式消極效益主義去理解他的建議，相信能爲大家剖析了他應該有的想法，另一方面，他們要顧及像諾錫克等放任自由主義者，博格以爲不斷強調消極義務就可以說服放任自由主義信徒，但認爲繼續參與目前的制度就是不正義的看法難以說服放任自由主義者，他對制度的批判仍然受制於資本主義的影響，故此，他也沒辦法說服左派論者。

相對而言，表面上奧妮薾的理論比較容易說服放任自由主義者，她對不強迫、不欺騙及不加害的堅持可以勉強被放任自由主義者接受，不過，他們不同意這些是所謂正義的要求。更重要的是，奧妮薾是少數真正注意到所謂全球正義最核心的議題是跨國經濟正義問題，博格及梳爾似乎都有碰觸到相關的議題，但沒有打算深入討論或根本沒有注意到那些是經濟正義問題。

　　書中四種理論中對關於再分配在什麼意義上屬於正義或人道考量之問題不會產生共識，他們的理論建構方式先假設了不同的正義觀念，從這些不同觀念發展出來的原則或規範性構思大相逕庭。契約論將正義考量完全放在制度的評斷上，彷彿跟制度沒有直接關聯的考量都非關正義，部分權利論者如博格也抱持這種想法，拜斯則對權利的政治性解讀源自於其對正義的政治性解讀。故此，保護人權當然也成了一種正義考量，兩人仍然深受羅爾斯的影響。義務論者如奧妮薾及著重義務的權利論者梳爾從本分的強制性出發來判斷什麼是正義本分，奧妮薾訴諸正義即可普世化性來認定某些本分具強制性；相對而言，梳爾無法解釋為何某些本分是正義本分。有別於上述三種理論，大部分效益主義者對於到底什麼出自人道考量或什麼出自正義考量並不太關心，但按照我們的解讀，辛格抱持一種滿足式消極效益主義，令極端貧者脫離極貧狀況帶有某種道德強制性，因此這就是辛格的正義考量，非關可有可無的善舉。

　　根據對正義的不同觀念理解，關於扶貧是正義還是人道的爭議本身可能只流於各說各話，重點其實是扶貧是否具有道德強制性。從正義概念著手去建構全球正義論容易使問題

意識更混沌不清。要令正義討論可以變成有意義的做法是不去將「正義」當成是普遍性概念（generic concept）去談，而是具體地去談論不同範疇的正義，所以另外一種做法是從各種不同種類的正義如法律正義、政治正義、經濟正義及社會正義出發先行釐清其範圍及須要關注的議題，輔以形式正義、實質正義、程序正義、結果正義、過程正義、後果正義及制度正義等面向去賦予相關理論的具體框架，再加入如分配正義、補償正義、規管正義及轉型正義等元素去充實其內容。例如，關於社會正義，我們可以談環境正義及性別正義等等，而每一個範疇的正義都會牽涉到其他不同的規範性概念。所以大家要探討的是全球範圍內跟正義相關的議題，而不是「全球正義」。

如果這樣的建議是有理的話，那麼是不是書中討論過的四種理論分別改以「分配正義即公平」、「分配正義即平權」、「分配正義即可普世化」、「分配正義即公正」來做為規範力來源而進行建構如何？如果大家同意書中的看法，便會對此有所保留。分配正義跟制度改革比較相關，而推動制度改革的理由可以是訴諸公平、平等、可普世化、公正或其他考量，要決定訴諸什麼考量可能要取決於不同時空的真實情況，因此，硬要將分配正義扣上某一個規範性觀念的做法或許只是出自想要發展出大家都接受的以及能傲視群雄的理論。不過，這種嘗試最後可能會變得徒勞無益。若是真要發展所謂理論的話，比較有建設性的做法是建構再分配理論而非分配正義論。雖然制度改革是傾向跟正義有關，而直接行動則跟人道考量比較接近，但是全球主義者其實不必拘泥於再分配是出於人道還是正義考量，原因是兩個概念都無法為

如何再分配提供具體的建議。

　　再分配理論必然包含經驗性及規範性兩個部分，經驗性的部分處理過去及目前全球各種資源的分佈狀況，規範性的部分則關心是否須要及如何再分配。有趣的是，關於如何再分配的部分，要問的問題仍然是：「在什麼處境下，誰為了什麼理由運用什麼原則及透過什麼安排將什麼益品分配給誰？」。但我們可以想像在回答此問題時，若按照以上的建議，全球主義者可以完全不去提及正義這個概念，並會發現脫離正義概念的宰制有利全球再分配的討論。

　　以曼度對全球正義的理解為例，他提出所謂「正義的全球化（just globalization）」（Mandle, 2006），其意思可以被理解為對全球化作為一個過程去做正義的判斷及設計，由於過程牽涉時間面向，這要比羅爾斯眾多追隨者只著眼制度發展出來的全球正義論更複雜。由此可見，如果我們只把過程正義擴大到全球範圍來談來建構大理論，此理論可能比羅爾斯式理論更大。羅爾斯式追隨者將制度正義放大，然後建構大理論，跟曼度心中的大理論一樣都是在構築正義大理論的美夢。

　　除了建構「大理論」之外，另一種做法是構築「微理論」，或許大家可以拋開受冷戰影響下的傳統思維框架，要令眾多微理論彼此之間有足夠的溝通性，可以用一些或許能建構共同溝通平台的概念來書寫各種微理論。近年關於責任的論述開始受到注意及重視，如果以責任論述為基礎去發展各種微理論，或許可以把問題意識釐清並令理論家們共享一個溝通平台。以全球再分配理論為例，其實所有我們討論過的論者都有提及「責任」一詞，但當中沒有人說明運用「責

任」的用意以及「責任」跟其理論的相關性何在。以責任爲基礎不是爲了要建構各式各樣的微理論，繼而拼出一套大理論，而是更具體地發展出可應用的理論。[1] 舉例來說，幾乎所有自由大同主義再分配論都想談論如何分攤扶貧負擔，但大家看不到具體的建議，若以責任的分擔來構建再分配論或許可得出有建設性的具體建議。

　　大家不必反對談論正義，要去質疑的是大理論的途徑，大理論美夢若不醒，想要去圓正義美夢本身就可能只是一場浪費時間與精力的夢。

---

[1] 謝世民教授嘗試以責任來詮釋博格的再分配論，頗有見地（Shei, 2005），但礙於本書的目標不是發展責任論，只好留待日後有機會深入討論。

參考書目

梁文韜，2011，《國際政治理論與人道干預》，巨流出版社。

———. 2016，《二十一世紀共慘世界：全球化的政治哲學省思》，開學出版社。

Acton, H. B. 1963. "Negative Utilitarianism." *Proceedings of the Aristotelian Society*, Supp. Vol. 37: 83-94.

Anderson-Gold, Sharon. 2001. *Cosmopolitanism and Human Rights*. Cardiff: University of Wales Press.

Anker, Christen. 2002. "Global Justice, Global Institutions and Global Citizenship." In N. Dower and J. Wiliams (eds.), *Global Citizenship: A Critical Reader*, pp.158-168. Edinburgh: Edinburgh University Press.

Bailey, James Wood. 1997. *Utilitarianism, Institutions, and Justice*. Oxford: Oxford University Press.

Baer, Madeline. 2017. "The Human Rights to Water and Sanitation: Champions and Challengers in the Fight for New Rights Acceptance." In Alison Brysk and Michael Stohl (eds.) *Expanding Human Rights – 21st Century Norms and Governance*, pp.94-114. Cheltenham, UK.: Edward Elgar.

Baker, J. and Charles Jones. 1998. "Responsibility for Needs." In G. Brock (ed.) *Necessary Goods*, pp.219-232. Lanham: Rowman & Littlefield.

Barry, Brian. 1973. *The Liberal Theory of Justice*. Oxford: Clarendon Press.

———. 1981. "Do Countries Have Moral Obligations?" In S. M. McMurrin (ed.) *The Tanner Lectures on Human Value II*. Salt Lake City: University of Utah Press.

———. 1989a. *Theories of Justice: A Treatise on Social Justice, Volume I*. Berkeley: University of California Press.

———. 1989b. *Democracy, Power and Justice: Essays in Political Theory*. Oford: Oxford University Press.

———. 1991a. "Humanity and Justice in a Global Perspective." In R.J. Pennock and J. Chapman (eds.), *NOMOS XXIV: Ethics, Economics and the Law* New York: New York University Press. Reprinted in *Liberty and Justice: Essays in Political Theory II*, pp.182-210. Oxford: Clarendon Press (1st publ. in 1982).

_____ . 1991b. "Can States be Moral?" In: A. Ellis (ed.) *Ethics and International Relations* Manchester: Manchester University Press, pp. 61-84. Reprinted in *Liberty and Justice: Essays in Political Theory II*, pp.159-81. Oxford: Clarendon Press (1st publ. in 1986).

_____ . 1995a. *Justice as Impartiality: A Treatise on Social Justice, Volume II.* Oxford: Clarendon University Press.

_____ . 1995b. "Spherical Justice and Global Injustice." In David Miller and Michael Walzer (eds.) *Pluralism, Justice, and Equality*, pp.67-80. Oxford: Oxford University Press.

_____ . 1998. "International Society from a Cosmopolitan Perspective." In David R. Mapel and Terry Nardin (eds.) *International Society: Diverse Ethical Perspectives*, pp.144-63. Princeton: Princeton University Press.

_____ . 1999. "Statism and Nationalism: A Cosmopolitan Critique." In Ian Shapiro and Lea Brilmayer (eds.) *Global Justice*, *Nomos* 41, pp.12-66. New York: New York University Press.

Benn, S. and R. S. Peters. 1959. *Social Principles and Democratic State.* London: Allen & Unwin.

Beitz, Charles R. 1975. "Justice and International Relations." *Philosophy and Public Affairs* 4: 360-89.

_____ . 1979a. *Political Theory and International Relations.* Princeton: Princeton University Press.

_____ . 1979b. "Bounded Morality: Justice and the State in World Politics." *International Organization* 33: 405-424

_____ . 1980. "Nonintervention and Communal Integrity." *Philosophy and Public Affairs* 9: 385-391.

_____ . 1983. "Cosmopolitan Ideals and National Sentiment." *Journal of Philosophy* 80: 591-600.

_____ . (eds.) 1985. *International Ethics.* Princeton: Princeton University Press.

_____ . 1988. "Recent International Thought." *International Journal* 43: 183-204.

_____ . 1989. *Political Equality.* Princeton: Princeton University Press.

_____ . 1991. "Sovereignty and Morality in International Affairs." In David Held (ed.) *Political Theory Today*, pp. 263-54. Cambridge: Polity.

_____ . 1994. "Cosmopolitan and the States System." In Chris Brown (ed.)

Political Restructuring in Europe: Ethical Perspectives, pp.123-36. London: Routledge.

_____ . 1998. "International Relations, Philosophy of." In *The Routledge Encyclopedia of Philosophy, Vol. 4.* London: Routledge, pp.827-33.

_____ . 1999a. *Political Theory and International Relations* (with new afterword). Princeton: Princeton University Press. First edition published 1979.

_____ . 1999b. "Social and Cosmopolitan Liberalism." *International Affairs* 75: 515-529.

_____ . 1999c. "International Liberalism and Distributive Justice: A Survey of Recent Thought." *World Politics* 51: 269-96.

_____ . 2000. "Rawls's Law of People." *Ethics* 110: 669-96.

_____ . 2001a. "International Justice: Conflict." In Lawrence C. Becker and Charlotte Becker (eds.) *Encyclopedia of Ethics*, pp. 871-4. London: Garland, 2nd edition.

_____ . 2001b. "Does Global Inequality Matter?" *Metaphilosophy* 32: 95-112.

_____ . 2001c. "Human Rights as a Common Concern." *American Political Science Review* 95: 269-82.

_____ . 2003. "What Human Rights Mean." *Daedalus* 132: 36-46.

_____ . 2004. "Human Rights and the Law of Peoples." In Deen K. Chatterjee (ed.), *The Ethics of Assistance: Morality and the Distant Needy*, pp.193-240. Cambridge: Cambridge University Press.

_____ . 2009. *The Idea of Human Rights.* Oxford: Oxford University Press.

Beitz, C. and Robert Goodin. 2009 (eds.). *Global Basic Rights.* Oxford: Oxford University Press.

Beck, Ulrich. 2006. *Cosmopolitan Vision.* Cambridge: Polity.

Belsey, Andrew. 1992. "World Poverty, Justice, and Equality." In Robin Attfield and Barry Wilkins (eds.) *International Justice and the Third World: Studies in the Philosophy of Development*, pp.35-49. London: Routledge.

Brock, G. (ed.) 1998. *Necessary Goods.* Lanham: Rowman & Littlefield.

Brown, Chris. 1997. "Theories of International Justice." *British Journal of Political Science* 27: 273-297.

Brown, Peter G. and Henry Shue (eds.). 1977. *Food Policy: The Responsibility of the United States in the Life and Death Choices.* New York: Free Press.

Buchanan, Allen E. 2013. *The Heart of Human Rights.* Oxford: Oxford University Press.

Cabrera, Luis. 2004. *Political Theory of Global Justice: A Cosmopolitan Case for the World State.* New York: Routledge.

Campbell, T. D. 1974. "Humanity before Justice." *British Journal of Political Science* 4: 1-16.

Caney, Simon. 1999. "Defending Universalism." In Iain Mackenize and Shane O'Neill (eds.) *Reconstituting Social Criticism: Political Morality in the Age of Scepticism,* pp.19-33. London: MacMillan.

_____. 2000. "Cosmopolitan Justice and Cultural Diversity." *Global Society* 14: 525-551.

_____. 2001. "Cosmopolitan Justice and Equalizing Opportunities." *Metaphilosophy* 32: 113-34.

_____. 2003. "Global Egalitarianism: An Indefensible Theory of Justice." In Daniel A. Bell and Avner de-Shalit (eds.) *Forms of Justice: Critical Perspectives on David Miller's Political Philosophy,* pp.287-314. Lanham: Rowman & Littlefield.

_____. 2005. *Justice Beyond Borders: A Global Political Theory.* Oxford: Oxford University Press.

Chao, Roger. 2012. "Negative Average Preference Utilitarianism." *Journal of Philosophy of Life* 2: 55-66.

Cochran, M. 1999. *Normative Theory and International Relations.* Cambridge: Cambridge University Press.

Coicaud, Jean-Marc, M. W. Doyle, and Anne-Marie Gardner. 2003. *The Globalization of Human Rights.* Tokyo: United Nations University Press.

Commissiong, Anand Bertrand. 2012. *Cosmopolitanism in Modernity.* Lanham, MD: Lexington Books.

Cranston, M., 1973. *What are Human Rights?* New York: Taplinger.

Credit Suisse, 2017. *Global Wealth Report 2017.* https://www.credit-suisse. com/media/assets/corporate/docs/about-us/research/publications/global-wealth-report-2017-en.pdf

_____. 2020. *The Global Wealth Report 2020.* https://www.credit-suisse.com/ media/assets/corporate/docs/about-us/research/publications/global-wealth-report-2020-en.pdf

De Greiff, Pablo and Ciaran Cronin (eds.) 2002. *Global Justice and Transnational Politics.* Cambridge, MA: MIT Press.

De Lazari-Radek, K. and Peter Singer. 2014. *The Point of View of the Universe.* Oxford: Oxford University Press.

DeMartino, George. 2000. *Global Economy, Global Justice: Theoretical and Policy Alternatives to Neoliberalism.* New York: Routledge.

Doyal, L. 1998. "A Theory of Human Need." In G. Brock (ed.) *Necessary*

Goods, pp.157-172. Lanham: Rowman & Littlefield.

Doyal, L and I. Gough. 1991. *A Theory of Human Need*. New York: The Guilford Press.

Dworkin, R., 1977. *Taking Rights Seriously*. London: Duckworth.

Elfstrom, G. 1990. *Ethics for a Shrinking World*. London: Macmillan Press.

Ellis, A. 1992. "Utilitarianism and International Ethics." In Terry Nardin and David Mapel (eds.) *Traditions of International Ethics*, pp.158-79. Cambridge: Cambridge University Press.

Feinberg, J. 1973. *Social Philosophy*. Englewood Cliffs, N.J.: Prentice-Hall.

Fine, Robert. 2007. *Cosmopolitanism*. London: Routledge.

Føllesdal, Andreas and T. Pogge. 2005. *Real World Justice*. Berlin: Springer.

Frost, Mervyn. 1986. *Towards a Normative Theory of International Relations*. Cambridge: Cambridge University Press.

_____. 1989. "The State as a Moral Agent." In Alan Hamlin and Philip Pettit (eds.), *The Good Polity: Normative Analysis of the State*, pp. 123-39. Oxford: Blackwell.

_____. 1994. "Constituting a New World Order." *Paradigms* 8/1: 13-22.

_____. 1996. *Ethics in International Relations: A Constitutive Theory*. Cambridge: Cambridge University Press.

_____. 1998a. "Migrants, Civil Society and Sovereign States: Investigating an Ethical Hierarchy." *Political Studies* 46: 71-85.

_____. 1998b. "A Turn Not Taken: Ethics in International Relations at the Millennium." *Review of International Studies*, Special Issue: 124-46.

_____. 2000. "Reply to Peter Sutch." *Review of International Studies* 26: 477-83.

_____. 2002. *Constituting Human Rights: Global Civil Society and the Society of Democratic States*. London: Routledge.

Gibney, M. J. 2003. *Globalizing Rights*. Oxford: Oxford University Press.

Giddens, Anthony. 2001. *The Global Third Way Debate*. Cambridge, UK: Polity.

_____. 2002. *Runaway World*. 2nd ed. New York: Routledge.

Goodin, Robert. 1995. *Utilitarianism as a Public Philosophy*. Cambridge: Cambridge University Press.

Gregg, B. 2012. *Human Rights as Social Construction*. Cambridge: Cambridge University Press.

Greiff, Pablo and Ciaran Cronin (eds.) 2002. *Global Justice and Transnational Politics*. Cambridge, MA: MIT Press.

Griffin, James. 1979. "Is Unhappiness Morally More Important than

Happiness?." *Philosophical Quarterly* 29: 47-55.

———. 2008. *On Human Rights*. Oxford: Oxford University Press.

Gruen, Lori.1999. "Must Utilitarians be Impartial?." In Dale Jamieson (ed.) *Singer and Its Critics*, pp.129-149. Oxford: Blackwell.

Howard-Hassmann, R. E. 2017. "Human Rights Contraction: Sovereignty and Denial of the Right to Food." In Alison Brysk and Michael Stohl (eds.) *Expanding Human Rights – 21st Century Norms and Governance*. pp.236-52. Cheltenham, UK.: Edward Elgar,

Held, D. 2004. *Global Covenant: The Social Democratic Alternative to the Washington Consensus*. Cambridge: Polity.

———. 2010. *Cosmopolitanism*. Cambridge: Polity.

Held, D. and McGrew. 2007. *Globalization and Anti-Globalization*. 2nd edn. Cambridge, UK: Polity.

Held, D. and M. Koenig-Archibugi (eds.). 2003. *Taming Globalization: Frontiers of Governance*. Cambridge, UK: Polity.

Hirst, Paul Q. and Grahame Thompson. 1999. *Globalization in Question*. 2nd edn. Cambridge, UK: Polity.

Hoffman, Stanley. 1981. *Duties Beyond Borders: On the Limits and Possibilities of Ethical International Politics*. Syracuse: Syracuse University Press.

———. 1992. "Delusions of World Order." *New York Review of Books* 39, 7: 37-43.

———. 1995. *Human Rights and the Search for Community*. Oxford: Westview Press.

———. 1996. *The Ethics and Politics of Humanitarian Intervention*. Notre Dame: University of Notre Dame Press.

Hopkins, A. B. 2002. "The History of Globalization and the Globalization of History?." In A.B. Hopkins (ed.) *Globalization in World History*, pp. 12-44. London: Pimlico.

Hurrell, Andrew and Ngaire Woods. 1995. "Globalization and Inequality." *Millennium* 24: 447-70.

Hutchings, Kimberley. 1999. *International Political Theory: Rethinking Ethics in a Global Era*. Thousand Oaks: Sage.

Jamieson, Dale. 1999. *Singer and Its Critics*. Oxford: Blackwell.

Jones, Charles. 2001. *Global Justice: Defending Cosmopolitanism*. Oxford: Oxford University Press.

Kuper, Andrew. 2000. "Rawlsian Global Justice: Beyond the Law of Peoples to a Cosmopolitan Law of Persons." *Political Theory* 28: 640-74.

_____ . 2004. *Democracy Beyond Borders: Justice and Representation in Global Institutions*. New York: Oxford University Press.

Deen K. Chatterjee (ed.). 2004. *The Ethics of Assistance: Morality and the Distant Needy*. Cambridge: Cambridge University Press.

Mandle, Jon. 2000. "Globalization and Justice." *Annals of the America Academy* 570: 126-39.

_____ . 2006. *Global Justice*. Cambridge: Polity.

Martin, Rex. 1993. *A System of Rights*. Oxford: Clarendon Press.

Miller, David. 1976. *Social Justice*. Oxford: Clarendon Press.

_____ . 1995. *On Nationality*. Oxford: Oxford University Press.

_____ . 1998. "The Limits of Cosmopolitan Justice." In D. R. Maple and T. Nardin (eds.) *International Society: Diverse Ethical Perspectives*, pp.164–181. Princeton: Princeton University Press.

_____ . 1999a. *Principles of Social Justice*. Cambridge, Mass.: Harvard University Press.

_____ . 2000a. *Citizenship and National Identity*. Cambridge: Polity.

_____ . 2000b. "National Self-Determination and Global Justice." In *Citizenship and National Identity*. Cambridge: Polity.

_____ . 2001. "Distributing Responsibilities." *Journal of Political Philosophy* 9: 453-71.

_____ . 2003a. "Cosmopolitanism: A Critique." *Critical Review of International Social Philosophy and Policy*, 5, 80-85, 2003.

_____ . 2003b. "Forms of Justice: A Response." In Daniel A. Bell and Avner de-Shalit (eds.) *Forms of Justice: Critical Perspectives on David Miller's Political Philosophy*. Lanham, Maryland: Rowman and Littlefield.

_____ . 2004a. "Holding Nations Responsible." *Ethics* 114: 240-68.

_____ . 2004b. "National Responsibility and International Justice." In Deen K. Chatterjee (ed.), *The Ethics of Assistance: Morality and the Distant Needy*, pp.123-46. Cambridge: Cambridge University Press.

Moellendorf, Darrel. 2001. *Cosmopolitan Justice*. Boulder: Westview Press.

Nagel, Thomas. 2005. "The Problems of Global Justice." *Philosophy and Public Affairs* 33: 113-47.

Naisbitt, John. 1994. *Global Paradox*. New York: W. Morrow.

Nielsen, Kai. 1985. *Equality and Liberty: A Defense of Radical Egalitarianism*. Totowa: Rowman & Allanheld.

Nozick, R., 1974. *Anarchy, State and Utopia*. New York: Basic Books.

OECD. 2013. Crisis Squeezes Income and Puts Pressure on Inequality and Poverty. http://www.oecd.org/els/soc/OECD2013-Inequality-and-Poverty-8p.pdf

參考書目

Ohmae, Kenichi. 2005. Next Global Age. Upper Saddle River, NJ: Wharton School Publising.

O'Neill, Onora. 1974. "Lifeboat Earth." *Philosophy and Public Affairs* 4: 273-92. Reprinted in William Aiken and Hugh La Follette (eds.) *World Hunger and Moral Obligation*, pp.140-164. Englewood Cliffs: Prentice Hall, 1977.

_____. 1975. *Acting on Principle: An Essay on Kantian Ethics.* New York: Columbia University Press.

_____. 1986. *Faces of Hunger: An Essay on Poverty, Justice and Development.* London: Allen and Unwin.

_____. 1988. "Hunger, Need, and Rights." In Steven Luper-Foy (ed.) *Problems of International Justice*, pp.67-83. Boulder: Westview.

_____. 1989. *Constructions of Reason.* Cambridge: Cambridge University Press.

_____. 1991. "Transnational Justice." In D. Held (ed.) *Political Theory Today*, pp. 276-304. Cambridge: Polity.

_____. 1992. "Justice, Gender and Boundaries." In R. Attfield and B. Wilkins (eds.) *International Justice and the Third World.* London: Routledge.

_____. 1993a. "Justice, Gender and International Boundaries." In Martha Nussbaum and Amartya Sen (eds.) *Quality of Life*, pp.280-308. Oxford: Clarendon Press.

_____. 1993b. "Duties and Virtues." In A. Phillips Griffiths (ed.) *Ethics* (RIP supplementary volume 35), pp.107-20. Cambridge: Cambridge University Press.

_____. 1993c. "Ending World Hunger." In Tom Regan (ed.) *Matters of Life and Death*, 3rd edn., pp.235-79. London: McGraw-Hill.

_____. 1994. "Justice and Boundaries." In Chris Brown (ed.) *Political Restructuring in Europe: Ethical Perspectives*, pp.69-88. London: Routledge.

_____. 1995. "Moral Standing and State Boundaries." *Christopher Thorne Memorial Lecture* University of Sussex, 5th December.

_____. 1996. *Towards Justice and Virtue: A Constructive Account of Practical Reasoning* Cambridge: Cambridge University Press.

_____. 2000. *Bounds of Justice.* Cambridge: Cambridge University Press.

_____. 2001. "Agents of Justice." *Metaphilosophy* 32: 180-95.

_____. 2004. "Global justice: whose obligations?" In Deen K. Chatterjee (ed.) *The Ethics of Assistance: Morality and the Distant Needy*, pp.242-59. Cambridge: Cambridge University Press.

_____. 2016. *Justice Across Boundaries: Whose Obligations?.* Cambridge:

Cambridge University Press.

———. 2018. *From Principles to Practice: Normativity and Judgement in Ethics and Politics*. Cambridge: Cambridge University Press.

O'Sullivan. M. 2019. *The Levelling: What's Next After Globalization*. New York: Public Affairs.

Oxfam. 2019. *Public Good or Private Wealth*. https://oxfamilibrary.openrepository.com/bitstream/handle/10546/620599/bp-public-good-or-private-wealth-210119-en.pdf

———. 2020. *Shelter from the Storm: The Global Need for Universal Social Protection in Times of COVID-19*. https://oxfamilibrary.openrepository.com/bitstream/handle/10546/621132/bp-social-protection-covid-19-151220-en.pdf

Pettit, Philip. 1984. "*Satisficing Consequentialism*." *Proceedings of the Aristotelian Society*, Supp. Vol. 58: 165-176.

Piketty, Thomas. 2013. *Capital in the Twentieth-First Century*. Cambridge, Mass.: Harvard University Press.

———. 2020. *Capital and Ideology*. Cambridge, Mass.: Harvard University Press.

Pogge, Thomas W. 1988a. "Rawls and Global Justice." *Canadian Journal of Philosophy* 18: 227-56.

———. 1988b. "Kant's Theory of Justice." *Kant-Studien* 79: 407-33.

———. 1989. *Realizing Rawls*. Ithaca, N.Y.: Cornell University Press.

———. 1990. "The Effects of Prevalent Moral Conceptions." *Social Research* 57: 649-63.

———. 1992a. "O'Neill on Rights and Duties." *Grazer Philosophische Studien* 43: 233-47.

———. 1992b. "An Institutional Approach to Humanitarian Intervention." *Public Affairs Quarterly* 6: 89-103.

———. 1994a. "An *Egalitarian* Law of Peoples." *Philosophy and Public Affairs* 23: 195-224.

———. 1994b. Cosmopolitanism and Sovereignty. In Chris Brown (ed.) *Political Resturcturing in Europe: Ethical Perspectives*, pp. 89-122. London: Routledge.

———. 1995a. "Eine globale Rohstoffidividende." *Analyse and Kritik* 17: 183-208.

———. 1995b. "Three Problems with Contractarian-Consequentialist Ways of Assessing Social Institutions." *Social Philosophy and Policy* 12: 241-66.

———. 1995c. "How Should Human Rights be Conceived?," *Jahrbuch fur*

Recht und Ethik 3: 103-120.

————. 1998a. "Global Resources Dividend." In David A. Crocker and Toby Linden (eds.) *Ethics of Consumption: The Good Life, Justice, and Global Stewardship*. Lanham, MD: Rowman & Littlefield.

————. 1998b. "The Bounds of Nationalism." In Jocelyne Couture, Kai Nielsen, and Michel Seymour (eds.) *Rethinking Nationalism*. pp.463-504. Calgary, Alberta: University of Calgary Press.

————. 1999. "Human Flourishing and Universal Justice." *Social Philosophy and Policy* 16: 333-61.

————. 2000a. "On the Site of Distributive Justice: Reflections on Cohen and Murphy." *Philosophy and Public Affairs* 23: 195-224.

————. 2000b. "The International Significance of Human Rights." *Journal of Ethics* 4: 45-69.

————. 2000c. "The Moral Demand of Global Justice." *Dissent* 47: 37–43.

————. (ed.). 2001a. *Global Justice*. Malden: Blackwell.

————. 2001b. "Priorities of Global Justice." *Metaphilosophy* 32: 6-24.

————. 2001c. "Rawls on International Justice." *Philosophical Quarterly* 51: 246-53.

————. 2001d. "Achieving Democracy." *Ethics and International Affairs* 15: 77-91.

————. 2002a. *World Poverty and Human Rights*. Cambridge: Polity.

————. 2002b. "Responsibilities for Poverty-Related Ill Health." *Ethics and International Affairs* 16: 71-9.

————. 2002c. "Moral Universalism and Global Economic Justice." *Politics, Philosophy & Economics* 1: 29-58.

————. 2004a. "Equal Freedom for All?" *Midwest Studies in Philosophy* 16: 266-81.

————. 2004b. "'Assisting' the Global Poor." In Deen K. Chatterjee (ed.) *The Ethics of Assistance: Morality and the Distant Needy*, pp.260-88. Cambridge: Cambridge University Press.

————. 2004c. "The Incoherence Between Rawls's Theories of Justice." *Fordham Law Review* 72: 1739-1760.（中譯本由謝世民及吳瑞媛兩位教授翻譯，刊登於《政治與社會哲學評論》2004 年 6 月，第九期，頁151-179。）

————. 2005a. "Real World Justice." *Journal of Ethics* 9: 29-53.

————. 2005b. "Severe Poverty as a Violation of Negative Duties." *Ethics and International Affairs* 19: 55-84.

————. 2007. "Severe Poverty as a Human Rights Violation." In *Freedom from Poverty as a Human Right: Who Owes What to the Very Poor*, pp.11-53. Oxford: Oxford University Pres.

———. 2008a. *World Poverty and Human Rights. Second Edition.* Cambridge: Polity.

———. 2008b. "Cohen to the Rescue!" *Ratio* 21: 454–75.

———. 2009. "Shue on Rights and Duties." In Charles Beitz and Robert Goodin (eds.) *Global Basic Rights*, pp.113-130. Oxford: Oxford University Press.

———. 2010. *Politics as Usual.* Cambridge: Polity.

———. 2016. "The Hunger Games." *Food Ethics* 1: 9-27.

Pogge, Thomas and Krishen Mehta. 2016. *Global Tax Fairness.* Oxford: Oxford University Press.

Pollock, Sheldon, Horni K. Bhabha, Carol A. Breckenridge and Dip Chakrabaty. 2002. "Cosmoplitanisms." In Carole A. Breckenridge *et al.* (eds.) *Cosmopolitanism*, pp.1-14. Durham, NC: Duke University Press.

Popper, Karl. 1950. *Open Society and its Enemies.* Princeton, NJ: Princeton University Press.

Rawls, J. 1971. *A Theory of Justice.* Cambridge, Mass.: Harvard University Press.

———. 1980. "Kantian Constructivism in Moral Theory." *The Journal of Philosophy* 77: 515-572.

———. 1993a. *Political Liberalism.* Columbia: Columbia University Press.

———. 1993b. "The Law of Peoples." In S. Shute and S. Hurley (eds.) *On Human Rights. The Oxford Amnesty Lectures*, pp.41-82. New York: Basic Books.

———. 1999a. *A Theory of Justice. Second Edition.* Cambridge, Mass.: Harvard University Press.

———. 1999b. *The Law of Peoples.* Cambridge, Mass.: Harvard University Press.

———. 1999c *Collected Papers.* Cambridge, Mass.: Harvard University Press.

———. 2001 *Justice as Fairness: A Restatement.* Cambridge, Mass.: Harvard University Press.

Raz, J. 1986. *The Morality of Freedom.* Oxford: Clarendon.

Reddy, Sanjay and Thomas Pogge. 2007. "How Not to Count the Poor." In Sudhir Anand and Joseph Stiglitz (eds.) *Measuring Global Poverty.* Oxford: Oxford University Press.

Rengger, Nicholas. 1999. "Justice in the World Economy: Global or International, or Both." *International Affairs* 75: 469-471.

Roser, Max and Esteban Ortiz-Ospina, 2019. *Global Extreme Poverty*. https:// ourworldindata.org/extreme-poverty

Saner, Hans. 1973. *Kant's Political Thought*. Chicago, IL: University of Chicago Press.

Schwab, K. and Thierry Malleret. 2020. *Covid-19: The Great Reset*. Geneva: World Economic Forum.

Scheffler, Samuel. 1986. "Morality's Demands and Their Limits." *Journal of Philosophy* 83: 531-37.

_____. 1993. "Conceptions of Cosmopolitanism." *Philosophy and Public Affairs* 26: 189-209. Reprinted in *Boundaries and Allegiances*. Oxford: Oxford University Press, 2001, pp. 111-130.

Sen, Amartya and Bernard Williams (eds.). 1982. *Utilitarianism and Beyond*. Cambridge: Cambridge University Press.

Shapcott, Richard. 2001. *Justice, Community, and Dialogue in International Relations*. Cambridge: Cambridge University Press.

_____. 1997. "Liberalism, Nationalism and Egalitarianism." In Robert McKim and Jeff McMahan (eds.) *The Morality of Nationalism*, pp.191-208. Oxford: Oxford University Press.

_____. 1999. "Conceptions of Cosmopolitanism." *Utilitas* 11: 255-76.

Shei, Ser-Min. 2005. In Andreas Føllesdal and Thomas Pogge (eds.). *Real World Justice*, pp.139-155. Berlin: Springer.

Shue, Henry. 1977. "Food, Population and Wealth: Toward Global Principles of Justice." In *Proceedings of the American Political Science Association*. Ann Arbor: University Microfilms, 1977.

_____. 1980. *Basic Rights: Subsistence, Affluence, and U.S. Foreign Policy*. Princeton: Princeton University Press.

_____. 1983. "The Burdens of Justice." *Journal of Philosophy* 80: 600-608.

_____. 1984. "The Independence of Duties." In Philip Alston and Katerina Tomasevski (eds.) *The Right to Food*. Pp.83-96. Dordrecht: Martinus Nijhoff.

_____. 1988. "Mediating Duties." *Ethics* 98: 687-704.

_____. 1989. "Morality, Politics, and Humanitarian Assistance." In Bruce Nichols and Gil Loescher (eds.) *The Moral Nation: Humanitarianism and U.S. Foreign Policy Today*, pp.12-40. Notre Dame: University of Notre Dame Press.

_____. 1993. "Negative Duties Toward All, Positive Duties Toward Some." In P. Juviler and B. Gross (eds.) *Human Rights for the 21st Century: Foundations for Responsible Hope*, pp.266-74. Armonk, NY: M. E. Sharpe.

_____. 1995. "Avoidable Necessity: Global Warming, International Fairness, and Alternative Energy." In Ian Shapiro and Judith Wagner Decew (eds.) *Theory and Practice* NOMOS 37, pp.239-64. New York: New York University Press.

_____. 1996a. *Basic Rights: Subsistence, Affluence, and U.S. Foreign Policy*. Princeton: Princeton University Press.

_____. 1996b. "Solidarity among Strangers and the Right to Food." In W. Aiken and H. LaFollette (eds.) *World Hunger and Morality*, pp.113-32. Upper Saddle River, NJ: Prentice Hall.

_____. 1999. "Global Environment and International Inequality." *International Affairs* 75: 531-45.

_____. 2003. "Global Accountability: Transnational Duties Toward Economic Rights." In Jean-Marc Coicaud and Michael Doyle (eds.) *The Globalization of Human Rights*, pp.160-177. Tokyo: United Nations University Press.

_____. 2004. "Thickening convergence: human rights and cultural diversity." In Deen K. Chatterjee (ed.) *The Ethics of Assistance: Morality and the Distant Needy*, pp.217-41. Cambridge: Cambridge University Press.

Singer, P. 1972. "Famine, Affluence and Morality." *Philosophy and Public Affairs* 1: 229-244.

_____. 1999. "A Response." In Dale Jamieson (ed.) *Singer and Its Critics*, pp.268-335. Oxford: Blackwell.

_____. 2002. *One World: The Ethics of Globalization*. New Haven: Yale University Press.

_____. 2004. "Outsiders: our obligations to those beyond our borders." In Deen K. Chatterjee (ed.) *The Ethics of Assistance: Morality and the Distant Needy*, pp.11-32. Cambridge: Cambridge University Press.

_____. 2005. "Ethics and intuitions." *The Journal of Ethics* 9: 332-352.

_____. 2009. *The Life You Can Save: Acting Now to End World Poverty*. New York: Random House.

_____. 2015. *The Most Good You Can Do*. New Haven: Yale University Press.

_____. 2016a. *Ethics in the Real World*. Princeton: Princeton University Press.

Slote, Michael. 1984. "*Satisficing Consequentialism.*" *Proceedings of the Aristotelian Society*, Supp. Vol. 58: 139-163.

Smart, J. C. 1958. "Negative Utilitarianism." *Mind* 67: 542-3.

Stohl, Michael and Cynthia Stohl. 2017. "Human rights and corporate responsibilities." In Alison Brysk and Michael Stohl (eds.) *Expanding Human Rights – 21ˢᵗ Century Norms and Governance*, pp.115-136. Cheltenham, UK.: Edward Elgar.

Struss, Leo. 1953. *Natural Rights and History*. Chicago, IL: University of Chicago Press.

Suganami. Hidemi. 1989. *The Domestic Analogy and World Order Proposals*. Cambridge: Cambridge University Press.

Tan, Kok Chor. 1997. "Kantian Ethics and Global Justice." *Social Theory and Practice* 23: 53-73.

———. 1998. "Liberal Toleration in Rawls's Law of Peoples." *Ethics* 108: 276-95.

———. 2000. *Toleration, Diversity and Global Justice*. University Park: Pennsylvania State University Press.

———. 2002. "Liberal Nationalism and Cosmopolitan Justice." *Ethical Theory and Moral Practice* 5: 431-61.

———. 2004. *Justice Without Borders: Cosmopolitanism, Nationalism and Patriotism*. Cambridge: Cambridge University Press.

Teson, Fernando R. 1998. *The Philosophy of International Law*. Boulder: Westview Press.

Thompson, J. 1992. *Justice and World Order*. London: Routledge.

Thomson, G. 1987. *Needs*. London: Routledge & Kegan Paul.

Tomlinson, John. 1999. *Globalization and Culture*. Chicago, IL: University of Chicago Press.

Van den Anker, Christen. 2002. "Global Justice, Global Institutions and Global Citizenship." In N. Dower and J. Wiliams (eds.) *Global Citizenship: A Critical Reader*, pp.158-168. Edinburgh: Edinburgh University Press.

———. 2004. *Distributive Justice in a Global Era*. New York: Palgrave Macmillan.

Waldron, J. 1993. *Liberal Rights*. Cambridge: Cambridge University Press.

Walker, A. D. M. 1974. "Negative Utilitarianism." *Mind* 83: 424-28.

Walzer, M. 1977. *Radical Principles*. New York: Basic Books.

———. 1980. "The Moral Standing of States: A Response to Four Critics." *Philosophy and Public Affairs* 9: 209-229.

———. 1983. *Spheres of Justice: A Defence of Pluralism and Equality*. New York: Basic Books.

———. 1987. *Interpretation and Social Criticism*. Cambridge, Mass.: Harvard University Press.

———. 1992. *Just and Unjust Wars*. New York: Basic Books, 1977, 2nd edition.

———. 1994. *Thick and Thin: Moral Argument at Home and Abroad*. Notre Dame, IN: University of Notre Dame Press.

Wellman, C. H. 2000. "Relational Facts in Liberal Political Theory: Is There Magic in the Pronoun 'My'? *Ethics*. 110: 537-562.

Wiggins, D. 1987. *Needs, Values, Truths*. Oxford: Blackwell.

Wight, M. 1996. *International Relations: The Three Traditions*. Leicester: Leicester University Press.

World Inequality Lab. 2017. *World Inequality Report 2018*. https://wir2018.wid.world/files/download/wir2018-full-report-english.pdf

Ypi, Lea. 2011. *Global Justice and Avant-Garde Political Agency*. Oxford: Oxford University Press.

主流出版

所謂主流，是出版的主流，更是主愛湧流。

主流出版旨在從事鬆土工作—

希冀福音的種子撒在好土上，讓主流出版的叢書成為福音
與讀者之間的橋樑；

希冀每一本精心編輯的書籍能豐富更多人的身心靈，因而
吸引更多人認識上帝的愛。

【徵稿啟事】 請注意

本社只受理E-Mail投稿，恕不接受紙本郵寄或親臨投稿，謝謝。

主流歡迎你投稿，勵志、身心靈保健、基督教入門、婚姻家庭、靈性生
活、基督教文藝、基督教倫理與當代議題等題材，尤其歡迎！
來稿請e-mail至lord.way@msa.hinet.net
審稿期約一個月左右，不合則退。錄用者我們將另行通知。

【團購服務】

學校、機關、團體大量採購，享有專屬優惠。
購書五百元以上免郵資。
劃撥帳戶：主流出版有限公司　　劃撥帳號：50027271

心靈勵志系列

信心，是一把梯子（平裝）／施以諾／定價 210 元

WIN TEN 穩得勝的 10 種態度／黃友玲著、林東生攝影／定價 230 元

「信心，是一把梯子」有聲書：輯 1 ／施以諾著、裴健智朗讀／定價 199 元

內在三圍（軟精裝）／施以諾／定價 220 元

屬靈雞湯：68 篇豐富靈性的精彩好文／王樵一／定價 220 元

信仰，是最好的金湯匙／施以諾／定價 220 元

詩歌，是一種抗憂鬱劑／施以諾／定價 210 元

一切從信心開始／黎詩彥／定價 240 元

打開天堂學校的密碼／張輝道／定價 230 元

品格，是一把鑰匙／施以諾／定價 250 元

喜樂，是一帖良藥／施以諾／定價 250 元

施以諾的樂活處方／施以諾／定價 280 元

TOUCH 系列

靈感無限／黃友玲／定價 160 元

寫作驚豔／施以諾／定價 160 元

望梅小史／陳詠／定價 220 元

映像蘭嶼：謝震隆攝影作品集／謝震隆／定價 360 元

打開奇蹟的一扇窗（中英對照繪本）／楊偉珊／定價 350 元

在團契裡／謝宇棻／定價 300 元

將夕陽載在杯中給我／陳詠／定價 220 元

螢火蟲的反抗／余杰／定價 390 元

你為什麼不睡覺：「挪亞方舟」繪本／盧崇真（圖）、鄭欣挺（文）／定價 300 元

刀尖上的中國／余杰／定價 420 元

我也走你的路：台灣民主地圖第二卷／余杰／定價 420 元

起初，是黑夜／梁家瑜／定價 220 元

太陽長腳了嗎？給寶貝的第一本童詩繪本／黃友玲（文）、黃崑育（圖）／定價 320 元

拆下肋骨當火炬：台灣民主地圖第三卷／余杰／定價 450 元
時間小史／陳詠／定價 220 元
正義的追尋：台灣民主地圖第四卷／余杰／定價 420 元
宋朝最美的戀歌─晏小山和他的詞／余杰／定價 280 元

LOGOS 系列

耶穌門徒生平的省思／施達雄／定價 180 元
大信若盲／殷穎／定價 230 元
活出天國八福／施達雄／定價 160 元
邁向成熟／施達雄／定價 220 元
活出信仰／施達雄／定價 200 元
耶穌就是福音／盧雲／定價 280 元
基督教文明論／王志勇／定價 420 元
黑暗之後是光明／王志勇、余杰主編／定價 350 元
第一次查馬可福音就上手／梅爾、葛利斯／定價 280 元
只有這一生／黃厚基／定價 350 元

主流人物系列

以愛領導的實踐家（絕版）／王樵一／定價 200 元
李提摩太的雄心報紙膽／施以諾／定價 150 元
以愛領導的德蕾莎修女／王樵一／定價 250 元
以愛制暴的人權鬥士：馬丁路德金恩博士／王樵一／定價 250 元
廉能政治的實踐家：陳定南傳／黃增添／定價 320 元
馬偕傳：攏是為主基督／郭和烈／定價 450 元

生命記錄系列

新造的人：從流淚谷到喜樂泉／藍復春口述，何曉東整理／定價 200 元
鹿溪的部落格：如鹿切慕溪水／鹿溪／定價 190 元
人是被光照的微塵：基督與生命系列訪談錄／余杰、阿信／定價 300 元
幸福到老／鹿溪／定價 250 元
從今時直到永遠／余杰、阿信／定價 300 元

經典系列

天路歷程（平裝）／約翰‧班揚／定價 180 元

生活叢書

陪孩子一起成長（絕版）／翁麗玉／定價 200 元

好好愛她：已婚男士的性親密指南／ Penner 博士夫婦／定價 260 元

教子有方／ Sam and Geri Laing ／定價 300 元

情人知己：合神心意的愛情與婚姻／ Sam and Geri Laing ／定價 260 元

學院叢書

愛、希望、生命／鄒國英策劃／定價 250 元

論太陽花的向陽性／莊信德、謝木水等／定價 300 元

淡水文化地景重構與博物館的誕生／殷寶寧／定價 320 元

紅星與十字架：中國共產黨的基督徒友人／曾慶豹／定價 260 元

事奉有夠神：團隊服事的 23 堂課／ Michael J. Anthony、James Estep, Jr. 等著／定價 700 元

中國研究叢書

統一就是奴役／劉曉波／定價 350 元

從六四到零八：劉曉波的人權路／劉曉波／定價 400 元

混世魔王毛澤東／劉曉波／定價 350 元

鐵窗後的自由／劉曉波／定價 350 元

卑賤的中國人／余杰／定價 400 元

納粹中國／余杰／定價 450 元

今生不做中國人／余杰／定價 480 元

香港獨立／余杰／定價 420 元

喪屍治國／余杰／定價 490 元

川普向右，習近平向左／余杰／定價 450 元

公民社會系列

蒂瑪小姐咖啡館／蒂瑪小姐咖啡館小編著／定價 250 元

青年入陣：十二位政治工作者群像錄／楊盛安等著／定價 280 元

學院叢書系列 06

幻夢？大同世界的正義美夢

作　　者：梁文韜
出版顧問：鄭超睿
發 行 人：鄭惠文
編　　輯：鄭毓淇
封面設計：海流設計
排　　版：旭豐數位排版有限公司

出版發行：主流出版有限公司 Lordway Publishing Co. Ltd.
出 版 部：臺北市南京東路五段 123 巷 4 弄 24 號 2 樓
電　　話：(02) 2857-9303
傳　　眞：(02) 2857-9303
電子信箱：lord.way@msa.hinet.net
劃撥帳號：50027271
網　　址：www.lordway.com.tw

經　　銷：
紅螞蟻圖書有限公司
臺北市內湖區舊宗路二段 121 巷 19 號
電話：(02) 2795-3656　　傳眞：(02) 2795-4100

華宣出版有限公司
新北市中和區連城路 236 號 3 樓
電話：(02) 8228-1318　　傳眞：(02) 2221-9445

初版 1 刷：2021 年 3 月
書號：L2102
ISBN：978-986-98609-9-4（平裝）
Printed in Taiwan

國家圖書館出版品預行編目資料

幻夢？大同世界的正義美夢 / 梁文韜作. -- 初版.
-- 臺北市 : 主流出版有限公司, 2021.03

　　面；　公分

ISBN 978-986-98609-9-4（平裝）

1. 世界主義　2. 社會正義　3. 政治思想

571.28　　　　　　　　　　　　　110003383